Armin Müller

Der Puppenkönig und ich

ARMIN MÜLLER

Der Puppenkönig und ich

Eine Heimkehr nach Schlesien

Roman

BERGSTADTVERLAG
WILHELM GOTTLIEB KORN
WÜRZBURG

Die Deutsche Bibliothek – CIP-Einheitsaufnahme

Müller, Armin: Der Puppenkönig und ich: eine Heimkehr nach Schlesien; Roman / Armin Müller. – Würzburg: Bergstadtverl. Korn, 1997
ISBN 3-87057-214-0 Gewebe

Dieses Buch ist aus säurefreiem Papier hergestellt und entspricht den Frankfurter Forderungen zur Verwendung alterungsbeständiger Papiere für die Buchherstellung.

Gesamtherstellung: M. Liehners Hofbuchdruckerei GmbH & Co. Verlagsanstalt, Sigmaringen
Printed in Germany · ISBN 3-87057-214-0

Bin ich noch in meinem Haus?
Gerhart Hauptmann
1946

Stadt, ich muß dich verlassen,
deine Wege im blauen Schimmer,
du wirst Herbste und Märkte haben,
und der Fluß wird fließen wie immer.
Rajzel Zychlinski
1945

VORSPIEL AUF EINER HOLUNDERFLÖTE

Der Mann auf dem Foto sieht aus wie ein verkleideter Geheimpolizist in einem Film. Er hat die Krempe des Huts in die Stirn gezogen und trägt einen Trenchcoat überm Arm. Haltung und Blick sollen lässig wirken, doch man spürt die Mühe, die der Mann auf die ungewohnte Pose verwendet. Er steht an einer Reeling, und er ist nicht allein, erwartungsvolle Gesichter blicken mit ihm in dieselbe Richtung, vermutlich auf den Fotografen, der am Kai zurückbleibt, während der kleine Dampfer zur Rundfahrt durch den Stettiner Hafen ablegt. Vielleicht läutet gerade die Schiffsglocke oder es hupt ein Signalhorn, auf jeden Fall aber, so denke ich, werden Möwen schreien; ihr Schwarm wird das Schiff begleiten, während der Fotograf seine Siebensachen zusammenpackt und ins Atelier eilt. In anderthalb Stunden, vielleicht schon eher, müssen die Abzüge fertig sein. Tag für Tag geht das so, und es wird auch an jenem 9. September 1934 nicht anders gewesen sein, der als Datum auf der Rückseite des Fotos steht.

Der Mann auf der Vorderseite ist mein Vater. Was er in Stettin gemacht hat, weiß ich nicht. Ohnehin weiß ich nicht viel über ihn; das letzte Mal bin ich ihm neununddreißig begegnet, im Sommer, da war ich elf Jahre alt. Ich seh ihn noch die Himmelsstiege heraufkommen, so nannten wir den steilen Weg vom Tal ins Oberdorf, an seiner Seite die fremde Frau. Wie immer, wenn wir uns trafen, zog er etwas aus der Tasche, eine Tüte Bonbons oder eine Tafel Schokolade. Seit dem Tod meiner Mutter kam er nur noch selten ins Haus seiner Eltern. Und die, das fühlte ich, vermißten ihn nicht.

Kaum daß am Tisch sein Name fiel. Da muß etwas sein, dachte ich, wovon du nichts wissen sollst, etwas Geheimnisvolles, das man Kindern nicht anvertraut. Und ich tröstete mich mit der Aussicht, später, als Erwachsener, alles zu erfahren. Diese Hoffnung ist aus Gründen, über die noch zu reden sein wird, unerfüllt geblieben. Ich weiß nicht einmal, ob der Mann auf dem Foto noch lebt. Er müßte jetzt, da diese Zeilen geschrieben werden, an die achtzig sein. Wahrscheinlich ist er tot. Die Frau indessen, die an seiner Seite die Wiese heraufkam, war vierzehn Jahre jünger als er. Vielleicht, daß ihr oder jemandem, der die beiden gekannt hat, durch eine glückliche Fügung das Buch in die Hände fällt und ich auf diese Weise im Alter erfahre, was ich als Kind nicht wissen durfte.

Es war schon immer etwas Seltsames um meinen Vater. Selbst wenn er wie zu Weihnachten länger als ein paar Stunden bei mir blieb, kam er mir vor wie auf dem Foto: fremd. Ein Mensch, der, wie es schien, nur durch einen Zufall mit meinem Leben zu tun hatte. An seine Stelle, von Anfang an, war mein Großvater getreten. Von ihm wußte ich, welche Pilze eßbar waren und welche nicht, was es zu bedeuten hatte, wenn im Oktober im nahen Wald die Hirsche schrien, und warum der alte Spindler, unser Nachbar, von vielen verspottet, ein guter Mensch war. Großvater, der keinen Schritt heimlich tun konnte, weil sein Holzbein ihn verriet, war wie der liebe Gott, er wußte alles, und er konnte zaubern. Die Älteren aus den Dörfern zwischen Waldenburg und Glatz werden sich vielleicht noch an die bunte Fuhre erinnern, der sie als Kinder lärmend entgegengelaufen sind: Großvater nämlich war Puppenspieler. Er hieß König, und er trug einen langen weißen Bart. Die Figuren schnitzte er selber, den Kasper, den Gendarmen, den Teufel und den Hanswurst; die Geschichten, die sie spielten, dachte er sich nachts auf seiner Strohschütte aus; Pferd und Wagen lenkte er mit eigenen Händen, und er hätte das alles wahrscheinlich bis an sein Ende gemacht, wäre nicht im Jahre sechzehn auf der Höhe 204 vor Verdun der Unterstand, von einer französischen Granate getroffen, über ihm zusammengebrochen. Als er aufwachte, in einem Lazarett bei Dienheim, erfuhr er von einem adligen Fräulein, daß ihm die Ärzte das linke Bein hätten abnehmen müssen; er könnte von Glück reden, mit dem Leben davongekommen zu sein. Wie sich herausstellte, war nicht nur das linke Bein hinüber, sondern auch die linke Hand. Von der hatte er einen Stummel übrigbehalten.

Also mußte der Sohn die Arbeit des Vaters fortführen. Die ersten Jahre hat Großmutter ihn auf seinen Reisen durchs Land begleitet, doch dann, als er sich bei Langenbielau eine Frau nahm, die zu ihm auf den Kutschbock kletterte, ist sie bei Großvater in den Bergen geblieben. Ich weiß noch, sie war klein und hatte dichtes langes Haar, das ihr, wenn sie am Abend die Zöpfe löste, bis auf die Zehen fiel. Das Haus, in das sie sich zurückgezogen hatten, gehörte ihren Eltern; den Webstuhl, an dem die alten Leute abwechselnd gesessen hatten, habe ich noch gesehen; erst Anfang der dreißiger Jahre, als die beiden schon auf dem Friedhof lagen, ist das Gestell auseinandergenommen und von einem Fuhrwerk abgeholt worden. Schon damals diente der große ebenerdige Raum mit den winzigen Fenstern meinem Großvater als Werkstatt. Was er da mit seiner Rechten unter Zuhilfenahme des Stummels der Linken aus Leim und Wasser, zerquetschtem Papier und Farbe zauberte, waren seine berühmten ›biemschen Manneln‹. Biemsch, das bedeutete böhmisch, und Manneln waren Männlein, kleine, meist nur fingergroße Figuren. Auf seinen Reisen mit dem Planwagen hatte er die Manneln und deren Herstellung irgendwo im Böhmischen kennengelernt.

Die Stunden, in denen ich ihm in seiner Werkstatt helfen durfte, gehören zu den schönsten Erinnerungen an meine Kindheit. Mit einem kleinen Pinsel und mit Wasserfarbe malte ich den Heiligen Drei Königen grüne und rote Gewänder, goldene Kronen und schwarze oder bleiche Gesichter; die Hirten kriegten graue oder erdfarbene Mäntel und die Schafe ein helles Fell; später kam noch Lack darauf, das ganze Zimmer roch nach Weihnachten und nach Zauberei, und es kam vor, daß ich hinausmußte, um den Schnee von den Fenstern wegzuschieben, weil es nicht aufhörte zu schneien und weil der Wind die schwere Last den Hang hinabdrückte bis an unser Haus. Für jede der Figuren gab es einen Biemen oder Groschen, zehn Pfennige also, und Großmutter wartete schon darauf, die in der Ofenhitze getrockneten, auf lange Bretter gereihten Manneln in die Kiepe zu packen und hinunter ins Dorf zu tragen. Wir standen dann in der Tür und sahen ihr nach, und jedesmal, wenn wir so dastanden, legte der alte Mann den Arm um meine Schulter. In diesen Minuten war ich der glücklichste Mensch.

Das Haus, niedrig, mit geteertem Dach, stand an einem Hang; die hintere Dachhälfte reichte bis hinunter ins Gras, im Winter hätte man, vom Wald kommend, mit Schneeschuhen bis zum Schornstein gleiten können. Die Wände waren mit Holz verschlagen; Wind und Wetter hatten die Bretter so dunkel gebeizt, daß die Fensterrahmen, in jedem Frühjahr geweißt, weit ins Tal leuchteten. Vorm Haus streckte ein uralter Kirschbaum seine Äste aus. Darunter stand eine Bank, von der man bei klarem Wetter die Hohe Eule sehen konnte. Doch ich habe selten erlebt, daß die beiden Alten Zeit und Ruhe fanden, sich auf die Bank zu setzen.

Ihr Anwesen gehörte zum sogenannten Oberdorf. Das bestand aus sechs Häusern, die über den Hang bis zum Waldrand verstreut waren. Sie schienen alle zur selben Zeit erbaut worden zu sein, denn eines sah aus wie das andere. Die tiefgezogenen Dächer machten sie größer, als sie tatsächlich waren, im Innern ging es eng zu. Dennoch brachten die meisten Bewohner es fertig, im Sommer eine Kammer an Gäste aus der Stadt zu vermieten, so auch Großvater und Großmutter. Im Juli und im August wohnte Jahr für Jahr dieselbe Familie bei uns, eine stille hochgewachsene Frau und ihre Tochter, die so alt war wie ich und die stets krank aussah, blaß und mit Schatten unter den Augen. Manchmal gesellte sich der Vater zu den beiden, ein streng nach Vorschrift gekleideter Mann aus Breslau, den meine Großeltern auch dann noch mit Herr Abgeordneter anredeten, als der, wie er beteuerte, schon lange keiner mehr war. Das Mädchen hieß Gesine und hatte Kleider an wie ihre Mutter, weiß und mit vielen Bändern und Borten. Noch bevor am Morgen ihre Schritte in der Giebelkammer zu hören waren, mußte ich mit einer Blechkanne zu Wieses, ein paar Häuser weiter, frische Milch für das Mädchen holen. Wieses besaßen zwei Kühe und betrieben nebenher eine armselige Landwirtschaft. Wie die meisten Männer des Oberdorfs arbeitete auch Wiese in Kühnels Holzmühle an der Straße. Im Sommer roch die ganze Gegend nach frischgeschälten Fichten. Gesines Mutter konnte die Nase davon nicht voll genug kriegen. Wenn sie abends auf der Bank unterm Kirschbaum saß und der Wind den Holzgeruch zu uns herauftrug, seufzte sie tief. Meist zupfte mich dann die Großmutter am Ärmel und bedeutete mir, ins Haus zu kommen.

Es gibt Stunden, da will der Mensch allein sein. Das wußte ich nicht nur vom Großvater, das hatte ich oft genug an mir selber erfahren. In Spindlers Schuppen, ein Steinwurf von unserem Kirschbaum entfernt, gab es einen Platz, der nur mir gehörte, ein verstaubtes Gefährt, das vor Jahren einmal ein herrschaftlicher Schlitten gewesen war und das noch immer aussah wie aus dem Märchen: goldene Beschläge, gepolsterte Sitze. Darin konnte man, wenn man die Augen zumachte, sonstwohin fliegen. Vor vielen Jahren, als ich noch gar nicht auf der Welt war, hatte der Schlitten dem Pfarrer gehört. Der lag längst unter der Erde, Spindler hatte ihm die Grube ausgehoben, ein Dienst, den er allen Toten des Unter- und Oberdorfs erwies; damals war er Hausknecht der Pfennigbaude, und er und Helene träumten noch ein paar Träume, auch den vom eigenen Pferd und einer eigenen Kutsche; jedenfalls ließ er sich den herrschaftlichen Schlitten vermachen, der nun, seit vielen Jahren schon, in seinem Schuppen verstaubte.

Eines Morgens, als ich mich mit der Milchkanne auf den Weg machte, stand Gesine in der Haustür. Nimmst du mich mit? fragte sie. Über ihrem weißen Kleid trug sie eine weiße Strickjacke, die Haare waren zu einem dicken Zopf geflochten.

Darfst du denn?

Sie nickte.

Also zogen wir gemeinsam los. Im Tal hing noch der Nebel von der Nacht, nur der Buckel des Guckeis ragte heraus. Ich wollte vor ihr her gehen; der Pfad, der von der Himmelsstiege zu Wieses Grundstück führte, war schmal, die nassen Halme schlugen uns an die Knie, Gesine aber blieb neben mir. Ich wartete darauf, daß sie etwas sagte, doch sie schwieg. Auch als uns die Wiese-Frau in den Kuhstall mitnahm, sagte sie kein Wort. Erst auf dem Heimweg rückte sie mit der Sprache heraus. Ich seh dich manchmal in Spindlers Schuppen gehn, begann sie. Was machst du dort?

Ich wunderte mich, wie sie es fertiggebracht hatte, mich zu beobachten, und erwiderte: Das ist ein Geheimnis. Gleichzeitig bereute ich meine Wichtigtuerei, darum fügte ich schnell hinzu: Wenn du magst, nehm ich dich mit.

Sie mochte, und wir verabredeten uns für die Stunde nach dem Frühstück.

Der Weg zum Schuppen war nur schwer einzusehen. Ebereschenbüsche, die als Grenzmarkierung zwischen dem Spindlerschen Anwesen und dem meiner Großeltern den Hang hinaufkletterten, versperrten die Sicht. Man mußte, so rechnete ich mir aus, schon auf den Dachboden kriechen oder bis zum Waldrand steigen, um einen Blick auf die Rückwand des Schuppens zu gewinnen, wo sich durch wenige Handgriffe zwei, drei Bretter zu einem Schlupfloch auseinanderschieben ließen. Hatte man das Loch passiert, so konnte man die Bretter wieder in die alte Lage drücken, und keine Menschenseele hatte eine Ahnung, daß es sich hier um einen verborgenen Eingang handelte. Auch Spindlers nicht. Ihr Blick aus dem Fenster erreichte nur die Vorderseite des Schuppens.

Gesine folgte mir schweigend. Als ich die Bretter zurückgeschoben hatte, mußten wir uns an die Dunkelheit gewöhnen. Das ging erfahrungsgemäß schnell. Der Schuppen war alt, das Holz hatte sich zusammengezogen, und zwischen den Brettern waren fingerbreite Ritze entstanden, durch die von draußen Helligkeit hereinsickerte. Ein seltsames, fast märchenhaftes Dämmerlicht lag über allem. Die Messingbeschläge leuchteten wie Gold, und Gesine machte große Augen. Ich wischte den Staub von den Polstern und bat sie mit einer leichten Verbeugung, Platz zu nehmen. Der Schlitten war ursprünglich weiß lackiert gewesen, mit den Jahren hatte er eine gelbliche Farbe angenommen, nun schimmerte er wie Elfenbein.

Schön, flüsterte Gesine.

Ich setzte mich neben sie, und sie rutschte ein Stück zur Seite. Über uns gurrten Spindlers Tauben.

Und wohin fahren wir? fragte ich.

Sie überlegte nicht lange. Auf den Weihnachtsmarkt, sagte sie.

Mitten im Sommer fuhren wir auf den Weihnachtsmarkt.

Das war schön, der Schimmel dampfte, wir flogen durch Wolken von Rauhreif und naschten Zuckerwatte. Aus einer Bude drang Kinderlärm. Neugierig traten wir näher, spazierten durch einen Vorhang aus bunten Bändern und standen vor Großvaters kleinem Theater. Der Kasper riet gerade einer alten Frau, sich in einem hohlen Baum zu verstecken. Die Frau hatte die Kiepe voll Holz gelesen und fürchtete sich vor dem Gendarmen. Als der kam, mit blauer Uniform und blitzendem Säbel, warf sich der Kasper ein braunes Fell über den Kopf und ahmte das Gebrumm eines Bären nach. Der Polizist erstarrte vor Schreck: Einen Bären im nahen Wald, das hatte es seit hundert Jahren nicht mehr gegeben. In seiner Angst, gefressen zu werden, suchte er unter dem Jubel der Kinder das Weite.

Gesine sah auf einmal gar nicht mehr krank aus. Im Schimmer der bunten Glühlampen hatte ihr Gesicht zu leuchten begonnen. Ich nahm sie bei der Hand und führte sie hinter die Holzwand, unter das Viereck der kleinen Bühne.

Dort fanden wir tatsächlich den Großvater. Doch welch ein Wunder! Er hatte zwei gesunde Hände. Auf der Linken steckte wie ein Handschuh der Kasper und auf der Rechten der Gendarm. Großmutter stand daneben. Der Polizist nahm gerade Reißaus. Wir sahen von hinten, wie er stolperte und auf allen vieren weiterkroch. Kaum hatte er den Rand der Bühne erreicht, ließ Großvater die Rechte sinken und bewegte die Linke, daß es aussah, als würde der Kasper sich schütteln. Schwuppdiwupp, zupfte die Großmutter am Bärenfell, der Kasper gab sich in voller Größe zu erkennen, und die Kinder klatschten. Da hatte die Großmutter dem Großvater auch schon den Gendarmen von der Rechten gezogen und ihm die Holzsammlerin auf die Finger gestülpt. Hier, nimm dein Reisig, rief der Großvater mit der Stimme des Kaspers und zog die Kiepe hinterm Baum hervor. Ich muß im Backofen Feuer machen, verriet die Frau, die ihr Versteck verließ, meine Enkel wollen mich besuchen, der Fritz und die Marie, da möchte ich ihnen den schönen Mohnkuchen backen, den sie so gern essen. Die Kinder lachten, und auch Großvater lachte; er hob mit dem Daumen und dem Mittelfinger der Linken, den Armen des Kaspers, die Kiepe aus dem Moos und hängte sie der Frau auf den Rücken.

Ich hatte Großvater nie beim Puppenspiel zusehen können, er hatte damit aufhören müssen, noch ehe an mich zu denken war, doch so stellte ich ihn mir vor: Er lachte bei der Arbeit.

Mein Vater, der die Puppen von ihm übernommen hatte, kutschierte damals nicht mehr mit Pferd und Wagen durch die Dörfer; er hatte sich vom Geld seiner neuen Frau einen gebrauchten Hanomag gekauft. Wenn er uns besuchte, ließ er das Auto auf der Straße stehen. Ein paarmal durfte ich vorn bei ihm einsteigen, dann drehte er mit mir eine Runde: durchs Dorf, ums Guckei herum, an der Pfennigbaude vorbei, ein Stück bis zur Grenze, die jetzt keine Grenze mehr war, und zurück ins Tal. Die Frau steckte mir Süßigkeiten zu und beugte sich zu mir, doch ich mochte nicht, daß sie mir mit ihrer fremden Hand übers Haar strich.

Die ersten Jahre, vor meiner Schulzeit schon, hatte ich darauf gehofft, sie würde mich fragen, ob ich nicht

Lust hätte, mit meinem Vater durch die Dörfer zu fahren oder sie im Winter in der Stadt zu besuchen, wo sie eine richtige Wohnung besaßen, doch weder sie noch mein Vater haben mich danach gefragt.

Niemand merkte etwas von den Ausflügen, die Gesine und ich in Spindlers Schlitten unternahmen. Das Mädchen konnte nicht genug kriegen von den Geschichten, die ich erzählte. Längst wußte ich keine mehr und mußte neue erfinden, wie Großvater welche erfunden hatte. Dann flogen wir durch die Wolken und über die Meere bis nach Amerika. Doch es kam auch vor, daß wir mitten im Flug anhalten mußten. Das war, wenn sich Schritte dem Schuppen näherten. In unserer Angst, entdeckt zu werden, hielten wir uns fest an den Händen. Einmal, als wir über die Wiese gingen und Spindlers Frau, die Helene, in der Tür stand, kam es uns vor, als blickte sie länger als sonst zu uns, wir sagten artig Guten Morgen, und sie wünschte uns einen schönen Tag.

Stimmt es, daß Spindlers ein Kind hatten? fragte Gesine.

Ich nickte.

Wer die beiden sah, vermutete nicht, daß sie zusammengehörten. Zu sehr unterschieden sie sich. Er war einen Kopf kleiner als sie, und das trotz der Stiefel, die er sommers wie winters trug. Die Drillichsachen schlotterten an ihm herum, denn er war nicht nur klein, sondern auch dürr. Die Frau indessen schien aus allen Nähten zu platzen. Manchmal konnte man hören, wie sie mit David stritt, dann verstand ich kein Wort. Sie stammte von der anderen Seite der ehemaligen Grenze, aus dem Tschechischen, und was sie im Zorn rief, das rief sie in ihrer fremden Sprache.

Sie waren einander in der Pfennigbaude zum erstenmal begegnet, er als Hausknecht, sie als Zimmermädchen. Jede freie Stunde verbrachten sie gemeinsam, und als ein Kind unterwegs war, heirateten sie drei Tage lang in Helenes Heimatdorf auf der anderen Seite der Grenze. Danach wohnten sie mit Davids Eltern zusammen, zu dritt in einer Kamurke unterm Dach; später, als die alten Leute die Augen zumachten, zogen David und Helene mit ihrem Kind in die Wohnstube.

Die Pfennigbaude galt als vornehme Herberge. Ich erinnere mich noch, wie Großvater mich stets bei der Hand nahm und einen Bogen um das Haus machte, wenn wir, vom Pilze- oder Beerensammeln heimkehrend, an der Baude vorbeikamen. Kaum einem der Dorfbewohner wäre es eingefallen, dort seinen Korn zu trinken, dazu versammelten sich die Männer beim Chinesen, so hieß eine Wirtschaft im Tal, der Inhaber war früher zur See gefahren und hatte von seinen Reisen einen Elefantenzahn mitgebracht, der nun wie eine gelbe Dschunke über der Theke hing.

In der Pfennigbaude trafen sich Gäste, denen es auf eine Mark mehr oder weniger nicht ankam. Die Innenwände, so hieß es, waren mit flammendem Holz getäfelt, und auf der Speisekarte standen Gerichte mit unaussprechlichen Namen. Ein bißchen vom Glanz der Baude fiel natürlich auch auf die, die in ihren Diensten standen. Man sah es ihnen an, und man nannte sie die Kowalskis.

Die erste Enttäuschung für Spindler soll es gegeben haben, als der Besitzer, ein Herr Kowalski, von den Angestellten das Tragen einer eigens für das Personal angefertigten Tracht verlangte. Nicht etwa, daß Spindler sich gesträubt hätte, mit grüner Weste und weißen Wollstrümpfen durch die Gegend zu laufen, ganz im Gegenteil, er hätte die Sachen schon gern getragen, doch Herr Kowalski fand, daß sie ihm nicht standen. Spindler war einfach zu klein und zu dünn. Ohnehin gehörte er nicht zu denen, die mit den Gästen in Berührung kamen. Als Hausknecht, so meinte Kowalski, könnte er getrost Drillichsachen und Stiefel anbehalten.

Das kränkte den jungen Spindler. Und als im Dorf ein neuer Gemeindediener gesucht wurde, verließ er die Baude von einem Tag zum anderen. Seither war er Mädchen für alles. Spindler David kehrte die Wege auf dem Friedhof, Spindler David läutete die Kirchenglocke, er stiefelte als Bote von Tür zu Tür, und er mähte dem Schulmeister die Wiese, mit einem Wort: Er half, wo immer Hilfe gebraucht wurde.

Mir, dem Jungen aus dem Nachbarhaus, schenkte er stets ein Wort der Ermunterung, und er hatte noch etwas für mich, einen seltsamen Namen. Futschikokel, so nannte er mich. Ich wußte nicht, woher die Bezeichnung kam, wahrscheinlich war sie eine Erfindung von ihm. Aus seinem Munde klang sie fast zärtlich, wie Sohnemann oder Söhnchen.

Das Kind ist ihnen beim Schlittschuhlaufen ertrunken, sagte ich. Ein Junge. Sie hatten ihn Jaromir genannt.

Die Sommer vergingen viel zu schnell; manchmal, im Oktober, wenn ich morgens aus der Tür trat, sah ich auf der Hohen Eule schon Schnee, dann wußte ich, daß der Winter auch im Tal nicht mehr weit war. In die Schule gingen wir meist zu dritt. Albert, der jüngste Wiesesohn, Willi, der mit seinen Eltern und der weißen Rosa im letzten Haus des Oberdorfs wohnte, und ich. Wenn der Lehrer Hausaufsätze verlangte, mußte ich nicht nur meinen, sondern gleich drei schreiben und jeden anders. Das war gar nicht so einfach, da hieß es aufpassen. Wiederholungen hätten uns verraten. Noch vor Jahren, bevor der Kühnelsohn aufs Gymnasium wechselte, waren es sogar vier gewesen, vier Aufsätze über das schönste Ferienerlebnis. Alberts und Willis Eltern luden mich dafür zu Kaffee und Kuchen ein, von Kühnels kriegte ich sogar Geschenke, Modellbaukästen, Bücher und Winterschuhe; zwischen den Großeltern und dem Holzmühlenbesitzer galt es als abgemacht, daß ich nach der Konfirmation eine Anstellung in seinem Büro kriegen sollte; die alten Leute empfanden das als Auszeichnung: Wer in Kühnels Contor arbeitete, trug einen weißen Kittel und brauchte nicht bei Wind und Wetter hinaus.

Manchmal, zwischen den Sommern, schickte Gesine eine Karte. Einmal kam ein Brief aus der Klinik. Sie war krank, und sie teilte uns mit, daß sie sich darauf freute, nach ihrer Entlassung, wahrscheinlich im Spätherbst, noch einmal zu uns in die Berge zu kommen. Wir richteten die Kammer für den Winter her, holten den eisernen Ofen aus dem Schuppen, und ich durfte zur Probe ein Holzfeuer anmachen.

Als Gesine mit ihren Eltern eintraf, hing kalter Nebel zwischen den Häusern. Das Mädchen sah noch bleicher aus als sonst, trug einen dunklen Rock und einen weißen Pullover und darüber einen Lodenmantel mit Kapuze. Spindler spannte sogleich eine Ziege vor den Handwagen und kutschierte hinunter zur Poststation, das Gepäck zu holen. Gesines Vater würde nur eine Nacht bleiben, hörten wir. Die Geschäfte.

Damals nahm ich alles, was gesagt wurde, wörtlich. Geschäfte, so dachte ich, müßten etwas mit Geld und mit Waren zu tun haben. Gesines Vater, der Herr Abgeordnete, wie Großmutter und Großvater ihn auch im zweiten Kriegsjahr noch nannten, aber war Anwalt; vor Gericht wurden doch keine Geschäfte gemacht. Oder war er gar kein Anwalt? Ich wurde nicht klug aus ihm. Es kam vor, daß er in den Tagen, die er bei uns wohnte, Besuch erhielt, Männer, die ihm auf kaum nachweisbare Art ähnelten, in der Neigung des Kopfes beispielsweise, wenn sie im Flur standen und miteinander redeten. Auch verließen er und seine Besucher so gut wie nie das Haus. Unsere Berge schienen sie überhaupt nicht zu interessieren.

Ein wenig seltsam ging es auch diesmal zu. Er wurde von einem Auto abgeholt, doch das stand nicht auf der Straße, wo sonst die Autos parkten, mit denen Leute ins Oberdorf kamen, sondern auf dem Platz vor der Pfennigbaude. Bei Nebel, so hieß es, könnte der Wagen nicht ungeschützt auf der schmalen Straße warten. Ich sah Gesines Vater mit dem Chauffeur davongehen, schon hinterm Spindlerhaus waren sie nicht mehr zu erkennen.

Zwei Tage später gab uns Wiese keine Milch mehr. Der Sägewerker stand in der Tür und brummte: Für die keenen Troppen.

Ich war verwirrt und mußte mich erst vergewissern, ob ich auch richtig gehört hatte. Für wen? fragte ich.

Für die, wiederholte er. Sags ruhig deinem Opa: Für die keenen Troppen. Er stand vor mir, ein wenig breitbeinig, die Füße schienen aus der Erde zu wachsen, und er wiederholte: Von mir nich.

Mit leerer Milchkanne stieg ich den Hang hinauf. Dem Wiesejungen würde ich keinen Aufsatz mehr schreiben, das stand für mich fest. Kaffee und Kuchen konnte ich auch zu Hause haben. Es war Krieg, jeder Liter Milch mußte abgeliefert werden, das wußte ich, doch unter Nachbarn, von Haus zu Haus, galt noch immer, daß einer dem anderen half. Gesine sah aus wie Braunbier und Spucke, eine Blutkrankheit setzte ihr zu, da brauchte sie Milch.

Großmutter fing an zu heulen, und Großvater sagte: Der Wiese is ein Aas. Ich mußte daran denken, daß Wiese in der Holzmühle arbeitete. Noch ein paar Sommer, und ich würde bei Kühnel im Contor sitzen. Warte nur, dachte ich, der Tag kommt, da kriegst du alles heimgezahlt, Wiese, auf Heller und Pfennig. Ich redete mich heimlich in eine solche Wut hinein, daß Großmutter mich ansah und fragte: Junge, was haste denn?

In diesem Moment glaubte ich wirklich, Gesine würde in ihrem Bett sterben müssen, wenn sie keine Milch bekäme. Das sagte ich auch, und Großmutter lief gleich zu Großvater in die Werkstatt.

Der rief mich zu sich. Es wird ihr nischt passieren, versicherte er. Ihre Milch wird sie kriegen. Er sagte das mit einer solchen Bestimmtheit, daß ich mich zu ihm auf den Schemel setzte und ihn dankbar ansah. Draußen war es dunkel, das Licht brannte auch am Tage, und Großvaters Bart schimmerte wie Schnee. Er formte seine biemschen Manneln, ich zog die Schüssel mit dem aufgeweichten Papier heran und ging ihm zur Hand. Der liebe Gott, so hörte ich ihn sagen, wird dem Madel schon helfen.

Ich wußte damals nicht, was das ist: eine Blutkrankheit. Von Lungenentzündungen hatte ich gehört, von Diphtherie und Masern. Und wenn einer ganz und gar nicht mehr konnte, dann litt er an Schwindsucht oder an Auszehrung. Für andere Krankheiten hatten die Leute aus dem Oberdorf keine Zeit. Eines freilich brauchten alle: Milch. Milch war für sie eine Art Zaubertrunk, wichtiger als alle Medizin.

Abends stand der alte Spindler in unserem Flur, er trug eine Pferdedecke überm Arm; als er sie herunternahm, kam eine Milchkanne zum Vorschein. Es is halt nur Milch von der Ziege, murmelte er. Aber sie wird dem Madel gutte tun. Dabei strahlte er über sein unrasiertes Gesicht. Scheenen Gruß ooch von Lenchen.

Ich sah, wie Gesines Mutter zu weinen begann. Spindler murmelte: Ich tu die Kanne jetzt jeden Abend bringen. Großvater zog ihn in die Werkstatt; über die Schulter rief er Großmutter zu, sie sollte die Flasche mit dem Korn aus dem Küchenschrank holen. Und zwee Tippel.

Kurze Zeit danach durfte ich Gesine die Milch ans Bett bringen. Sie saß in den Kissen und trank ganz langsam. Draußen, weitweg, schrie ein Hirsch. Da erzählte ich ihr die Geschichte vom Guckei.

So hieß der Berg, den man hinter dem Dorf aufsteigen sah, kahl wie der Buckel eines Tieres. Früher war dort Wald gewesen wie anderswo in den Bergen. An seinem Rand, so berichtete ich, erhob sich ein einsames Gehöft, das dem reichsten Bauern der ganzen Umgebung gehörte. Der hatte eine schöne Tochter und wollte, daß sie einen mächtigen Mann bekam, vielleicht sogar den Ritter der Kynsburg. Ihre Schönheit wurde überall gepriesen, Jünglinge kamen von nah und fern, doch das Mädchen wies alle ab, es liebte einen jungen Holzfäller vom Ende des Tals. Der Vater, dem diese Liebe verborgen geblieben war, wunderte sich über das Verhalten der Tochter, er sparte nicht mit Vorwürfen. Darum mußten die beiden auf der Hut sein. Immer, wenn der Vater unterwegs war, eilte das Mädchen zum Waldrand, um auf einer Lichtung ein frisches Hühnerei hinter einem Stein zu verstecken. Das war das vereinbarte Zeichen: Sie konnten sich treffen.

Eines Tages aber wurden sie von einem mißgünstigen Knecht beobachtet. Der trug die Neuigkeit seinem Herrn zu, und der, in seinem Zorn, ließ die Pferde vor die Kutsche spannen und gab vor, erst in der Nacht zurückzukehren. Doch er fuhr nicht weit, er verbarg sich im nahen Unterholz und wartete. Das Mädchen trug ein Hühnerei an den Stein und lief zurück ins

Gehöft. Als der Holzfäller wie an jedem Nachmittag kam, um nach dem Ei zu gucken, stürzte der Bauer aus dem Hinterhalt und stach ihn nieder.

Die Fichten, Zeugen der schrecklichen Tat, wollten an dieser Stelle nicht weiterleben, sie wurden braun und dürr, verloren ihre Nadeln und brachen beim nächsten Sturm zusammen. Bis heute, mehrere hundert Jahre danach, ist der Berg, den die Leute das Guckei nennen, ohne Baum und Strauch geblieben.

Während ich die Geschichte erzählte, merkte ich, daß der Bauer in meiner Phantasie Wieses Züge annahm. Er stand genauso breitbeinig da, und er sah mich an wie Wiese.

Schon am nächsten Tag erfuhr ich, warum ich keine Milch mehr bekommen hatte. Auf dem Weg zum Auto war Gesines Vater von einem Gast der Pfennigbaude gesehen worden, einem Mitglied der Breslauer Oper. Der hatte Herrn Kowalski gefragt, ob der Mann, der da ins Auto stieg, zu den Gästen der Baude gehörte. Nein, hatte Kowalski gesagt. Das hätte mich auch gewundert, war die Antwort des anderen gewesen. Auf diese Weise kam heraus, wer im Oberdorf ein- und ausging: ein ehemaliger Abgeordneter des Preußischen Landtags, bekannt geworden durch hetzerische Reden gegen die neue Ordnung im Lande. Biallas, der Abend für Abend mit seiner Zither in der Pfennigbaude spielte, hatte die Nachricht von dort mitgebracht. Die Anwaltskammer, so war erzählt worden, hätte Gesines Vater ausgeschlossen, seinen Beruf dürfte er nicht ausüben.

Das tut er ja nich, brummte der Großvater. Er kommt, zahlt für Kost und Logis, und alles andre geht mich nischt an. Und dich ooch nich. Den letzten Satz hatte er heftig gesprochen. Ich sah, wie der Zitherspieler kaum merklich zuckte; Großmutter sagte: Er tut doch keenem Menschen nischt, da solln se ihn in Ruhe lassen.

Großvater galt als sanfter und gutmütiger Mann, der keiner Seele etwas zuleide tat. Große Worte waren ihm fremd. Wenn er dennoch in Rage geriet, so mußte der Grund dafür erheblich sein. Ich machte an diesem Tage eine verwirrende Erfahrung: Großvater, der mir bis dahin unangreifbar erschienen war, durch nichts in seiner Beständigkeit zu erschüttern, fast wie der liebe Gott, hatte mich spüren lassen, daß draußen, in der Welt, etwas existierte, das ihn erschreckte. Überm Bett hing ein Bild, das zeigte ihn hoch zu Roß, mit gezogenem Säbel. Als Puppenkönig war er durch die halbe Welt gezogen, er konnte die schönsten Geschichten erfinden und in einer Spinnwebe lesen, ob es regnen würde oder nicht. Immer redete er leise. Daß ich ihn nun, auf einmal, laut erlebt hatte, und das hieß für mich: ängstlich, brachte mich durcheinander.

Als ich mehr von ihm wissen wollte, sagte er nur: Der Vater des Madels ist ein guter Mann. Ich mag nicht, daß sich die Leute über so einen das Maul zerreißen. Dabei legte er mir den Arm um die Schulter, doch mir war, als wollte er etwas von mir fernhalten.

Mißtrauen, einmal geweckt, läßt keine Ruhe. Deshalb ging ich zu Willi, das war der Sohn des Zitherspielers. Vielleicht, so hoffte ich, wußte der mehr. Willi hockte auf seinem Hochsitz, einem aus Brettern, Ästen und Reisern hergerichteten Ausguck in der Krone einer alten Kastanie.

Als er mich sah, winkte er mich sofort herauf. Von seinem Platz konnte man weit ins Land blicken, ins Böhmische hinein und bis tief in die Glatzer Ebene. Ich bemerkte, daß er an einer Flöte aus Holunder schnitzte. Vorsichtig erkundigte ich mich, ob es was Neues gäbe.

Neues? Er blickte von seinem Messer auf. In seinen Augen spiegelte sich der Himmel.

Da wußte ich, daß er keine Ahnung hatte und daß ich das Ganze zu wichtig nahm.

Hör mal, sagte er und setzte die Flöte an. Ein Pieplton kam herhaus. Er zog den Zeigefinger vom obersten Loch, der Ton sank tiefer.

Laß mich auch, bat ich. Die Luft im Holunderrohr schnarchte noch ein bißchen, doch Willi rief: Klasse, da krieg ich die ganze Tonleiter drauf.

Abends, unterm Kirschbaum, hörte ich ihn auf seiner Flöte üben.

Die Winter kamen, die Sommer, die Frühlinge. Schwalbenschwärme zogen im Herbst in den Süden und kehrten nach der Schneeschmelze wieder. Rauhreif und Sonne brachte das Jahr, Osterlamm und Martinsgans. Großvater formte seine biemschen Manneln, und alles war wie immer, wie schon vor hundert oder vierhundert Jahren, wir trockneten Pilze und holten das Heu von der Wiese, und es kam vor, daß wir die weiße Rosa hörten, die Greisin, von der niemand wußte, wie alt sie war, und die in den Nächten, wenn Kinder und Kindeskinder schliefen, heimlich das Haus verließ und singend, nur mit einem Hemd bekleidet, durch die Fluren lief; dann stieß ich das Fenster auf und hielt nach ihr Ausschau, denn es ging die Rede, daß sie manchmal wie ein Engel über Gräser und Büsche schwebte, mit ausgebreiteten Armen und wehendem weißem Haar, doch ich sah sie nicht, ich sah nur den Mond und die Wolken und hörte das Bellen der Hunde die halbe Nacht.

I

Durch den Nebel bewegte sich etwas Seltsames auf mich zu, ein Schatten, weder Mensch noch Tier, unförmig und mit einem Geräusch wie von brechenden Zweigen. Seit Tagen auf der Flucht, entkräftet und halb von Sinnen, glaubte ich zunächst an eine Täuschung. Vielleicht, so dachte ich, gaukelt mir die Phantasie das Bild einer riesigen weißen Rosa vor. Als ich gar die Erscheinung aus der Nähe sah, glaubte ich für Sekunden, daß es mit mir zu Ende ging. Ich traute meinen Augen nicht: Aus dem Nebel wankte eine Kuh, auf deren Rücken eine Gestalt hing. Noch immer nicht sicher, ob Hunger und Müdigkeit mich narrten, nahm ich meine Sinne zusammen. Deutlich sah ich die Umrisse eines Mannes, der auf dem Buckel einer Kuh hockte, leblos, wie es schien. Im Gleichmaß der Tritte bewegte sich der Körper des Fremden wie der einer Puppe. Manchmal stieß er mit dem Kinn gegen das Brustbein, dann konnte man sehen, daß noch Leben in ihm war: Er nahm den Kopf in eine andere Lage. Die Klauen des Tiers brachen in Schneereste, die sich im Schatten des Hochwaldes gehalten hatten, das Eis splitterte. Da hob die Gestalt den Kopf, nun konnte ich ihr Gesicht sehen. Beinahe hätte ich aufgeschrien. Es war Spindler. Der alte Spindler ritt auf mich zu!

Im selben Moment hatte auch er mich erkannt. Mit einem Ausruf der Freude glitt er in den Schnee. Er konnte sich kaum auf den Beinen halten, ich mußte ihn stützen. Er trug die Uniform noch, die Feldmütze mit dem verbeulten Schirm, die fremden Stiefel. Der Krieg ging auch in Schlesien zu Ende, die Front brach zusammen, da wollte er nach Hause, zurück ins Oberdorf, zu seiner Lene. Ich sah, daß ihm Tränen übers Gesicht liefen. Er schob die Rechte auf meine Schulter, viel Kraft war nicht in seiner Bewegung. So sehn mer uns wieder, murmelte er. Und als wäre es ihm peinlich, eine Kuh geritten zu haben, zeigte er auf seine Stiefel. Die verflummten Dinger.

Sein Anblick war zum Erbarmen. Unter die zerschlissene Jacke hatte er sich Heu gestopft, das rechte Hosenbein wurde von Sicherheitsnadeln zusammengehalten, rasiert hatte er sich bestimmt seit Tagen nicht mehr. Doch das alles war unwichtig. Wichtig war: Wir hatten den Krieg überstanden, fast überstanden. Fünfzehn oder zwanzig Kilometer noch, und wir waren zu Hause. Am Abend zuvor hatte ich schon die Hohe Eule gesehen, die Kuppe, in rotes Licht getaucht. Da war ich nahe daran gewesen, die Augen zuzumachen und mir einzureden, daß, wenn ich sie öffnete, alles wieder so war wie früher: der Blick aufs Guckei, der Weg die Himmelsstiege hinab, Großvaters biemsche Manneln. Und im Sommer: Besuch von Gesine. Seit ich das Dorf verlassen hatte, war kaum ein halbes Jahr vergangen, keine lange Zeit also, doch mir kam sie vor wie die Ewigkeit. Mit ihr war nicht nur der Winter vergangen, sondern die Kindheit. Ich trug die gleiche Uniform wie Spindler, und der sagte nicht mehr Futschikokel zu mir.

Ein paar Tropfen fielen von den Bäumen. Der Alte rupfte ein Büschel Heu unter der Jacke hervor und stopfte es dem Tier ins Maul. Meine Alma, murmelte er.

Wahrscheinlich fehlten ihm die Worte, mehr zu sagen. Das unerwartete Zusammentreffen mit einem aus dem Dorf hatte ihn aufgewühlt. Vielleicht aber war es auch nur die Freude über die Aussicht, mit einer Kuh aus dem Krieg heimzukehren, ein Gefühl, das ihn an nichts anderes denken ließ. Spindler David, der den Buckel stets hatte krumm machen müssen, kam mit einer Beute nach Hause. Andere konnten kaum japsen, der Wind blies ihnen durch die Rippen, sie schlichen als geschlagene Hunde durch die Nacht, er aber ritt wie ein Sieger heim. Er hatte allen ein Schnippchen geschlagen. Selbst die Russen, sollten sie ins Oberdorf kommen, konnten ihm nichts anhaben: Seine Frau, die Lene, war eine Helena, eine Tschechin. So oder ähnlich mag er wohl gedacht haben, als er neben mir im Nebel stand und wie verzückt seiner Alma über den Buckel strich. Isse nich a Prachtsticke? fragte er mich.

Ja, sagte ich.

Aus dem Altschnee ragte Blaubeergestrüpp. Wir suchten einen trockenen Platz und ließen uns nieder. Ich hoffte, er würde Eßbares aus der Tasche ziehen, Brot oder Wurst oder wenigstens etwas zu rauchen, doch er grinste nur. Kohldampf, was?

Ich nickte.

Da streifte er das Kochgeschirr vom Gürtel, humpelte zu seiner Kuh und stellte den Blechnapf in den Schnee. Er brauchte sich kaum zu bücken, so klein war er. Ich sah, wie er nach den Zitzen griff. Das Tier, mit mahlendem Unterkiefer, ließ sich die Tortur gefallen. Die Strahlen trafen den Grund des Kochgeschirrs, ein Geräusch, das ich nie vergessen werde. Als mir der erste Schluck die Kehle hinunterlief, wurde mir fast schwindelig. Na, hörte ich den Alten rufen, besser als Ziegenmilch, was?

Da fiel mir Albert ein. Der Wiesejunge ist tot, sagte ich. Spindler griff in den Schnee, drückte eine Handvoll davon zusammen, und ich berichtete vom Tod des Wiesejungen.

Wir waren im Herbst zusammen an die polnische Grenze geholt worden, zum Stellungsbau. Im Winter, als die Front immer näher rückte, hatte uns der Volkssturm übernommen. Ich erzählte, wie Albert eines Abends in der Gegend von Militsch zu mir gekrochen kam und sagte: Das mit dem Alten, mit der Milch, nimms nicht länger krumm; mein Vater ist ein Arschloch.

Alberts Tod lag erst zwei Wochen zurück. Wir waren aus unserer Stellung geklettert und hatten uns an eine Mauer gelehnt. Nirgendwo fiel ein Schuß, die Sonne schien, und es roch nach Frühling. Da hörten wir in der Nähe das Summen eines Flugzeugs, gleich darauf begann ein Maschinengewehr zu hämmern, Einschläge von Granatwerfern rissen die Erde auf, jetzt sahen wir das Flugzeug, einen Doppeldecker, ich erinnere mich noch, daß ich am Rumpf den fünfzackigen Stern erkannte. Plötzlich reckte sich ein Arm aus der Kanzel, warf etwas heraus, etwas Spitzes, Schwarzes. Eine Bombe, rief jemand. Ich hörte ein Pfeifen in der Luft, der Sprung in den Graben glückte nicht mehr, ich lag auf einem Erdhaufen, hörte die Detonation, der Boden bebte, wölbte sich mir entgegen, Stahlteile, Steine und Erdbrocken schwirrten durch die Luft, die Mauer, hinter mir, stürzte zusammen. Albert war nicht mehr zu sehen. Als wir die Trümmer beiseitegeräumt hatten, fanden wir ihn. Zerquetscht, erstickt.

Er war nicht der erste Tote, den ich sah. Beim Durchqueren der Oder, unter Granatwerferbeschuß, waren uns die Leichen entgegengeschwommen, wir hatten sie mit bloßen Händen wegschieben müssen, Tote, die wir nicht kannten. Albert aber stammte aus dem Oberdorf, wir waren zusammen in die Schule gegangen, er hatte seinen Vater ein Arschloch genannt, und nun lag er vor mir, reglos, wie von grauem Mehl bestäubt, mit eingedrückter Brust und seltsam nach hinten gedrehten Armen.

Wirst halt zu den Wieses gehn müssen, meinte der Alte.

Wenn sie noch da sind, murmelte ich. Das war meine größte Angst: daß das Dorf geräumt war. Ich hatte die Flüchtlingstrecks gesehen, kilometerlange Züge. Evakuierungskommandos machten kurzen Prozeß. Den Russen sollte nichts in die Hände fallen.

Spindler schüttelte den Kopf. Wu sulln ock die Menschen alle hin? fragte er. Nee, nee, die Lene wird sich schon zu helfen wissen. Er spürte wohl, daß dies für mich kein Trost war, denn er setzte hinzu: Einen mitm Holzbein werden se nich losschicken, nee, nee. Paß auf, empfangen tun se uns mit Schöpsenfleesch und Streuselkuchn!

Er will mir Mut machen, dachte ich. Darin gleicht er meinem Großvater. Der hatte die Schlechtigkeit der Welt von mir fernhalten wollen. Doch inzwischen hatte ich begreifen müssen, daß es nichts nützt, die Fensterläden zuzumachen und sich einzureden, es wäre schönes Wetter, während draußen Donner rollen. Das Ende vom Lied war um so schlimmer: ein großes Kotzen. Ich wollte dem alten Mann nicht unrecht tun. Vielleicht, so sagte ich mir, hat er seine Insel gebraucht, vielleicht wäre sonst das bißchen Leben für ihn unerträglich geworden. Da sah ich ihn wieder, die Brille auf der Nase, den Kopf über die Manneln gebeugt. Königs Bunte Puppenbühne. Beim Gedanken an seine Werkstatt wurde mir warm.

Spindler wiederholte nur das eine Wort: Schöpsenfleesch.

Wann bist du denn raus? wollte ich wissen.

Im Februar, sagte er. In einer ganz verflixten Kälte. Er rollte das R in der Art der Gebirgler noch stärker als sonst. Vorm Bürgermeisteramt mußten mer antreten, alle Mannsleute, die noch laufen kunnten. Dann sein mer losgezogen, Richtung Langenbielau. Auf ner

Wiese hieß es Halt. Mer kriegten Kledasche und italienische Stutzen. Dreie wurden glei aussortiert, der Chinese, Biallas und ich. Mit uns kunnten se wohl nischt anfangen. Unser Glicke. Mer sullten Viehzeug aus leeren Dörfern in die Berge treiben. Daderzu brauchten mer keene Gewehre, sondern Knüppel. Er kicherte in sich hinein, schien sich zu erinnern, plötzlich aber wurde er ernst und sagte: Wer keen Herze nich hatte und das Elend nich sehn tat, der kunnte gutt leben. Zu essen fanden mer immer, und Milch hatten mer genug.

Er machte eine Pause und griff erneut in den Schnee. Beim letzten Einsatz isses dann passiert. Ich weeß noch: Uff eemol wurde geschossen. Und hernach: Panzer. Gedröhne von allen Seiten. Mitten in dem Gebalfre, zwischen Panzerketten und fremden Soldaten, kam ne Herde brüllender Viecher auf uns zu. Mer mußten machen, daß mer fortkamen. Ich sah ne zerschossene Scheune und bin glei nei. Was dann passiert is, weeß ich nich. Wie ich wieder zu mir kam, tat ich bis zum Halse im Heu stecken. Über mir was Glitschiges, das Maul eener Kuh.

Er blickte liebevoll zu seiner Alma. Dann fuhr er fort: Draußen wars ganz stille. Ich kroch ausm Heu und sah die Bescherung. Überall Tote, Russen und Deutsche, Männer, Frauen und Kinder. Und Viehzeug. Von Biallas und vom Chinesen keene Spur. Da hab ich meine Alma genommen und bin mit ihr in den Wald. Die Lene wird Augen machen! Er schien meine Frage zu ahnen. Morgen früh sein mer derheeme, sagte er.

Wir rappelten uns hoch. Das ging nur mühsam. Er ächzte, und mir wurde schwarz vor den Augen. Wer weiß, wo wir morgen sein werden, dachte ich. Mit einer Kuh durch den Wald, wie lange sollte das dauern. Doch kaum hatte das Tier unsere Bewegung bemerkt, begann es auch schon, den Weg fortzusetzen, durch Schneereste und Blaubeergesträuch, den Hang hinab.

Der Alte hielt sich auf Wegen und in offenen Schneisen. Das hatte ich nicht gewagt. Durch Unterholz und Schonungen war ich gekrochen, immer in der Angst, aufgegriffen zu werden. Deserteure wurden an die Wand gestellt oder auf dem nächsten Dorfplatz gehenkt. Da nahm ich lieber das bißchen Hunger in Kauf, mied Dörfer und Wege. Im Wald war ich aufgewachsen, der Wald bot mir Schutz. Manchmal, nachts, war mir die Kälte den Rücken hinaufgeschubbert, daß mir im Kopf ganz fiebrig wurde. In solchen Augenblicken hatte ich den Wald mit mir reden gehört. Die Sprache, die auch die Tiere verstehen.

Über uns, am Himmel, begann der Nebel dünner zu werden. Für kurze Zeit sah es aus, als wollte die Sonne durchkommen. Ende April, in manchen Jahren war es da schon warm geworden. Spindler hatte es fortwährend mit seiner Kuh. Wie sie marschieren tut, rühmte er und schnalzte mit der Zunge.

Der Weg stieg an, Nebel wehte uns ins Gesicht.

Es dauerte nicht lange, da spürte ich Unruhe in meinem Leib. Es war, als zerrte etwas an meinen Eingeweiden. Die euterwarme Milch, hastig getrunken, versetzte Magen und Därme in Aufruhr. Spindler starrte mich an. Mensch, raunte er.

Als ich die Schonung erreicht hatte, hörte ich ihn hinter mir kichern. Die Milch, rief er. Almas Milch.

Kaum war ich aufgestanden, mußte ich erneut in die Tiefe. Das ging eine ganze Weile so, bis zwischen den Zweigen Spindlers Gesicht auftauchte. Jeschusmaria, murmelte er. Kumm hoch, Junge.

Er half mir auf die Beine, die Knie wankten mir. Es geht schon, log ich.

Ich reckte mich und tat, als wäre alles vorüber. Doch das Poltern in meinem Bauch hielt an. Ich fürchtete, der Alte könnte es hören. Der aber stiefelte neben mir her und tätschelte seine Alma.

Immer wieder mußten wir anhalten. Ich biß die Zähne zusammen, wankte ins Unterholz. Eine Elster stob auf. Und wieder die Quälerei. Danach behielt ich die Hose in der Hand.

Holst dir den Tod, warnte der Alte.

Es war mir auf einmal alles egal. Ich setzte ein Bein vor das andere, doch ich ging nicht, ich taumelte. Eine riesige Anstrengung hielt mich zusammen. Manchmal sah ich kaum noch etwas. Ich wußte nicht, ob der Nebel dichter geworden war oder ob es schon dunkelte. Da blieb der Alte stehen, auch die Kuh machte halt. Komm, sagte er, ich helf dir drauf. Er wies mit dem Kinn nach dem Tier.

Ich schüttelte den Kopf.

Hältst dich an den Ohren fest, riet er. Ganz grün siehste aus.

Grün oder nicht grün, ich gab der Kuh einen Klaps, und wir setzten unseren Weg fort. Spindler schien jeden Baum und jeden Stein zu kennen, er wußte genau, welche Schneise wir benutzen mußten und welche nicht. Ich indessen konnte nur ahnen, wo wir uns befanden. Der Nebel nahm mir die Sicht.

Hörste?

Ich nickte. Im Westen wurde geschossen. Artillerie.

Das is weit weg, sagte der Alte.

Als wir eine Kahlfläche überquerten, dirigierte er die Kuh an den Rand einer Schlucht. Mir schien, als würden wir damit die Richtung unseres Weges ändern, doch ich brachte nicht die Kraft auf, etwas zu sagen. Mitunter hatte ich das Gefühl, mit jedem Schritt tiefer in den Boden zu sinken; mir wurde dunkel vor den Augen, ich tastete nach dem Fell des Tieres; erst als ich es mit den Fingerspitzen berührte, wußte ich, daß ich nicht versunken war. Allmählich traten die Umrisse meiner Umgebung aus der Finsternis: der wiegende Buckel der Kuh; Baumstämme, aufragend aus der Schlucht; Schneereste wie Flecke verschütteter Milch. Kälte kroch mir die Beine hinauf, ich schlotterte.

Spindler hatte mir beim Anstieg die Hose aus der Hand genommen und sie dem Tier auf den Buckel gelegt. Jetzt langte ich nach ihr und zog sie an, sie war feucht, doch warm vom Leib der Kuh.

Da unten is die Krokermühle, sagte der Alte.

Ich erinnerte mich, daß die Großeltern bisweilen von einer solchen Mühle gesprochen hatten, einer Ausflugsgaststätte mitten im Wald. Da tun mer jetzt hingehn, verkündete Spindler. Sehn, ob die Luft rein is.

Die letzten Worte hörte ich kaum, es hatte mich erneut in die Büsche getrieben. Der Alte wartete, bis ich zurückkam, dann sagte er: Bleibst bei der Kuh, ich geh gucken. Damit kroch er den Hang hinab.

Alma wandte mir den Kopf zu. Sie hatte große runde Augen, der Unterkiefer bewegte sich hin und her, aus dem Maul troff Speichel. Das Tier gab mir das Gefühl, nicht allein zu sein. Erst jetzt, da Spindler in der Schlucht verschwunden war, konnte ich ermessen, was mir die Gegenwart des alten Mannes bedeutete. Ein Stück Zuhause.

Geräusche meldeten seine Rückkehr. Zweige knackten, Schlürfen war zu hören. Die Wirtsleute sein da, rief er. Mer sulln kummn.

Es erwies sich als schwierig, die Kuh den steilen Hang hinunterzubugsieren. Als wir endlich den Grund erreicht hatten, den Weg, der an einem Bach entlang zur Krokermühle führte, sagte der Alte: Sie werden dir Kohle zu schlucken geben, paß uff, das tut helfen.

Die Gaststätte, offenbar eine ehemalige Mühle, bestand aus dem Hauptgebäude, einem angebauten Saal und mehreren Stallungen. Das Ganze wirkte unordentlich und heruntergekommen. Ein paar der hohen

Fensterscheiben des Saals waren eingeschlagen, Glassplitter lagen im Laub; die Gardinen schienen seit Jahren nicht mehr gewaschen worden zu sein; überall, zwischen den Stallungen und dem Hauptgebäude, machten sich Abfall und Gerümpel breit. Irgendwer hatte einen alten Hut auf die Spitze eines Hirschgeweihs geworfen, das über dem Eingang befestigt war; dort hing der Hut noch immer, verblichen und von Nebelnässe getränkt.

Der Wirt, ein dicklicher Mann in Hemdsärmeln und Hosenträgern, hatte uns erwartet. Er machte schweigend eine Stalltür auf, und Spindler schob seine Alma über die Schwelle, dann kroch er selber in das Loch. Dort schien er sich des Heus zu entledigen, das er unter der Jacke trug, denn als er ins Freie trat, sah er noch dürrer aus als vorher, wie eine Vogelscheuche, die Sachen hingen ihm lose vom Körper. Das is er, meinte er und zeigte mit dem Finger auf mich.

Der Wirt gab mir die Hand. An seinem Blick merkte ich, daß Spindler meinen Zustand in allen Einzelheiten geschildert hatte.

Kommt rein, sagte er.

Neben der Eingangstür stand eine Kolonne großer Milchkannen. Da guck lieber nich hin, riet Spindler.

Die Molkerei holt sie nicht mehr, sagte der Wirt.

Im Haus war es still und warm. Die kleine Gaststube sah aus wie ein Wohnzimmer. An d er Wand tickte ein Regulator. Ich sah, daß es schon Nachmittag war. Gleich neben der Theke stand ein Sofa; wir steuerten darauf zu, doch ehe ich mich niederlassen konnte, huschte eine weibliche Gestalt, ganz in Schwarz gekleidet, an mir vorbei und breitete an der Stelle, auf die ich mich setzen wollte, einen trockenen Wischhader aus. Ich kriegte einen roten Kopf.

Setz dich ock, meinte Spindler.

Ich blieb stehen.

Kannst dich gleich waschen, sagte der Wirt. Die Martel macht bloß noch Wasser heiß.

Ich ging zu den Fotos an der Wand, doch ich schaute sie nicht an, ich lauschte dem Gespräch der beiden.

Der Wirt wollte wissen, wie weit die Russen noch weg wären. Spindler konnte ihm keine Auskunft geben. Nischt Genaues weeß keener nich.

Sie werden die Berge links liegen lassen und im Flachen vorstoßen, vermutete der Wirt. Von dort kommt nämlich das Gewummre.

Inzwischen hatte die in Schwarz gekleidete Frau ein Tablett gebracht. Spindler leckte mit der Zunge über die Lippen. Stonsdorfer, hörte ich den Wirt sagen. Das wird dem Jungen gut tun.

Vom König Gustav der Enkel.

Vom Puppenkönig?

Ja, sagte Spindler.

Ich merkte, wie der Wirt und die Frau in ihren Bewegungen innehielten, eine Weile herrschte Stille, Spindler druckste herum, wollte wohl etwas sagen, doch er schien nichts rauszubringen. Schließlich hörte ich, wie der Wirt aufstand. Mit einem Glas in der Hand, trat er zu mir. Trink, murmelte er.

Ich zögerte.

Nimms ock, rief Spindler.

Wir tranken gleichzeitig.

Spindler wischte sich mit dem Handrücken über den Mund, daß man das Kratzen der Bartstoppeln hörte. Die Frau, das Tablett vor den Bauch gedrückt, wich einen Schritt zurück. Jetzt erst bemerkte ich ihr Gesicht, es sah krank aus und verheult.

Der Wirt sagte: Vor drei Wochen, Junge, ist dem Puppenkönig seine Frau gestorben. Fieber und Lungenentzündung. Der Arzt ist zwar gekommen, doch er konnte nichts mehr ausrichten.

Es war auf einmal sehr still. Man hörte das Ticken des Regulators. Später schenkte jemand etwas in die Gläser. Ich sah hinaus auf den leeren Hof. Gestorben also, dachte ich. Die gute alte Frau war tot. Ich stellte mir vor, wie sie im Sarg lag, die langen Haare über das Hemd gebreitet. Die gefalteten Hände darauf.

Kumm ock, sagte Spindler. Er stand neben mir, hielt ein Glas in der Hand.

Ich nahm es und trank.

Es war, als hätte der Körper nur auf dieses Signal gewartet. Ich stürzte hinaus. Die Bude aufm Hofe, hörte ich den Alten rufen.

Ich fand sie zwischen Haus und Stall, eine Hütte aus Holz. Durch ein Guckloch in der Tür konnte man ein Stück des Hofes überblicken. Der Nebel hatte sich verflüchtigt, ein paar Sonnenstrahlen sickerten durch die Zweige der Linden. Ich sah Tische und Gartenstühle, zusammengeklappt, übereinandergestapelt und von feuchtem Laub fast zugedeckt. Das Alleinsein tat mir auf einmal wohl. Ich mußte an den Puppenkönig denken und fragte mich, wie der wohl ohne seine Frau zurechtkam, mutterseelenallein. Wer würde ihm das Essen kochen, die Hemden waschen, die biemschen Manneln ins Tal tragen? Mit seinem Holzbein war er doch hilflos. In meinen Gedanken hatte ich die beiden in der Tür stehen sehen, unter den riesigen Zweigen des Kirschbaums. Stets eilte ich die Himmelsstiege hinauf, und stets kamen sie mir entgegen. Jetzt mußte ich das Bild korrigieren.

Mich fröstelte.

Zwei Gläser hatte ich getrunken, doch was ich an Flüssigkeit verlor, stand in keinem Verhältnis dazu. Es war, als preßte mich eine unsichtbare Hand zusammen, ganz welk kam ich mir vor. Da ließ mich ein Geräusch aufhorchen, ein Ächzen und Quietschen wie von einem Fuhrwerk. In diesem Moment sprangen drei oder vier Gestalten auf den Hof, Soldaten mit Maschinenpistolen. Fast blieb mir das Herz stehen. Die runden Stahlhelme, die erdfarbenen Mäntel. Russen. So hatte ich sie schon einmal erlebt, damals war mir ihr »Urräh« durch Mark und Bein gedrungen. Jetzt verhielten sie sich ruhig, glitten von einer Deckung in die andere und warteten ab, was geschah. Im Haus blieb es still. Da feuerte einer der Soldaten eine Salve vor die Tür, die Steinstufen splitterten, am Fenster zeigte sich ein weißer Lappen. Der geschossen hatte, stieß die Tür auf, zwei andere drangen ins Haus.

Ich rührte mich nicht von der Stelle. Rasch bevölkerte sich der Hof mit Uniformierten. Jetzt sah ich auch die Fuhrwerke, Planwägelchen mit kleinen Pferden. Ein Offizier sprang ins Haus. Ich wartete darauf, daß Spindler und die Wirtsleute mit erhobenen Armen herausstolperten, doch zunächst geschah nichts. Fieberhaft sann ich darüber nach, wie ich es wohl anstellen könnte, unbemerkt zu entkommen. Die Rückwand der Hütte aufbrechen? Das hätte Lärm verursacht. Durch die Grube fliehen? Ich fand keinen Durchschlupf. Da riß ich mir die Jacke vom Leib und warf sie unter mich. So sah ich fast wie ein Zivilist aus. Irgendwann, so hoffte ich, würde ich mein Gefängnis verlassen können. Plötzlich fielen Schüsse im Haus. Spindler, dachte ich. Jetzt geht es mit ihm zu Ende.

Die Soldaten horchten auf, doch da es gleich wieder ruhig war, schenkten sie dem Vorgang keine Beachtung. Einer schleppte Eimer mit Wasser heran, ein anderer hatte ein riesiges Bündel Heu auf eine Gabel gespießt und brachte es den Pferden, Rufe in fremder Sprache hallten über den Platz, und ich saß und schwitzte Blut und Wasser, daß einer der Männer kommen könnte, seine Notdurft zu verrichten. Ich stellte mir seinen erstaunten Blick vor, das kurze Zögern und dann ... Unmöglich, den Gedanken zu Ende zu denken. Die dunkle Mündung eines MPi-Laufs. Gelächter. Das aufgeregte Flattern eines Huhns. Da wurde die Haustür von innen aufgestoßen. Ein Soldat, den Arm voller Flaschen, erschien auf den Stufen. Großes Hallo. Fast glaubte ich, darin das Urräh wiederzuerkennen. Die Flaschen wurden geköpft, wanderten von Mund zu Mund. Irgendwo, ganz in der Nähe, fing jemand an, auf einer Ziehharmonika zu spielen. Das Loch, durch das ich spähte, war zu klein, um den ganzen Platz überblicken zu können. Ich sah, daß Soldaten Scheite von einem Holzstoß ins Haus schafften, im Herd wurde Feuer gemacht. Da merkte ich, daß die Soldaten keine Helme mehr aufhatten. Die kahlgeschorenen Schädel waren mit Stoppeln übersät. Manche trugen Käppis, die sie weit in den Nacken geschoben hatten. Jetzt erst sah ich ihre Gesichter. Fast alle waren jung, nicht viel älter als ich. Und sie lachten. Immer wieder schaute ich hinüber nach den Fenstern, doch weder die Wirtsleute noch Spindler ließen sich blicken. Vielleicht, so dachte ich, sind sie längst tot.

Ich sah mich als nächstes Opfer ins Laub fallen, durchsiebt von Kugeln. Vielleicht auch nahmen sie einen Strick und hängten mich auf. Der Lindenast über der Saaltür würde sich eignen, dachte ich. Ein Gartenstuhl, mit dem Stiefel davorgetreten und Schluß. Einer der Burschen würde den nassen Filzhut vom Geweih holen und mir auf den Kopf stülpen. So malte ich mir das Ende aus. Derweil zerfloß ich. Schweiß drängte aus allen Poren, Flüssigkeit troff in die Grube. Ich versuchte, durch die Anstrengung der Muskeln den Verlust zu stoppen, doch die Muskeln gehorchten mir nicht. Das Geräusch, das ich verursachte, war so laut, daß ich fürchtete, alle müßten es hören.

Einer der Männer hatte zu tanzen angefangen, die anderen bildeten einen Kreis um ihn und klatschten in die Hände. Der Tänzer drehte sich in rhythmischen Intervallen, warf abwechselnd die Linke und die Rechte in die Höhe. Schließlich verschränkte er die Arme vor der Brust, ging in die Knie und machte mit den Füßen das, was er vorher mit den Armen getan hatte. Er stieß sie abwechselnd von sich, die Stiefel fast waagerecht über dem Erdboden. Seine Bewegungen wurden immer schneller.

Da sah ich, wie sich jemand aus dem Kreis löste und auf mich zukam, ein junger Bursche, kahlköpfig. Mir schlug das Herz im Halse. Alles Blut, so schien mir, stieg in meinen Kopf, drohte, mich zu sprengen. Der Kahlköpfige war nur noch drei oder vier Meter von mir entfernt, er öffnete schon das Koppelschloß, jetzt verdeckte seine Brust das Guckloch, so daß ich nichts mehr sehen konnte. Ich hörte, wie seine Hand den Holzriegel berührte, die Tür sprang auf, und er stand vor mir. Das erschrockene Gesicht, der Griff nach dem Koppel. Da riß ich meine Hosen hoch. Eine Faust griff in mein Hemd, zerrte mich aus dem Verschlag, ich hörte Rufe, stolperte und fiel der Länge lang hin, die Musik brach ab, ich wurde von hinten an den Schultern gepackt, hochgerissen und blickte in MPi-Läufe, die Männer brüllten mich an, instinktiv hob ich die Hände, da begann meine Hose zu rutschen, eine Schußsalve fegte vor meine Füße, Blätter und Dreck wirbelten auf, ich hüpfte, die Hose rutschte ganz hinunter, und das Gelächter der Männer schlug über mir zusammen.

Nach einer Weile traten sie näher. Sie redeten auf mich ein, gestikulierten mit ihren Flaschen und MPis, daß die aneinanderstießen und klirrten, sie brüllten und schrien, doch ich verstand kein Wort; ich versuchte noch einmal, die Hose hochzuziehen, diesmal fiel kein

Schuß, die Gesichter wandten sich in die Richtung der Hütte, ich sah, wie der Kahlköpfige herantrat. Er hatte mit dem Bajonett meine Uniformjacke aufgespießt und hielt sie weit von sich, sie troff vor Unrat. Die anderen wichen in einer Mischung von Erschrecken und Belustigung zurück. Das Gesicht des Kahlköpfigen war verzerrt; wütend vor Haß und Ekel schleuderte er mir die Jacke zu und brüllte etwas im Befehlston. In meiner Angst glaubte ich, er wollte, daß ich sie anzog. Mit zitternden Fingern hob ich sie auf und kroch hinein. Da schrien die anderen durcheinander, ich wußte nicht, ob sie entsetzt waren oder ob sie lachten. Meine Blicke irrten hin und her; ich sah, wie einer mit erhobener Flasche auf mich zukam, ich sollte trinken, er redete auf mich ein, er hatte eine ganz heisere Stimme, und ich verschluckte mich, das Zeug rann mir übers Kinn, tropfte auf die schmierige Uniform; da stand der nächste schon vor mir, der übernächste, ich mußte trinken, scharfes Zeug, das wie Feuer brannte, ich konnte nicht mehr unterscheiden, ob ich noch bei Besinnung war oder ob ich das alles träumte, schießt doch, schrie ich, macht endlich Schluß, da starrten sie mich an, doch nur für einen Moment, denn ein Jüngelchen kam, trug den nassen Filzhut vom Geweih wie eine Trophäe vor sich her und setzte ihn mir auf den Kopf; Gelächter erhob sich, flatterte gegen die Kronen der Linden und fiel auf mich herab, die Ziehharmonika war wieder zu hören, Gewieher von Pferden, das Wirtshaus schien umzukippen, schwarz und schief wuchs es in den Himmel, die Stämme der Linden drehten sich, ich schlug in nasses dunkles Laub; das Letzte, das ich zu sehen glaubte, war Spindler, der hatte keine Uniform mehr an, nicht einmal die Stiefel, der trug eine Schürze wie der Fleischer aus dem Unterdorf und führte an einem Strick seine Alma aus dem Stall, der Strick schien über den

Boden zu schleifen, Spindler ging langsam, ohne sich noch einmal umzudrehen, in die Dämmerung.

Großmutter hatte gern gesungen. Vormittags, wenn sie in der Küche stand und das Essen zubereitete, war ihr Gesang auf der ganzen Wiese zu hören gewesen. Manchmal hatte der Großvater gesagt: Paß auf, Selma, du wirst wie die weiße Rosa. Als Kind hatte ich mir vorgestellt, die weiße Rosa führe ein zweites Leben, Menschen wie sie könnten gar nicht sterben; selbst wenn sie die Augen zumachten und der Pfarrer sie beerdigte, würden sie auferstehen und auf geheimnisvolle Weise ihre Tage mit uns verbringen. Auch an dieser Vorstellung war der Alte schuld: Mit einem Blick in die Ferne, übers Guckei und über die Hohe Eule hinweg, hatte er oft geraunt, es gäbe Menschen, die wären unsterblich.

Während ich, ins Laub gesunken, seine Worte zu hören glaubte, geschah etwas Seltsames, ich wußte nicht, ob ich die Schwelle zum Tod schon überquert hatte oder ob ich gerade den Dämmerzustand zwischen zwei Formen meiner Existenz durchschwebte: Ich sah Großmutter mit ihren langen Haaren auf Spindlers Alma mir entgegenreiten, neben ihr her, wie Josef neben dem Esel, auf dem Maria saß, humpelte Großvater, er führte die Kuh an einem Strick die Himmelsstiege hinauf, der Strick schien über den Boden zu schleifen, da entsann ich mich, daß ich dieses Bild schon einmal gesehen hatte, und plötzlich war in mir der Gedanke, daß uns vielleicht doch nicht nur dieses eine Leben zur Verfügung stand.

So schien sich auch der Wechsel zu erklären, den ich erlebte: Großmutter sah aus wie die weiße Rosa, ich konnte die beiden nicht voneinander unterscheiden. Auch saß sie nicht mehr auf dem Rücken einer Kuh, sondern stand aufrecht, mit wehendem Haar, in Spindlers Schlitten, dem zwei Schimmel vorgespannt waren; der Schlitten flog über den Schnee, doch als ich hinsah, bemerkte ich, daß es gar kein Schnee war, sondern eine Wiese voller Schafgarbendolden, Großmutter sang: Ich trug ein goldenes Ringelein, und die Schimmel sprengten in ein riesiges Licht.

Über mir entdeckte ich jetzt Girlanden, die aber hingen an keinem Himmel, sondern an einer mit Stuck verzierten Decke. Und das Licht, in das der Schlitten geglitten war, brannte an meiner Seite. Verwundert stellte ich fest, daß ich neben einem Kanonenofen lag, dessen Rohr zu glühen begann. Auch hörte ich jemanden singen, eine Frau, weit weg, ihre Stimme schien aus einem Lautsprecher zu kommen. Spindler hatte sich über mich gebeugt. Futschikokel, murmelte er und strich mit seiner rissigen Hand über meine Stirn. Ich wollte mich aufrichten, doch er drückte mich sanft auf mein Lager zurück. Bleib ock liegen, Junge, hast Fieber. Da merkte ich, daß ich gar nichts anhatte und daß ich in grünen Plüsch gewickelt war. Der schien vom Vorhang einer Bühne zu stammen oder von einer großen Gardine. Der Alte flößte mir etwas ein, Tee oder warmes Wasser, und langsam begriff ich, wo ich mich befand: im Saal der Krokermühle. Aus dem Tuch des Bühnenvorhanges war ein Stück herausgeschnitten. Neben dem Ofen lagen meine Sachen, Hemd und Hose und Jacke, zum Trocknen ausgebreitet; jemand hatte sie gewaschen: Spindler. Als ich ihn fragen wollte, schien es mir, als entfernte er sich von meinem Lager, als glitte er in ein diffuses Licht. Nur unter Aufbietung aller Kräfte gelang es mir, Konturen zu erkennen. Wir waren nicht allein. Außer uns hockten oder lagen Soldaten auf dem Fußboden, deutsche, die meisten in Uniform. Ausm Walde, hörte ich Spindler sagen. Die Russen holn se alle ausm Walde.

Und du? Die Frage machte mir Mühe. Der Alte stützte mit der Linken meinen Kopf und gab mir mit der Rechten zu trinken. Ich hab dich doch mit deiner Alma fortgehn sehn, sagte ich.

Da nickte er. Ich sah, wie sich in seinen Augen Tränen sammelten und wie sie ihm übers unrasierte Gesicht liefen. Vom Hof kam immer noch Radiomusik. Ich bin nich weit gekummn, murmelte er. Glei hinterm Stalle ham se mich zurückgescheucht. So, mit der MPi. Er machte es vor. Rattattatam. Er sah mich an, doch ich hatte das Gefühl, daß er durch mich hindurchblickte. Die fackeln nich lange, flüsterte er. Die schießen.

Und wo ist deine Alma?

Die steht im Stalle. Dort wird se wull bleiben müssen, bis das alles vorbei is und ich se mir holen tu. Er beugte sich zu mir, jetzt sah ich ihn ganz klar. Ich bleib nämlich nich, sagte er. Und du, wenn du erscht wieder bei Kräften bist, kummst nach. Er zeigte hinter den Bühnenvorhang. Da oben is ne Luftklappe, die führt raus aufs Schuppendach. Er schilderte mir genau den Weg, den ich gehen sollte. Vom Schuppen bis zum Bach waren es nur wenige Schritte, dahinter fing der Wald an. A bissel Glicke, und es kann gar nischt schief gehn. Ich mußte an die Wirtsleute denken und erkundigte mich nach ihnen.

Die Martel is fort. Die is glei nausgemacht, als die erschten vor der Tür standen. Se ham alles aufn Kopp gestellt, doch nischt gefunden. Nur den Schnaps. Und der Wirt? Der tut ock, was se von ihm verlangen.

Auf der anderen Seite des Ofens saß ein Mann, der mir schon seit einer Weile aufgefallen war. Seine Uniform wirkte gepflegt, er trug einen Haarkranz wie zu Hause der Pfarrer. Jetzt wandte er uns sein Gesicht zu und lächelte; er kam mir bekannt vor, im Augenblick wußte ich nicht, wohin ich ihn stecken sollte, doch dann fiel es mir ein: Er sah aus wie der alte Ruschke im Unterdorf, den alle den Dichter nannten. Na, machte er, hat Ihr junger Freund das Ganze überstanden? Er sprach hochdeutsch, und er redete Spindler mit Sie an. Der, zu meiner Verwunderung, reagierte nicht. Da griff der Fremde nach meiner Jacke und sagte: Die Sachen sind fast trocken. Er schien zu wissen, weshalb der Alte mir Hose, Hemd und Jacke hatte reinigen müssen, denn er fügte hinzu: Wir alle sitzen im selben Dreck.

Dein Brot hat er weggefressen, knurrte Spindler.

Der Fremde, der wie Ruschke aussah, machte keine Anstalten, sich zu verteidigen, er sagte nur: Es lag da. Die ganze Zeit mußte ich darauf schauen und …

Spindler ließ ihn nicht ausreden. Nur gewartet hat er, bis ich nachm Holze ging. Eenem Kameraden das Brot wegfressen, das is schlimmer als jemanden umbringen!

Sie kriegen es wieder, versicherte mir der Fremde.

Ich sagte gar nichts. Ich hatte keinen Hunger. Auch überkam mich eine große Müdigkeit. Ich hörte noch eine Weile den Wortwechsel der beiden, doch ich war nicht neugierig, etwas davon zu verstehen, am liebsten hätte ich mich sogar weggedreht, doch auch dazu fehlte mir die Kraft. Was in den Stunden darauf geschah, drang nur von fern in mein Bewußtsein. Irgendwann wurde die Tür aufgerissen, zwei Russen stießen einen jungen Mann herein. Der stand da, mit kreidebleichem erschrockenem Gesicht, und die anderen krochen von ihren Lagern und gingen zu ihm, auch der Fremde, der aussah wie Ruschke. Später waren ganz in der Nähe Stimmen zu hören, einer sagte: Die bringen uns nach Sibirien oder sonstwohin. Quatsch, entgegnete ein anderer. Die registrieren uns, dann lassen sie uns laufen. Schließlich fielen ein paar Schüsse, auf dem Hof oder hinter dem Haus. Ich fuhr hoch und merkte, daß es

Nacht war und daß es draußen regnete. Spindler lag neben mir auf dem Fußboden. Der Mann, der mich an Ruschke erinnerte, war nicht zu sehen. In der Glastür entdeckte ich die Umrisse eines Postens, die Schultern, den runden Helm, den Lauf der MPi. Vielleicht war ich nur aus einem Traum aufgeschreckt und es hatte gar niemand geschossen. Nur der Atem der anderen war zu hören, ihr Schnarchen und das ferne Wummern der Artillerie. Sonst herrschte Ruhe. Ich sah, daß mir Spindler meine Sachen unter den Kopf geschoben hatte.

Das Feuer im Ofen war erloschen, ich kroch aus der Plüschdecke und zog mich an. Da richtete sich einer der Männer halbauf und starrte zu mir herüber. Ich sah nur den bleichen Fleck eines Gesichts. Erst als ich mich wieder in die Decke gewickelt und hingelegt hatte, verschwand der Fleck. Dann aber erlebte ich etwas Sonderbares: Das Helle tauchte erneut auf, diesmal an einer anderen Stelle. Kaum war der eine Fleck versunken, erhob sich der nächste. Flecke, einer nach dem anderen, wuchsen auf und sanken zu Boden. Ich schloß die Augen, das Spiel setzte sich fort. Da wußte ich, daß ich Fieber hatte. Wenn die Flecke den Lidrand berührten, entstand ein Geräusch. Das hörte sich wie das leise Klingen von Gläsern an und später, als die Flecke größer wurden, wie das Klopfen an einer Tür. Ich öffnete die Augen, ich machte sie zu, ich kroch unter die Decke, ich riß sie herunter, ich warf mich hin und her, und eine Stimme rief: Mensch, mach das mit deiner Emma, aber nich hier. Darauf zwang ich mich zu äußerster Ruhe, ich rührte mich nicht von der Stelle; ich spürte, wie mir der Schweiß vom Körper lief, und dachte: Jetzt die Füße in den Bach stecken, in eiskaltes Wasser. Ich sah Stiefel, die durch Wasser wateten, Männerstiefel, es war Tag, die Stiefel wuchsen vor meinen Augen in die Höhe, in einen weißen Kittel hinein; aus dem Kittel schaute mich ein Gesicht an, ein Frauengesicht mit breiten Backenknochen und Narben auf der Haut; jemand legte mir eine Hand auf die Stirn, die Hand war kühl, wie aus dem Wasser gezogen; ich hörte Worte in der fremden Sprache, eine Frauenstimme im Wechsel mit einer Männerstimme. Draußen hatte es aufgehört zu regnen, der Mann, der wie Ruschke aussah, saß neben dem kalten Ofen, und Spindler, als die Frau und der fremde Soldat gegangen waren, rückte zu mir und murmelte: Was sull ich ock machn?

Ich verstand nicht, wovon er redete. Seine Miene drückte Ratlosigkeit aus.

Der hat vielleicht ein Schwein, meinte der Mann, der wie Ruschke aussah.

Spindler warf ihm einen feindseligen Blick zu.

Na klar, verteidigte sich der andere. Kranke werden zuerst entlassen. Die stecken sie ins Lazarett, vielleicht sogar in ein deutsches, und wenn sie kuriert sind, gehts heim.

Jetzt erst begriff ich, daß von mir die Rede war. In ein Lazarett? Ich versuchte mich aufzurichten, doch die Bewegung geriet so heftig, daß ich die Augen schließen und mich wieder hinlegen mußte: Der Saal hatte sich zu drehen begonnen. Auch spürte ich ein Stechen im Kreuz. Ich zog die Plüschdecke über die Schultern und wünschte mir: Nur nicht ins Lazarett. Ein paar Kilometer noch, und ich war zu Hause. Das Lazarett lag irgendwo, vielleicht in Neisse oder in Ottmachau. Ich hatte schon die Hohe Eule gesehen, da durften sie mich doch nicht in eine ganz andere Richtung bringen. Ich lauschte. Von fernher kam das Grollen der Artillerie. Sie schossen also noch. Der Krieg war nicht zu Ende. Bei der Vorstellung detonierender Granaten mußte ich an Albert denken und daran, daß vielleicht der alte Spindler doch noch vor mir zu den Wieses würde gehen müssen. Ich lag da, hatte die Augen geschlossen und hörte und sah nicht, was um mich geschah.

Später kriegte ich mit, daß mir Spindler etwas einzuflößen versuchte. Suppe. Warme Krautsuppe mit Kartoffelstücken. Ich vernahm das Geräusch, das der Löffel verursachte, wenn er über den Boden des Kochgeschirrs kratzte. Kau ock richtig, raunte der Alte. Das Kraut hab ich rausgenummn, das is nischt fürn Magen.

Ich gab mir Mühe, die Kartoffelstücke gut zu kauen. Der Saal, das sah ich erst jetzt, hatte sich gefüllt. Die Zusammengetriebenen lagen nicht mehr nur an den Wänden, sondern in Zweierreihen quer durch den Saal. Ein ständiges Summen hing in der Luft. Die einen redeten, die anderen löffelten ihre Suppe, wieder andere schnarchten. Spindler schob mir schwarze Krumen in den Mund. Das is Kohle, sagte er. Die is von der Doktorschen.

Ich schluckte.

Spindler äugte ins Dunkel hinter den Bühnenvorhang. Da oben, irgendwo, wußte er die Luftklappe, die er als Fluchtweg ausgewählt hatte. Er sagte nicht mehr: Was sull ich ock machn. Seit für ihn feststand, daß ich weggebracht werden sollte, sah er keinen Grund mehr zu zögern. Mir war klar, daß er nur die Dunkelheit abwartete. Ich beobachtete ihn aus den Augenwinkeln. Die paar Löffel Suppe mit den Kartoffelstückchen schienen mir etwas Kraft zu geben. Alle Umrisse sah ich klarer, das konnte nicht nur daran liegen, daß draußen die Sonne schien, da mußte in mir etwas geschehen sein, doch als ich aufzustehen versuchte, bewies mir die Suppe die Macht ihrer Flüssigkeit. Die Krumen hatten nicht geholfen. Spindler merkte sofort, was los war, er griff mir unter den Arm, doch ich winkte ab, ich wollte ohne fremde Hilfe gehen, er sollte mir nur zeigen, wohin.

Ein Seitenausgang, im Winkel zwischen der Hinterfront des Hauses und dem Saal, führte in ein dunkles übelriechendes Geviert. Die untere Hälfte der Wände war geteert. Bis zu den Verschlägen gab es kein Durchkommen, nur ein kleiner Raum blieb zum Stehen. Anstelle von Papier hatten meine Vorgänger Geldscheine benutzt, Zehn-, Zwanzig- und Fünfzigmarknoten, ein trostloser Anblick. Als ich sah, daß ich Blut ausschied, wurde mir übel, ich mußte mich an der feuchten Mauer festhalten, dann wankte ich zurück in den Saal. Spindler kam mir gleich entgegen. Blut?

Ich nickte.

Das Radio auf dem Hof hämmerte Marschmusik. Der Mann, der wie Ruschke aussah, lag neben dem Ofen und schlief. Ich wickelte mich in den Plüsch und machte die Augen zu. Im ersten Moment wunderte ich mich, daß mir das Kreuz nicht wehtat, dann schwamm ich fort, ich fühlte nichts, ich sah nichts, meine Ohren waren taub.

Als die Schüsse fielen und ich die Augen aufriß, war es Nacht. Spindlers Platz war leer. Ich blickte nach dem Luftschacht hinter der Bühne, die Blechklappen fehlten. Durch die Öffnung drangen Rufe, Scheinwerfer blitzten auf. Aus dem Saal scharrten Schritte heran. Der Mann, der wie Ruschke aussah, wandte mir das Gesicht zu. Ich hab es ihm gesagt, raunte er. Es hat keinen Zweck.

Ich wußte nicht, was ich sagen oder denken oder machen sollte. Spindler. Der alte Spindler. Er hatte es nicht geschafft. Mir klapperten die Zähne.

Da ist einer abgehauen, rief jemand aus dem Saal. Die Männer drängten an die Fenster, ihre Stimmen schwirrten durcheinander. Da, sie bringen ihn.

Ich hatte mich aufgerichtet und sah, wie zwei Soldaten einen leblosen Körper durchs Laub schleiften.

Sie legten ihn an einen Baumstamm. Ich konnte gerade noch erkennen, daß es Spindler war, dann mußte ich mich ducken, einer der Soldaten riß die Tür auf, das Licht eines Scheinwerfers glitt über uns hinweg, traf mein Gesicht, huschte weiter, die Wand entlang. Ein Fluch in der fremden Sprache, dann krachte die Tür ins Schloß.

Gemurmel. Bewegung.

Verhaltet euch ruhig, mahnte eine Stimme aus der Mitte des Saals. Man hörte, wie einer der Männer stöhnte. Niemand fluchte, nur einer brummte: Scheiße. Danach blieb es still.

Später erhob ich mich vorsichtig. Ich wußte: Wenn ich mich auf die Zehen reckte, konnte ich den Hof überblicken. Im Schein der Funzeln, die zwischen den Baumstämmen aufgehängt waren, sah ich den Toten. Es wollte mir nicht in den Kopf, daß es Spindler sein sollte. Sie hatten ihn mit einem Stalltuch zugedeckt. Für einen Augenblick redete ich mir ein, daß ich mich getäuscht hatte. Der Alte konnte doch nicht plötzlich tot sein. Ein oder zwei Stunden Fußmarsch, und er wäre zu Hause gewesen. Da durfte doch nicht alles zu Ende sein, jetzt doch noch nicht. Es half nichts, kein Grübeln und kein Zittern, auch nicht der Wunsch, die Augen zuzumachen und auf eine Erlösung zu warten. Mit dem Alten, das spürte ich deutlich, war das letzte Stück Hoffnung gegangen, alles könnte noch einmal so werden wie früher.

Am Morgen winkte mich die Frau im weißen Kittel zur Tür. Ich kroch aus meinem Plüsch, biß die Zähne zusammen und ging, so aufrecht ich konnte, auf sie zu. Der Mann, der wie Ruschke aussah, kam hinter mir her und drückte mir den Plüschfetzen in die Hand. Mensch, keuchte er, nimm. Die Frau im weißen Kittel lächelte, sie trug Männerstiefel wie am Tage zuvor und ging voraus.

Auf dem Hof wartete ein Fuhrwerk. Soldaten hatten zwei Pferde vorgespannt, Steppengäule. Spindler lag noch im Laub unter den Bäumen, unser Weg führte an ihm vorbei. Ich blieb stehen, die Ärztin blickte mich erstaunt, fast erschrocken an; mir war auf einmal egal, was passieren würde, ich kauerte mich zu dem Toten, hob die Decke und sah, daß Spindler die Augen geöffnet hatte, es war, als schaute er in den Himmel; ich zitterte am ganzen Leibe, biß mir die Lippen blutig und drückte dem Alten die Augen zu, dann legte ich die Decke zurück und erhob mich, Trommeln dröhnten in mir, ich nahm den Kopf ganz hoch und leckte das Blut von der Lippe. Die Ärztin schaute mich verwundert an, doch sie schwieg. Wir setzten den Weg fort.

Als wir zum Fuhrwerk kamen, einem offenen Leiterwagen, sah ich auf einer Strohschütte einen jungen Deutschen mit einem Schulterverband. Er starrte mich aus aufgerissenen Augen an und bebte vor Angst. Erst als er bemerkte, daß ich die gleiche Uniform trug wie er, beruhigte er sich. Die Ärztin wies auf die Fuhre und sagte in reinem Deutsch: Legen Sie sich zu ihm.

Das traf mich wie ein Schlag. Die Frau im weißen Kittel sprach deutsch? Ich sah, daß sie mir die Plüschdecke aus der Hand nahm und auf das Strohlager breitete. Als ich zögerte, fuhr mich einer der wartenden Soldaten an. Dawai, rief er. Dawai!

Ich raffte meine Kräfte zusammen und kletterte auf den Wagen. Wie benommen sank ich ins Stroh. Zwei Soldaten stiegen auf den Kutschbock, einer nahm die Peitsche, die Karre ruckte an, der andere setzte sich mit dem Rücken in Fahrtrichtung, so daß er uns beobachten konnte. Ächzend holperten die Räder vom Hof, dem ausgefahrenen Weg entgegen. Ich hob den Kopf, sah die Ärztin in ihrem weißen Kittel und hinter ihr, zwischen den Baumstämmen, Spindlers Umrisse unter dem Stalltuch. Alter Freund, wir werden uns nicht wiedersehen. Wenn ich je in unser Dorf zurückkomme, werde ich erzählen, wie du gestorben bist.

Der Junge an meiner Seite fing plötzlich zu schluchzen an und griff nach meiner Hand. Er drehte dabei den Kopf so, daß der Posten ihn nicht sehen konnte, und murmelte: Er ist tot.

Wer ist tot?

Der Führer, stieß er hervor. Gefallen. Im Kampf um Berlin.

Ein paar Minuten erst war es her, daß ich Spindler die Augen zugedrückt hatte; ich hörte ihn noch von seinem Fluchtplan reden, a bissel Glicke hatte er sich erhofft. Ach, Alter. Nie in deinem Leben hast du große Ansprüche gestellt. Ein wenig Glück wäre dir in dieser Stunde genug gewesen. Du hast vergeblich gehofft.

Nun war er schon nicht mehr von dieser Welt. Seltsam, ein anderes Gefühl als Trauer um den Alten hatte nicht Platz in mir. Spindler kannte ich seit meiner Kindheit, mit ihm war ich die letzten Tage seines Lebens zusammengewesen, ihm hatte ich die Augen zugedrückt: die Krokermühle war nahe, Berlin lag weit weg. Berlin? fragte ich.

Der Junge nickte. Tränen quollen ihm aus den Augen. Aber Breslau hält sich, flüsterte er. In seinem Trotz sah er fast schön aus. Lehrer Meisel hatte im Klassenzimmer das Bild eines Kriegers aufgehängt. Im Licht der Sonne, die durchs Fenster schien, hatte der genauso ausgesehen.

Es stellte sich heraus, daß der Junge in Breslau zu Hause war. In der Gräbschner Straße. Gesine kam mir in den Sinn, einen Moment lang hatte ich sogar die Absicht, ihn zu fragen, ob er ein Mädchen solchen Namens kenne, Gesine wohnte in der Lohestraße, doch dann ließ ich es sein. Ich fragte nur nach seinem Alter.

Siebzehn, sagte er.
Der Wald nahm uns auf.
Wo weißtn das her? wollte ich wissen. Das mit Berlin.
Aus dem Radio.
In einem verlassenen Haus hatte er einen Rundfunkapparat gefunden. Biallas und Wiese besaßen schon solche Geräte, auch Spindler Lene hatte sich eins kaufen wollen, nur der Puppenkönig sperrte sich dagegen. Langsam ahnte ich, warum.
Von der Krokermühle war nichts mehr zu sehen. Manchmal folgte unser Weg dem Bachverlauf, dann wieder entfernte er sich von ihm, die Schlucht wurde breiter, ein Tal. Der Wald trat zurück, Felder und Wiesen erstreckten sich über hügeliges Gelände.
Und was ist das? Ich zeigte auf den Verband.
Ein Granatsplitter, erklärte der Junge.
In kurzen Sätzen berichtete er. An einer Straßensperre hatte er eine Panzerfaust gegen einen T 34 abgefeuert. Die Antwort des rollenden Ungeheuers war verheerend gewesen. Mit einem Splitter in der Schulter hatte er sich in einen Hauseingang und später in den Wald schleppen können. Irgendwann, irgendwo war er umgekippt. Am Morgen, auf dem Tisch der Kneipe, hatte die Ärztin ihn verbunden.
Sie spricht deutsch, sagte ich.
Er schwieg.
Die Sonne stand über den Bergen, es mußte früher Vormittag sein. Da trug der Wind uns Geräusche zu: Ächzen, Rufe und Musik wie von einem Rummelplatz. Wir hoben die Köpfe. Auf der Allee, der wir entgegenholperten, bewegte sich ein langer bunter Zug: Fuhrwerke, Planwagen, Zweispänner. Soldaten wie die auf dem Kutschbock. Manche zu zweit auf einem Fahrrad. Und mittendrin ein mit Girlanden und frischem Grün geschmücktes Gefährt, das aussah wie eine

Hochzeitskutsche. Neben dem Burschen, der die Gäule an der Leine führte, hockte ein Soldat mit einer Ziehharmonika. Der trug weder Helm noch Käppi, sondern einen schwarzen Zylinder. Wir schauten uns an, unsere Wächter lachten. Da zeigte der Junge aus Breslau in die Richtung, aus der wir gekommen waren und in die die seltsame Karawane auf der Landstraße zog. Über die Kämme, angestrahlt von Sonne, erhob sich die Kuppe der Hohen Eule, immer noch weiß von Schnee.

II

Seltsam: Wenn ich aus dem Dämmerzustand erwachte, in den ich wieder und wieder versank, mußte ich an den Mann denken, der ausgesehen hatte wie Ruschke. Er ging mir nicht aus dem Sinn; ich sah ihn hinter mir her rennen, den Plüschfetzen in der Hand, und hörte ihn flüstern: Mensch, hast du ein Schwein. Die Vermutung, alle Insassen der Lazarette würden nach der Genesung aus der Gefangenschaft entlassen, erwies sich als trügerische Hoffnung. In meinem Drahtbett schien es mir, als wäre der Weg ins Oberdorf nie so weit gewesen wie jetzt.

Ich bekam kaum etwas zu essen, nur lauwarme Flüssigkeit in einer Schnabeltasse; alles, was ich von mir gab, wurde zur Untersuchung ins Labor gebracht, und an den Mienen der Männer, die mir kalte Emaille unter den Hintern schoben, konnte ich ablesen, daß es nicht gut um mich stand. Allmählich kriegte ich mit, daß es Deutsche waren, die mich betreuten, Sanitäter und Ärzte, gefangen wie ich und beaufsichtigt von einer Russin im weißen Kittel. Wir lagen in einem Raum, der aussah wie unser altes Klassenzimmer. An der Wand, mir gegenüber, hing ein hölzernes Kreuz. Manchmal, aus dem Gang oder dem Nachbarraum, hörte ich jemanden schreien, und manchmal, wenn die Fenster geöffnet waren, roch es nach Kastanien. Dann sog ich den Geruch tief in mich hinein, er war wie ein Stück Zuhause. Ich machte die Augen zu und ließ mich vom Schlaf, der etwas von einer großen Schwäche hatte, forttragen. Schlaf dich gesund, hörte ich die Großmutter raunen; sie stand vor mir mit einer Tasse und rührte den Löffel darin.

Spindler, der mich besuchte, schlug die Hände überm Kopf zusammen und murmelte: Dem tut nischt fehlen außer Ziegenmilch.

Ich wußte nicht, wie lange ich in diesem Halbdämmer gelegen hatte, Tage oder Wochen, als ich begann, die Gesichter, die um mich waren, voneinander zu unterscheiden. Ich erkannte den jungen Arzt, der Augen hatte wie ein Mädchen, groß und dunkel und rund, die kranken Männer rechts und links neben mir und die Frau, die Gewalt hatte über uns alle. Sie glich ganz und gar nicht ihrer Schwester in der Krokermühle. Der Mund war schmal wie ein Strich, in den Lippen schien kein Blut mehr zu sein, sie verzog keine Miene. Die Männer nannten sie die Kiewsche. Sobald sie zu mir ans Bett trat, nahm sie meine Wimpern zwischen Zeigefinger und Daumen, hob die Lider und bedeutete mir, mit den Augäpfeln zu rollen; dann drückte sie mir auf dem Bauch herum, und manchmal schob sie die flache Hand so scharf unter die Rippen, daß ich die Zähne zusammenbeißen mußte, um nicht zu schreien.

Stets war der Arzt mit den Mädchenaugen an ihrer Seite. Ein anderer Mann, ebenfalls im weißen Kittel, übersetzte, was die Frau sagte. Ich verstand kein Wort. Der Junge aus der Gräbschner Straße, mit dem ich mich hätte unterhalten können, war nicht mehr da. Ich erinnerte mich, daß er in eine andere Tür geschoben worden war. Die Männer, manche mit durchbluteten Verbänden, schwiegen zumeist und starrten an die Decke. Nur manchmal, nachts, hörte ich den einen oder den anderen im Schlaf stöhnen.

Das waren die Stunden, in denen ich Angst hatte. Dann lauschte ich, ob das klopfende Geräusch nicht näherkam, mit dem der Puppenkönig seinen Besuch ankündigte. Er zeigte sich nur nachts, und er kam heimlich. Ich wußte nicht, wie er es schaffte, die Posten zu überlisten. Manchmal brachte er Großmutter mit. Die gab mir Tee zu trinken, heißen, süßen Tee. Und Großvater sagte, ich sollte mir nicht einreden lassen, daß sie mich nach Sibirien brächten. In der Holzmühle warteten sie auf mich. Auch die biemschen Manneln wollten bemalt werden. Da fragte ich ihn nach Gesine. Ob sie im Sommer kommen würde. Ob sie vielleicht eine Karte aus dem Krankenhaus geschrieben hätte.

Die beiden sahen sich an. Weißt du denn nicht? fragte der Alte.

Nein, sagte ich.

In Breslau kämpfen sie noch. Breslau ist Festung geworden.

Den Abgeordneten haben sie aufgehängt, murmelte die Großmutter.

Ich sah Gesines Vater an einem Kastanienbaum hängen, der Körper schwankte im Wind. Jemand hatte ihm den Filzhut aus der Krokermühle auf den Kopf gesetzt.

Sie sind schon in Maria-Höfchen, hörte ich eine Männerstimme mit bayrischem Dialekt. Die Stimme kam von der Seite. Ich wandte mich dorthin und sah, daß sie dem Mann mit dem Kopfverband gehörte, den sie erst am Morgen gebracht hatten. Nix wie ham, hörte ich ihn knurren. Er hatte in Breslau gekämpft und war, so erzählte er, abgehauen, nach Süden, auf den Zobten zu. Nach zwei Tagesmärschen, in einer Scheune, hatten ihn Rotarmisten entdeckt. Dabei war es geschehen: Eine Kugel hatte ihn am Kopf erwischt.

Ruhe, rief jemand.

Ein anderer kicherte. Der Hosenscheißer phantasiert wieder.

Ich erschrak. Mit dem Hosenscheißer war ich gemeint. Auf einmal begriff ich, warum die Männer nicht mit mir redeten. Sie hielten mich für ein Kind, vor dem man die Wahrheit verschweigen mußte; meine Krankheit verbanden sie mit meinem Alter. Der Bayer verstummte erschrocken. Jeder war wieder mit sich allein.

In dieser Nacht blieb der Puppenkönig aus. Irgendwo, weit weg, fielen ein paar Schüsse. Danach bellte ein Hund bis zum Morgen.

Als es hell wurde, schickte ich dem Mann mit dem Kopfverband einen dankbaren Blick. Er sah zum Erbarmen aus: Das Gesicht war eingefallen und knochig, die Augen quollen hervor wie bei einem Riesenvogel. Er lächelte zurück, wollte den Kopf heben, doch es gelang ihm nicht. Da schloß er die Augen. Mit irgendeiner Geste wollte er meinen Gruß erwidern. Darum schloß er die Augen.

Abends, als der junge Arzt allein zu mir ans Bett trat, fragte ich ihn, was bei den Untersuchungen, die sie mit mir angestellt hatten, herausgekommen wäre. Er erklärte, daß ich etwas mit den Därmen hätte, nannte mir auch das lateinische Wort dafür, aber das kannte ich nicht. Hauptsache war ohnehin, daß die anderen hörten, was er mir sagte.

An diesem Abend bat mich mein bayrischer Nachbar, in seinen Sachen nach einem Zettel zu suchen. Unsere Kleidungsstücke lagen auf Hockern hinter den Kopfenden der Betten. Wenn ich den Arm ausstreckte, konnte ich seine Hose und seine Jacke erreichen. Was denn für einen Zettel? wollte ich wissen, denn ich fand keinen. Da erzählte er, daß er einen Passierschein besäße. Einen was? Das erregte nun auch die Aufmerksamkeit der anderen.

Der Mann fühlte sich plötzlich im Mittelpunkt des Interesses. Das tat ihm offensichtlich gut. Die Russen, so berichtete er, hätten über Breslau Passierscheine für deutsche Soldaten abgeworfen, die ihre Waffen niederlegten. Den Inhabern solcher Scheine wäre bevorzugte Behandlung zugesichert worden.

Da lachten welche.

Der Bayer versuchte, sich zu verteidigen. I haob doch niederglegt, entgegnete er. I haob doch afghiert.

Erst als die anderen nicht mehr lachten und einer ihn einen Schweinehund nannte, schwieg er entsetzt. Er schien sich wohl vorzustellen, was sein Geständnis bedeutete. Der Krieg war noch nicht zu Ende. Auf Desertion stand die Todesstrafe.

Ich bekam jetzt Mehlsuppe in einer Blechschüssel, die Flüssigkeit war mit Brotkrumen eingedickt. Das nächste Zeichen, daß es mit mir aufwärts ging, setzte der Friseur, ein kleiner Mann mit natürlicher Glatze, der mir erzählte, sein eigentlicher Beruf wäre Maskenbildner am Theater. Er brauchte mir seine Künste nicht zu beweisen.

Ritschratsch, das Fell war runter. Als er mir die Spiegelscherbe hinhielt, hätte ich heulen mögen. So konnte ich unmöglich ins Oberdorf zurück. Ich malte mir aus, was ich anstellen würde, um die Schande zu verbergen, sah mich mitten im Sommer mit einer Wollmütze und schließlich sogar mit einem Kopftuch herumrennen, die Leute blieben stehen und zeigten mit dem Finger auf mich.

Das war der Tag, an dem ich die Kiewsche das erste Mal lächeln sah. Sie trat an mein Bett, und ehe sie Zeigefinger und Daumen spreizte, um nach meinen Wimpern zu fassen, hoben sich ihre Mundwinkel zu einem kaum wahrnehmbaren Lächeln. Für eine Sekunde oder für zwei waren ihre Lippen kein Strich mehr.

Abends erzählte mir der Doktor, daß die Frau, die ich auf Vierzig geschätzt hatte, Mitte Zwanzig war. Sie stammte aus der Gegend von Kiew. Von ihrer Familie lebte niemand mehr. Der Vater war gleich in den ersten Kriegstagen gefallen, die Mutter bei der Evakuierung ihres Betriebes unter die Räder eines LKW gekommen; beide Brüder, Partisanen, waren gehenkt worden.

Die Kastanien hatten weiße Kerzen gesetzt. Wenn ich mich aufrichtete und umdrehte, konnte ich ihr grünes Blattwerk sehen. Dahinter schimmerten die Ziegel eines Wasserturms. Das Lazarett, so erfuhr ich, befand sich in einer Schule, es war schon im Winter von der Wehrmacht eingerichtet worden. Dann sind Sie wohl von Anfang an hier? fragte ich den Arzt.

Der nickte. Sein kahlgeschorener Kopf war von einem weißen Leinenschiffchen bedeckt. Obwohl er seit dem Winter hier Dienst tat, kannte er sich in der Gegend nicht aus. Die Neiße hielt er für einen breiten Fluß. Sag ruhig du zu mir, meinte er.

Du und Herr Doktor, das paßte schlecht zusammen. Ich durfte aufstehen und erste Schritte tun. Das war eine ziemliche Anstrengung, mir wurde schwarz vor den Augen. Der junge Doktor führte mich, und wir gingen zusammen zum Fenster. An der Mauer des Schulhofs wanderte ein Posten hin und her. Einer draußen, einer drinnen, murmelte der Doktor.

Da wußte ich, daß er vorhatte, zu fliehen. Ich sah es ihm an. Die Art, in der er mich nach dem Fluß gefragt und auf den Bericht vom Tode Spindlers reagiert hatte, verriet mir, daß sein Plan in allen Einzelheiten feststand. Am liebsten hätte ich ihn gebeten, zu warten. Wart, bis ich auf den Beinen bin. Doch ich traute mich nicht. Er blickte durch das Laub der Kastanien auf den Posten und schien meine Gedanken nicht zu erraten. Spielst du eigentlich Schach? wollte er plötzlich wissen.

Nein, sagte ich.

Am nächsten Abend erschien er mit einem Kästchen, das nicht viel größer war als eine Zehnerpackung Zigarren, setzte sich zu mir und klappte es auf. Ich sah Figuren, die mich mit einem Anflug jäher Freude an die biemschen Manneln erinnerten; der Doktor holte sie einzeln heraus und nannte mir ihre Namen. Bauer, Dame, König.

König? Ich lachte.

Er blickte verwundert auf.

So heiß ich, sagte ich.

Da deutete er eine Verbeugung an. Majestät.

Jetzt lachten wir beide. Es war schon eine merkwürdige Situation. Mitten im Elend lachten wir. Die anderen sahen herüber; der Mann mit dem Kopfverband, den alle zu meiden schienen, auf dessen Fragen sie nicht antworteten, hoffte, das Lachen würde sich ausbreiten und ihn mit den anderen vereinen, doch nichts davon geschah. Statt dessen ging die Tür auf, und einer der Sanitäter trat herein. Herr Stabsarzt.

Der Doktor erhob sich und ging mit ihm hinaus. Ich erwartete, daß er zurückkommen würde; erst als es dunkelte, legte ich die Figuren in ihr Kästchen, klappte es zu und stellte es auf den Nachttisch.

Plötzlich setzte ein wildes Schießen ein, draußen und auch in den Gängen. Männerstimmen schrien durcheinander, durch die Fenster drangen Schauer von farbigem Licht; Leuchtkugeln stiegen in den Himmel, wir zuckten zusammen; Jeschuschmaria, hörte ich den Bayern murmeln, ich sah, wie er rasch ein Kreuz schlug; jeder erwartete wohl, daß die Tür aufsprang und Läufe von Maschinenpistolen auf uns gerichtet sein würden in dieser winzigen Sekunde vor dem Aufblitzen des Feuers – sah so das Ende aus? Doch langsam, den ersten Schreck hinunterschluckend, merkten wir, daß die Rufe der Männer Jubelrufe waren, daß sie vor Freude in die Luft schossen; jetzt hörten wir sogar deutsche Laute: Krieg kaputt, Germanski kaputt. Die Sieger feierten. In den Lärm mischte sich Glockengeläut. Der Krieg war zu Ende.

Freut euch nicht zu früh, knurrte einer. Ich wußte nicht, ob er solche wie mich meinte, die nun hofften, so schnell wie möglich nach Hause zu kommen, oder die Russen, die draußen riefen, sangen und schossen. In diesem Moment wurde die Tür aufgestoßen, und Rotarmisten schwärmten herein; aus dem Flur stach ein Lichtstrahl in den Raum, in diesem Lichtstrahl, umgeben von Finsternis, spielte einer auf seiner Ziehharmonika, zwei andere tanzten, im Gang wurde gesungen, da hörte der mit der Ziehharmonika zu spielen auf, die Tanzenden hielten inne in ihrer Bewegung, und ein vierter, das automatische Gewehr in der hocherhobenen Rechten, deklamierte: Gitler kaputt, Krieg kaputt!

Aus dem Gang drängten andere nach, auch deutsche Sanitäter; der mit der Ziehharmonika spielte wieder, und da in unserem Zimmer die Lampe nicht funktionierte, sah man nur, was in dem hellen Streifen vorging, der von der Tür zur gegenüberliegenden Wand fiel: Da wurde getanzt und getrunken, der Lärm schwoll an, für Sekunden waren alle in grünes Licht getaucht, das eine Leuchtkugel, in den Hof schwebend, verbreitete, und als das Grün erlosch, in der jähen Dunkelheit diesseits und jenseits des gelben Streifens, entdeckte ich Gestalten, Männer in weißen Hemden oder in weißen Kitteln, die sich über das Bett des Bayern hermachten, ich hörte Gekeuch und Ächzen, sah, wie sich einer auf die zuckenden Beine des Verwundeten warf, wie er sie niederhielt, und wollte schreien, doch so heftig ich auch die Zunge bewegte, es kam kein Laut über meine Lippen, ich hörte Holz splittern wie bei einem wuchtigen Schlag, Schweiß brach mir aus den Poren, ich starrte in die Dunkelheit, doch so plötzlich der Spuk begonnen hatte, so plötzlich war er auch wieder vorbei, der Soldat mit der Harmonika spielte noch immer; um die Tanzenden hatte sich ein dichter Kreis gebildet, alle klatschten in die Hände, draußen stob rotes Licht auf, ergoß sich in unser Zimmer, die Grenzen zwischen Hell und Dunkel waren aufgehoben, und neben mir, im Bett, lag ein Toter. Ich zitterte am ganzen Körper, die Zähne schlugen aufeinander. Mir war, als glitte ich in eine von Lichtern gestriemte Tiefe.

Als ich zu mir kam, fiel wie jeden Morgen mein Blick auf die Wand. Das hölzerne Kreuz war nicht mehr da. Nur der Nagel steckte noch im Mauerwerk. Da erinnerte ich mich an das Geräusch von splitterndem Holz, und alles fiel mir wieder ein. Ich machte rasch die Augen zu, lauschte.

Die anderen schwiegen. Ich wußte, sie waren wach wie ich. Doch keiner sagte ein Wort. Gleich würde der Sanitäter kommen. Wer laufen konnte, würde in den Waschraum gehen, den anderen brachte er Schüsseln mit Wasser. Vielleicht hatte man den Toten längst abgeholt? Ich drehte mich zur Seite, hielt die Augen noch eine Weile geschlossen und öffnete sie endlich einen winzigen Spalt. Der Tote lag so in seinem Bett, wie ich ihn in der Nacht gesehen hatte. Der linke Arm hing herunter; der Verband, blutverkrustet, war verrutscht, die Augen quollen ihm aus den Höhlen. Ich konnte nicht länger hinsehen, wälzte mich auf die andere Seite und stellte mich schlafend.

Irgendwo wieherte ein Pferd. Auf dem Flur waren Schritte zu hören, das Scheppern von Eimern und Schüsseln. Spätestens jetzt müßte einer was sagen, dachte ich. Das war doch jeden Morgen so. Doch keiner machte den Mund auf.

Schließlich wurde die Tür geöffnet, jemand rief: Morgen! Ein Eimer wurde hingestellt, Wasser schwappte. Ein paar der Verwundeten murmelten: Morgen. Schritte kamen näher. Die Schritte setzten aus. Ich öffnete die Augen und sah, wie ein Sanitäter am Fußende des Nachbarbettes stand. Es war auf einmal ganz still, das ganze Lazarett schien den Atem anzuhalten. Mann Gottes, sagte der Sanitäter und rannte hinaus.

Was hat er denn? fragte einer. Es war der Bursche, der unter dem Kreuz lag, ein hochgewachsener Berliner mit schiefem Mund. Isn los?

Gemurmel. Rufe der Verwunderung. Mann. Die Oogen. Der is alle.

Mörder, dachte ich. Ich lag mit Mördern unter einem Dach. Sie sprachen dieselbe Sprache, waren Gefangene wie ich. Natürlich wußte ich, daß es für meinen Verdacht keine Beweise gab. Im Durcheinander der Nacht hätten genausogut Männer aus Nachbarräumen oder Sanitäter die Tat begangen haben können. Doch es gibt Stunden, da möchte man beeiden, was man nicht beweisen kann.

Zwei Sanitäter kamen und schoben das Bett mit dem Toten hinaus.

Un was is mit Waschen? fragte der Berliner.

Ich betrachtete die Stelle, an der das Bett gestanden hatte. Nirgendwo waren Spuren des zerbrochenen Holzkreuzes zu finden.

Ick gloob, meinte der Berliner, unser Depp hat die Friedensnachricht nich vertrachen können.

Im Bett daneben, unter der Decke, wurde gekichert.

Es dauerte nicht lange, da erschien der Dolmetscher. Er brachte einen Rotarmisten mit und sagte: Es ist verboten, miteinander zu sprechen.

Der Dolmetscher verschwand. Der Posten blieb. Er trug einen Stahlhelm, hielt die MPi vor der Brust und versperrte die Tür.

Im Flur herrschte ein ungewöhnlich lautes und hastiges Kommen und Gehen. Die beiden Sanis kehrten zurück. Jetzt wurde das Bett, das der Tür am nächsten stand, hinausgeschoben. Der Mann in ihm richtete sich halb auf, starrte mit angsterfüllten Augen um sich, doch niemand konnte ihm helfen. Ich hörte, wie sich das dumpfe Geräusch der Räder, die unter den Bettpfosten angebracht waren, entfernte. Nach einer Stunde holte einer der beiden Sanis wortlos den Hocker mit den Sachen. Der Mann, den sie fortgebracht hatten, kam nicht wieder.

Statt dessen wurde der nächste geholt. Diesmal war der Berliner an der Reihe. Wieder hörten wir das rollende Geräusch, und wieder wurde ihm nach einer Weile der Hocker mit den Sachen hinterhergetragen.

Jemand hatte mir einmal das Russische Roulett beschrieben. Ähnlich wie den Teilnehmern dieses Teufelsspiels war uns an diesem Morgen zumute. Ich versuchte, einen Blick des Postens aufzufangen. Das war gewiß sinnlos, doch wenn es um Leben und Tod geht, erhofft sich einer Aufschluß aus jeder Geste. Der Posten indessen schien durch uns hindurchzublicken, gab weder zu erkennen, was er dachte, noch was er wußte. Mit seinen Blicken durchbohrte er die Wand.

Schritte vor der Tür. Der Griff der Klinke bewegte sich nach unten, die Flügel öffneten sich. Diesmal steuerten die Sanitäter geradenwegs auf mich zu. Der eine faßte die Metallstange am Fußende, der andere die über meinem Kopf. Die Fenster entglitten. Das Rollen der Räder teilte sich als Erschütterung dem ganzen Körper mit. Die Glieder summten. Meine Augen nahmen gekalkte Wände wahr, ein paar Schränke, dann machte der Flur eine Biegung, das Geräusch veränderte seinen Ton, ich wurde über Steinfußboden geschoben. Plötzlich blieb der vordere stehen, drehte sich um und sagte: Der kann doch loofen.

Eine Weile zögerten die beiden. Ich richtete mich halb auf. Los, sagte da der hintere. Ich rutschte vom Bett, die Sohlen berührten den kalten Boden. Ein Posten, die MPi vor der Brust wie sein Bruder, machte eine Tür auf. Die Scharniere kreischten. Und wieder vor mir, an der Wand, die Stelle, an der bis vor Tagen ein Kreuz gehangen hatte. Die Farbe war heller dort. Das Lehrerzimmer, dachte ich.

Jetzt erst bemerkte ich zwei Offiziere, die über Eck am Konferenztisch saßen. Der eine trug eine randlose Brille, der andere sah aus wie ein Südländer, ein Kaukasier vielleicht. Der mit der Brille wies auf einen Stuhl. Mein Aufzug entlockte den beiden keine Reaktion. Immerhin stand ich barfuß vor ihnen, in Hemd und Unterhose.

Vorsichtig setzte ich mich auf die äußerste Kante. Ich lauschte, um zu hören, ob mein Bett zurückgerollt wurde. Im Flur blieb es still.

Name? fragte der mit der Brille. Er sprach deutsch, brauchte keinen Dolmetscher. Alter? Beruf? Dienstgrad? Einheit?

Mein Alter sagte ich. Sechzehn. Auch den Beruf nannte ich. Doch was den Dienstgrad und die Einheit betraf, so begann ich, einen Bogen um die Wahrheit zu machen. Noch während ich erklären wollte, daß ich eigentlich gar kein Soldat war, trieb es mich, den beiden ein Märchen zu erzählen. Ich wußte nicht, welcher Teufel mich ritt, ob es die Angst war vor dem, was mir vermutlich bevorstand, oder die Erleichterung darüber, daß sie mir einen Stuhl angeboten hatten – ich sah mich plötzlich in Spindlers Schlitten und erfand Geschichten. Das alles ist ohnehin ein Irrtum, sagte ich. Es hat damit angefangen, daß meine Oma gestorben ist. Oma, Sie verstehen? Mein Opa lahmt nämlich, der hat ein Holzbein, weite Wege kann der nicht mehr gehen. Darum ist die Tschechin, die Helena, was unsere Nachbarin ist, zu mir gekommen. Den Mann, müssen Sie wissen, haben sie im letzten Moment noch zu den Soldaten geholt, obwohl der weiß Gott nicht wollte. Unten im Tal, im Stall der Krokermühle, steht ihre Kuh. Die überwintert dort jedes Jahr. Geh und hol unsre Alma, hat mich die Helena gebeten. Es sind windige Zeiten, und so ein Viech kann Rettung bedeuten, wenn man bedenkt, daß es Milch gibt und daß man Butter daraus machen kann und Käse und Quark. Natürlich habe ich mich gleich auf den Weg gemacht, ins Tal, durch den Wald und in die Krokermühle, das ist ein Ausflugslokal mit Tischen und Stühlen im Freien, unter Kastanien. Die Wirtsleute waren froh, als sie mich sahen. Sie wurden die Milch nicht mehr los, das Auto der Molkerei blieb aus. Was denken Sie, was für einen Durst ich hatte. Ich glaube, ich habe eine ganze Kanne leergetrunken. Kaum war das Zeug in meinem Bauch, da gings auch schon los: Raus aufs Örtchen, den Balken, Sie verstehen? Das war wie eine Explosion. Wie der Ausbruch des Ätna. Ich hatte Durchfall, Diarrhöe, mit einem Wort: die Scheißerei.

Aufm Klo ist es dann passiert. Ich sitze und sehe durch das Loch in der Tür, wie Ihre Soldaten kommen. Sie springen ins Haus. Und einer, der muß mal, kommt, macht die Tür auf, sieht mich hocken. Natürlich packt er mich am Kragen, denn er denkt, ich will mich verstecken, und zerrt mich ins Freie.

Dort muß ich trinken, scharfes Zeug. Bis ich umkippe. Und als ich aufwache, liege ich als Gefangener im Saal der Wirtschaft.

Der Mann mit der Brille hatte sich eine Zigarette angesteckt, auf ungewöhnliche Weise übrigens. Das Mundstück aus Papier knickte er einmal längs und einmal quer und hängte es an die Unterlippe. Tief zog er den Rauch in die Lunge.

Der Kaukasier war aufgestanden und hatte den Raum verlassen. Ich wartete darauf, daß der mit der Brille sprach, doch der blickte mich durch seine dicken Gläser an und sagte kein Wort. Da begann ich, daran zu zweifeln, daß meine Geschichte Eindruck gemacht hatte.

Mein Gegenüber kippte Asche ab. Wie er sich dabei nach vorn beugte und mich nicht aus den Augen ließ, war es mir, als lächelte er. Aber das war kein Lächeln, bei dem Schnee zu tauen anfängt. Das war ein Lächeln, bei dem einem angst und bange wird.

In diesem Moment kam der Kaukasier zurück. In der Rechten hielt er die Uniformjacke von meinem Hocker.

Das kann ich erklären, rief ich rasch.

Der Kaukasier warf die Jacke auf den Tisch. Zettel flatterten, Asche stob auf. Der Mann mit der Brille lächelte noch immer sein furchtbares Lächeln. Das ist, stieß ich hervor, das ist, weil ich Durchfall hatte. Deshalb saß ich doch aufm Klo. Und als der Soldat mich rausholte und ich trinken mußte, hat er die Jacke in der Grube gefunden. Im Dreck. Da muß er wohl angenommen haben, sie gehört mir, denn er hat sie rausgefischt, und ich mußte sie anziehen. Dabei – ich hab keine Ahnung, wer sie da hineingeschmissen hat. Die Wälder sind voller Soldaten, alle reißen aus, wollen nach Hause. Da feuern sie den ganzen Klimbim weg. Hier, das kann ich Ihnen beweisen, die paßt mir gar nicht.

Ich langte nach der Jacke, doch der Bebrillte legte lächelnd die Hand darauf. Plötzlich lächelte er nicht mehr. Plötzlich brüllte er mich an. Warum hast du den Mann umgebracht? Die Zigarette hing ihm von der Unterlippe, Asche fiel auf den Tisch.

Ich? Ich hab niemanden umgebracht.

Der Kaukasier baute sich vor mir auf. Wenn der zuschlägt, dachte ich, kippe ich samt Stuhl. Der Absturz aus Spindlers Schlitten begann.

Du bist der einzige, der laufen kann, fuhr mich der Kaukasier an. Im ganzen Zimmer bist du der einzige! Warum hast du den Mann totgemacht?

Ich hab ihn nicht totgemacht. Und ich bin nicht der

einzige, der aufstehen kann. Außerdem: Das Zimmer war voller Menschen!

Der Kaukasier packte mich am Hemdausschnitt, drehte den Barchent zusammen. Dann hast du ihn also gesehen, den Mörder?

Ich berichtete, was ich gesehen hatte. Da ließ er mich los, ging auf seinen Platz zurück. Der Bebrillte schrieb Zeilen auf ein Blatt. Ich erzählte vom Passierschein des Toten und vom Holzkreuz an der Wand. Nach einer Weile kamen zwei Posten. Der Kaukasier machte eine Bewegung mit dem Kinn, ich stand auf.

Die Posten nahmen mich in die Mitte und führten mich in den Keller. In einem Raum, dessen Decke aus lauter Rohren zu bestehen schien, fand ich mein Bett. Die Tür fiel ins Schloß, ich war allein.

Der Raum hatte kein Fenster. Das einzige Licht, das hereinsickerte, drang durch das Drahtglas in der oberen Hälfte der Tür. Zwischen den Rohren hingen Spinnweben, sie wehten bei jeder Bewegung, die ich machte. Von den Wänden bröckelte der Putz. Ich kroch ins Bett, das kalt war und klamm.

Manchmal hörte ich Schritte im Kellergang und manchmal das dumpfe Rollen eines Bettgestells. Auch die Rohre waren voller Geräusche. Ich stellte mir vor, daß da Wasser hindurchfloß. Vielleicht, so dachte ich, fing die Gefangenschaft jetzt erst an. Alles, was bisher war, der glühende Ofen in der Krokermühle, das Kastaniengrün vor den Fenstern, stand für das Ende von etwas, war wie ein Nachklang, jetzt aber, so fürchtete ich, begann etwas ganz Neues, Bedrohliches. Und wieder dachte ich an Flucht. Aber ich spürte, daß dies wohl der ungünstigste Moment für einen solchen Gedanken war. Gab es dafür überhaupt günstige Momente? Hatte der alte Spindler die Flucht nicht versucht, als das Wagnis noch gering schien? Und war nicht Ruschke von Anfang an dagegen gewesen?

Ich ertappte mich dabei, daß ich den Mann, der wie Ruschke aussah, auch so nannte: Ruschke. Hans Theobald Ruschke. Von dem hatte ich schon gehört und gelesen, noch bevor ich ihn zum erstenmal sah. Das war zum Geburtstag des Kühneljungen gewesen. Ruschke trug Knickerbocker und Weste und ähnelte dem Lehrer aus der Geschichte »Wie Zeisbrich zu seinem Gelde kam«. Die hatte ich bei meinem Großvater in einem Bauernkalender gefunden. Der Holzmühlenbesitzer stellte mich als den Enkel des Puppenkönigs vor. Das Geschichtenerzählen hätte ich von dem Alten, behauptete er. Ruschke sollte sich einmal meine Aufsätze ansehen, er fände bestimmt Gefallen daran.

Jetzt, Jahre später, mußte ich darüber lächeln. Beim Verhör, vorhin hatte mir das Geschichtenerzählen nichts eingebracht.

Ich wußte nicht, ob noch Vormittag war oder Nachmittag. Wie in einer zeitneutralen Zone kam ich mir vor. Mauern teilten die Welt in zwei Wirklichkeiten, von denen die eine immer unwirklicher wurde. Diese eine, das war das Oberdorf, waren Großvaters biemsche Manneln, Spindlers Schlitten und der Blick zum Guckei. Die andere, das waren die Rohre über mir, Spinnweben und der Blick des Kaukasiers. Als endlich die Tür aufgeschlossen wurde und ein Soldat mir einen Napf Wassersuppe und zwei Scheiben Schwarzbrot brachte, rechnete ich mir aus, daß es Mittag sein mußte, zwischen eins und zwei. Um diese Stunde gab es Essen.

Danach wurde ich erneut geholt. Zu meinem Erstaunen war es Nacht. Im Treppenhaus und auf den Fluren brannte Licht. Ich mußte geschlafen haben, ohne es zu wissen. Der Schlaf mußte tief und fest gewesen sein, denn ich konnte mich an nichts erinnern.

Im Lehrerzimmer erwarteten mich wieder die beiden vom Vormittag. Diesmal kamen sie ohne Vorrede zur Sache. Uns liegen Aussagen Ihrer Zimmerkameraden vor, begann der mit der Brille, wonach außer Ihnen und dem Mann auf der anderen Seite des Toten niemand etwas von einem Passierschein weiß. Nur dieser eine hat hören können, worum der Mann Sie gebeten hat. Der Bebrillte lächelte. Daß er Sie zu mir sagt, bedeutet nichts Gutes, dachte ich. Die Zigarette hing ihm von der Unterlippe. Mit leisem Summton stieß etwas ans Fenster, ein Maikäfer. Ihre Zimmerkameraden, so fuhr der Bebrillte fort, haben beobachtet, wie Sie in den Sachen des Mannes gewühlt haben. Nicht nur einmal, sondern zweimal. Das zweite Mal, während er schlief. Auf eine entsprechende Frage haben Sie erwidert: Das geht euch einen Scheißdreck an. Er blickte von dem Schriftstück auf, aus dem er den letzten Satz vorgelesen hatte.

Mir lief es kalt über den Rücken. Wenn es stimmte, was der Bebrillte da behauptete, hatten die anderen wissentlich gelogen. Um den eigenen Kopf aus der Schlinge zu ziehen, hatten sie mich, einen Unbeteiligten, beschuldigt. Auf Mord stand Todesstrafe.

Der Kaukasier und der Bebrillte schienen zu merken, wie mir zumute war, sie setzten alles auf eine Karte. Der Bebrillte hob das Bündel Papiere. Hier steht, daß zwei Ihrer Kameraden deutlich gesehen haben, wie Sie sich während des Durcheinanders über Ihren Bettnachbarn beugten.

Wie Sie ihn mit eigenen Händen erwürgten! rief der Kaukasier. Er hob die Arme und ließ die gespreizten Finger eine Weile vor meinem Gesicht stehen.

Mir rann der Schweiß über den Körper. Ich wollte etwas erwidern, doch es ging mir wie so oft: Ich brachte kein Wort heraus.

Der Bebrillte schob ein Blatt über den Tisch. Der Kaukasier ließ die Hände sinken. Unterschreib!

Ich schüttelte den Kopf.

Unterschreib!

Ich unterschrieb nicht. An die Fenster trommelten Maikäfer. Jetzt ist mir alles egal, dachte ich. Sollen sie mich erschießen, sollen sie anstellen mit mir, was sie wollen, ich werde nicht zugeben, was ich nicht getan habe.

Sie erschossen mich nicht. Sie machten etwas ganz anderes. Der Bebrillte stellte eine Tasse heißen Tee vor mich hin. Trinken Sie.

Einen Herzschlag lang war in mir die Vorstellung, der Tee könnte vergiftet sein. Doch wie ich das Lächeln des Bebrillten auffing, erschien es mir um eine Spur verändert, nicht mehr so kalt, eher freundlich.

Ich schlürfte heißen, süßen Tee.

Du spielst Schach? wollte der Bebrillte plötzlich wissen.

Sie haben das Spiel gefunden, dachte ich und zögerte mit der Antwort. Der Doktor hat es mir beibringen wollen, sagte ich.

Es war auf einmal, als hätten die beiden mit mir Frieden geschlossen. Wie ein Wunder kam es mir vor. Die entfernten Wirklichkeiten näherten sich einander.

Sechzehn Jahre, murmelte der Kaukasier. Und nach einer Pause: Weißt du, was das ist: Geidschnucken?

Ich überlegte. Geidschnucken. Heidschnucken wird er meinen. So was Ähnliches wie Schafe, sagte ich.

Und Sauerkraut und Rüben? Wie schmecken Sauerkraut und Rüben?

Ich war durcheinander. Gegen die Fensterscheiben prasselten Schwärme von Maikäfern. Geidschnucken. Sauerkraut und Rüben. Gut, sagte ich, gut schmecken die, und blickte verwirrt von einem zum anderen. In

Wirklichkeit hatte ich Sauerkraut mit Rüben nie gegessen. Sauerkraut ja. In Gedanken sah ich dampfende Schüsseln auf dem Küchentisch. Sauerkraut mit Schöpsenfleisch und Kartoffeln. Speck gehört ans Kraut und ein Lorbeerblatt und Wacholderbeeren. Mir lief das Wasser im Mund zusammen. Gut, wiederholte ich. Sehr gut schmeckt das.

Der Bebrillte lächelte. Der Kaukasier fing plötzlich an, deutsche Verse zu sprechen. Mir war, als träumte ich. Vor Aufregung und Benommenheit verstand ich kaum ein Wort. Von Heimkehr war die Rede. Von Ungeduld und davon, daß der Fuß deutschen Boden stampfen wollte.

Der Bebrillte lächelte nicht mehr, er lachte. Lachte aus vollem Halse. Und der Kaukasier, neben ihm, blickte traurig über den Tisch.

Da traten die beiden Posten an meine Seite. Ich stand auf und stolperte, noch immer benommen, aus dem Raum.

Am anderen Morgen hieß es raus. Das Bett wurde vor mir hergeschoben, durch den Kellergang, die Treppen hinauf. Da zuckte in mir erneut das Mißtrauen. Und wenn das Ganze nur Theater war? Ein grausames Spiel mit einem Ahnungslosen? Wenn sie mich zurückbringen ließen in das Zimmer mit dem Berliner? In die Unterkunft der Mörder?

Mir sank ein Stein vom Herzen, als ich merkte, daß es eine Treppe höher ging. Durch die Fenster im Flur konnte ich über die Stadt sehen. Dächer und Giebel, zwei Türme. Baumkronen. Am Horizont, kaum erkennbar, die dünnen Linien der Berge. Nahe: weiße Fahnen aus den Fenstern. Die Straßen fast menschenleer. Pferdefuhrwerke. Kutscher. Soldaten. Ein Marktflecken unter der Maisonne.

Das Zimmer, in das ich gebracht wurde, ähnelte dem

im Parterre. Es schien genau darüber zu liegen, denn das Grün der Kastanien füllte die Fenster fast aus. Im Hintergrund erhob sich rot und rund der Wasserturm.

Die Insassen des Zimmers schienen mich für einen Neuankömmling zu halten. Mit raschem Blick hatte ich festgestellt, daß keiner der Männer aus dem Parterre dabei war. Entweder lagen die noch im Keller oder man hatte sie in andere Räume gebracht.

Schiebt ihn hierher, hörte ich eine Stimme rufen. Ich traute meinen Sinnen nicht. War der Mann, der sich da in seinen Kissen aufrichtete, Ruschke, oder war es der, der ihm ähnelte? Ich muß ein ziemlich verdattertes Gesicht gemacht haben, denn der Mann lachte. Er trug den Arm in einer Schlinge, die Hand war verbunden. Hast noch einen Kanten Brot gut, sagte er. Da wußte ich, daß es nicht Ruschke war, sondern der, der wie Ruschke aussah.

Die Sanitäter schoben mein Bett neben seins. Da staunst du, was? Der Mann hob den verbundenen Arm. Beim Holzfällen ist das passiert. Der Steg über den Bach war zusammengebrochen. Sie wollten mit ihren Fuhrwerken auf die andere Seite. Da mußten wir Stämme schlagen. Eine Fichte hatte es auf meine Hand abgesehen. Zwei Finger sind hin.

Jetzt erst sah ich, daß es die linke Hand war. An der Art und Weise, wie der Mann von dem Vorfall sprach, spürte ich, daß er die Einweisung ins Lazarett weder dem Zufall noch einer Ungeschicklichkeit verdankte. Mensch, sagte ich. Hast du ein Schwein. Da mußten wir lachen.

Ich fragte mich plötzlich, warum ich dem anderen in der Krokermühle mit soviel Mißtrauen begegnet war. Vielleicht, weil er dort eine Uniform getragen hatte, die nach Mottenpulver und Kleiderkammern roch und nicht nach Schweiß und Dreck. Jetzt trug er ein Barchenthemd wie ich, der Haarkranz war geschoren, und die Linke steckte in einem Verband. Wir kamen uns in der fremden Umgebung wie gute Bekannte vor.

Er berichtete von den Tagen und Nächten in der Krokermühle. Den alten Spindler hatten sie unter einer Linde vergraben. Der erste Transport war schon bald nach meinem Weggang auf die Reise geschickt worden.

Und wohin?

Er richtete sich halb auf, sah erstaunt zu mir herüber. Nach Sibirien, murmelte er. Natürlich nach Sibirien. Wohin denn sonst? Damit legte er sich wieder hin.

Ich hatte in den folgenden Minuten Zeit, ihn zu beobachten. Er schwieg und blickte an die Decke. Sein Atem ging ganz ruhig. Ich sah, wie sich die Brust unter seinen Händen in regelmäßigem Rhythmus hob und senkte. Er kam mir vor wie jemand, der ein Geheimnis hütete, der etwas wußte, worüber er nicht reden wollte. Daran denkt er jetzt, bildete ich mir ein. Doch ich hatte mich getäuscht. Obwohl er nicht nach mir schaute, schien er zu merken, wie ich bei jeder Bewegung der Tür unruhig wurde. Ich fürchtete, der Berliner oder einer seiner Kumpane könnte hereingeschoben werden. Was hast du denn? fragte er. Bist ja ganz durcheinander.

Da erzählte ich ihm von meinem Erlebnis. Er blickte mich immer noch nicht an, doch er nickte. Und nach einer Weile sagte er: Der Krieg macht uns alle zu Tieren.

Er schwieg. Unablässig starrte er an die Decke. Ich störte ihn nicht.

Am Abend brachte mir der Kaukasier das Schachspiel. Es gehört nicht mir, sagte ich, es gehört dem Doktor. Doch der Kaukasier grinste und legte mir das Kästchen aufs Bett. Ohne ein Wort, wie er gekommen war, verschwand er wieder.

Die Männer im Zimmer starrten mich an. Ein paar Herzschläge lang hatte ich die Vorstellung, sie könnten in mir jemanden wie den Deserteur aus Bayern sehen. Einer der Sieger hatte mich besucht, mir sogar ein Schachspiel gebracht. Es gehört dem Doktor, wiederholte ich laut.

Welchem Doktor?

Ich beschrieb ihn. Da lachte jemand und sagte: Der ist fort. Heut nacht ist der fort.

Ich erfuhr, was die anderen schon wußten: Der junge Stabsarzt hatte sich im nächtlichen Siegestaumel aus dem Staube gemacht. Wie es hieß, war er zuletzt in einer sowjetischen Uniform gesehen worden, eine Pistole in der Hand.

Das Kästchen mit den Schachfiguren lag plötzlich wie eine Bombe auf meinem Bett. Ich malte mir aus, wie der Bebrillte und der Kaukasier das Kästchen untersucht haben mochten nach geheimen Nachrichten und Zeichen und wie sie sich nun Aufschluß aus meinem Umgang mit ihm erhofften. Vorsichtig nahm ich es und schob es auf den Hocker. Dort lag auch die Uniformjacke. Ich mußte an das seltsame Verhalten des Kaukasiers während der Vernehmung denken, an die Fragen, die er mir gestellt hatte. Geidschnucken. Und: Wie schmecken Sauerkraut und Rüben? Den jungen Doktor sah ich mit hochgekrempelten Hosenbeinen durch die Neiße waten. A bissel Glicke. Der alte Spindler hatte es nicht gefunden.

Sag mal, wandte ich mich an den Mann, der wie Ruschke aussah, weißt du, was Heidschnucken sind? Und wie Sauerkraut und Rüben schmecken?

Der andere starrte mich an. Heidschnucken?

Geidschnucken, verbesserte ich mich.

Und Sauerkraut und Rüben?

Ja. Der Fuß will deutschen Boden stampfen.

Da glitt ein Lächeln in sein Gesicht. Er schien zu begreifen, was ich von ihm wollte. Heine, sagte er. Heinrich Heine.

Jetzt war ich es, der große Augen machte.

Kennst du nicht, was? Kennt keiner von euch. Ein Dichter. Ein deutscher Dichter. Jude. Hat vor hundert Jahren gelebt. Paß auf.

Und nun begann er, leise ein Gedicht zu sprechen. Es war dasselbe, das ich vom Kaukasier gehört hatte. Ich erkannte es wieder:

Denkt euch, mit Schmerzen sehne ich mich
nach Torfgeruch, nach den lieben
Heidschnucken der Lüneburger Heid',
nach Sauerkraut und Rüben.

Ich sehne mich nach Tabaksqualm,
Hofräten und Nachtwächtern,
nach Plattdeutsch, Schwarzbrot, Grobheit gar,
nach blonden Predigerstöchtern.

Auch nach der Mutter sehne ich mich,
ich will es offen gestehen,
seit dreizehn Jahren hab' ich nicht
die alte Frau gesehen.

Die Qual, die Angst, der Ungestüm,
das steigert sich bis zum Krampfe.
Es zittert mein Fuß vor Ungeduld,
daß er deutschen Boden stampfe.

Da war er wieder, der deutsche Boden. Und der Fuß, der ihn stampfen wollte. Der Mann, der wie Ruschke aussah, machte seltsame Augen. Er blickte nicht mehr an die Decke, er sah mich an. Das Gedicht hatte er fast geflüstert, als schämte er sich, als dürften die anderen nichts davon merken. Tatsächlich schien keiner der Männer ein Wort gehört zu haben. Durch die Erwähnung des Stabsarztes war jeder mit seinen Gedanken bei dem einzigen Thema, das alle beherrschte: der Möglichkeit oder der Unmöglichkeit, bald nach Hause zu kommen, mit dem Fuß deutschen Boden zu stampfen. Die Himmelsstiege sah ich. Den Platz vor der Pfennigbaude. Den Krokergrund.

Ich hätte gern gewußt, woran der Mann, der einen Dichter aufsagen konnte, in dieser Minute wohl dachte. Er sprach keinen Dialekt. Und doch mußte er irgendwo zu Hause sein. Wissen Sie, begann ich, an wen Sie mich erinnern? An einen Schriftsteller, der in unserem Dorf wohnt und den sie den Dichter nennen.

Der Mann im Nachbarbett lächelte. Da will ich dir verraten, wie ich heiße: Ruschke.

Ich richtete mich erschrocken auf.

Der Mann lächelte noch immer.

Ruschke?

Er nickte. Thomas Ruschke, sagte er. Theos Bruder.

Im Dorf hatte es eine Menge Geschwister gegeben, junge und alte. Eine solche Ähnlichkeit aber hatte ich noch nie erlebt. Die beiden glichen einander wie ein Ei dem anderen. Sind Sie Zwillinge? fragte ich.

Nein, sagte der Mann im Nachbarbett. Ich bin der Jüngere.

Am selben Tag noch erfuhr ich seine Geschichte. Abermals wirkte er wie verwandelt. Seit er die Entdeckung gemacht hatte, daß ich seinen Bruder kannte, starrte er nicht mehr an die Decke, sondern beugte sich, halb aufgerichtet, mir zu und hörte kaum auf zu reden. Er war Wehrmachtspfarrer und stammte aus Berlin. Was er während des Rückzugs von der Weichsel bis nach Schlesien an Grauen, Tod und Verwüstung erlebt hatte, sollte das Ende des Krieges, auch sein eigenes, überdauern, festgehalten in den winzigen Zeilen eines Tagebuchs, das er seinem Bruder als Material, als Fundgrube, als Botschaft, wie er hoffte, überlassen wollte. Nach der Vernichtung seines Regimentes hatte er sich zu Fuß bis zum Haus des Schriftstellers durchzuschlagen versucht, doch war er in der Nähe der Krokermühle von Rotarmisten aufgegriffen worden.

Und das Buch?

Er hob den Kopf, vergewisserte sich, daß niemand unser Gespräch belauschte, und flüsterte: Im Saal der Krokermühle liegt es, unter der Treppe zur Bühne. Und nach einer Weile: Jede Seite habe ich unterschrieben, mit vollem Namen. Das muß zu meinem Bruder, hörst du. Für ihn ist es bestimmt.

Die beiden, so erfuhr ich, waren im Brandenburgischen als Söhne eines Landpfarrers aufgewachsen. Während des Studiums hatten sich ihre Wege getrennt. Hans Theobald, der Bruder, überdrüssig der strengen Erziehung, die beide im Elternhaus erhalten hatten, war der Familie fremd geworden. Nach dem unerwarteten Erfolg seines ersten Theaterstücks hatte er das Studium der Rechte aufgegeben und war fortan in Berliner Literatencafés ein gern gesehener Gast. Die Familie zeigte sich entsetzt, und auch Thomas, der Jüngere, brach die Verbindungen zu ihm ab. Später, in den Jahren nach dem Ersten Weltkrieg, war es zwar zu einer Annäherung gekommen, doch damals besaß der Ältere schon das Haus im Eulengebirge; darum war es wohl auch der räumlichen Entfernung zuzuschreiben, daß sich die früheren Bindungen nicht mehr herstellen ließen. Der Schriftsteller, inzwischen mit der Tochter eines Gubener Tuchfabrikanten verheiratet, hatte mit der Übersiedlung in die Berge nicht nur einen räumlichen Wechsel vollzogen; die Erlebnisse des Krieges hatten einen anderen aus ihm gemacht, seine Geschichten waren düster und traurig geworden; nach dem Tod der Frau verließ er kaum noch die Zuflucht in den Bergen; er war mit den Leuten des Dorfs auf du und du, vor allem aber behauptete er, anderswo nicht mehr schreiben zu können; hinter seinem Haus wuchs ein Felsen in die Höhe, den Felsen herab ergoß sich ein schmaler Wasserfall. Das Geräusch des unablässig fallenden Wassers war ihm zur vertrauten Melodie geworden. Ohne sie fand er das tägliche Gleichgewicht gestört.

Ich erinnerte mich, wie ich dem Geräusch des Wassers zum erstenmal gelauscht hatte. Ich sah das etwas dunkle Arbeitszimmer vor mir: Bücher, die Wände hinauf bis zur Decke. Der Schreibtisch, beladen mit Papieren. Und zwischen den Fenstern: der Lehnstuhl. Auf den Borden, vor den Buchrücken, Fotos und Mitbringsel von Reisen um die halbe Welt.

Jahre hindurch hatte der jüngere Bruder diesen Raum nicht betreten. Er gestand, daß er die düstere Bedrängnis, der sich die Gestalten in den Büchern des Bruders ausgesetzt sahen, für unwirklich gehalten hatte, für die Erfindung eines Menschen, der das Leben nicht mochte. Er redete mit mir wie mit einem Erwachsenen, und ich hatte doch nur die Geschichte gelesen, in der Zeisbrich zu seinem Gelde kam.

Meinem Bruder, so sagte der Mann, hat zeitlebens gefehlt, was mir im Übermaß zur Verfügung stand: der Glaube.

Er schwieg.

Es fiel mir auf, daß er von dem, was er besessen und was ihn von seinem Bruder unterschieden hatte, in der Vergangenheitsform sprach, und ich fragte mich, warum er ausgerechnet einem Menschen, der sich so weit von ihm entfernt hatte, sein Tagebuch anvertrauen wollte. Er kam mir zuvor und sagte: Wahrscheinlich haben wir beide einander Unrecht getan.

Er erwartete nicht, daß ich mich äußerte. Er war, so schien es, froh, jemanden gefunden zu haben, mit dem er reden konnte. Wortloses Zuhören war ihm Echo genug.

Draußen begann es zu dunkeln. Irgendwo, in der Stadt, fiel ein Schuß.

In dieser Nacht kam Zamek. Der Schnee auf seiner Uniform war getaut, aus der Jacke sickerte Blut. Wie es aussah, hatte ihm ein Feuerstoß die Brust durchsiebt. Ich wunderte mich, daß er sich in diesem Zustand aufrecht halten konnte. Deutlich war die Blutspur zu erkennen, die er hinter sich her zog. Und seltsam: In der Rechten hielt er ein Schachspiel. Die Linke war in Rußland geblieben. Das wußten wir alle, er hatte oft genug davon gesprochen. Schließlich war er nicht nur Lehrer im Unterdorf, sondern auch Kommandeur unseres Volkssturmhaufens. Manche hatten ihn noch in der Schule erlebt. Sie erinnerten sich, wie er zum erstenmal vor die Klasse getreten war: in der Uniform eines Leutnants der Infanterie, ausgezeichnet mit dem Eisernen Kreuz und der Nahkampfspange. Eine Kugelgarbe hatte ihm den linken Arm abgetrennt. Doch der Schmerz hatte ihn nicht gelähmt. Mit der Rechten konnte er alles: schießen, einem durch die Haare fahren, zuschlagen, Lasten sich aufs Kreuz werfen, den Stamm einer jungen Birke biegen, bis er zersprang. Wie ein Schatten, so stand er auf einmal vor mir.

Du hast die besten Aufsätze geschrieben, sagte er. Ich hock mich zu dir, wir spielen eine Runde Schach, und ich erzähl dir meine Geschichte. Die mußt du dir merken und aufschreiben. Aber gib sie nicht dem lahmarschigen Ruschke, der weiß nur, wie Zeisbrich zu seinem Gelde kam. Er lachte, öffnete das Kästchen mit den biemschen Manneln und setzte sich. Du warst doch der Junge am Telefon?

Ich nickte.

Damals hatte ich seine Stimme zum letzten Mal gehört. Ich weiß noch, wir lagen in einem kleinen Dorf, in dem man nachts, in den Feuerpausen, von der Oder her das Donnern der Eisschollen vernahm. Auf der verwehten Straße waren seit Tagen die Trecks gerollt, Fuhrwerk hinter Fuhrwerk. Es drehte einem das Herz um, wenn man die Leute sah. Wer sich auf den Beinen halten konnte, stapfte neben den Gespannen her, Haar und Kleidung weiß von Rauhreif, die Brauen vereist, manche mit Erfrierungen, Köpfe und Schultern gegen den Wind gestemmt. Alles hatten sie hinter sich gelassen, den Hof und die Toten und was schlimmer war: jede Hoffnung auf Rückkehr.

Fliehende Panzer waren in ihre Kolonnen gerollt. Tiefflieger hatten sie erschreckt, plötzlich aber herrschte Stille. Die Straße, langgezogen und verschneit, war menschenleer. Nur vom Fluß her hörte man das Krachen des Eises. Die Bewohner des Dorfs hatten ihre Gespanne längst beladen und glaubten, nun wären sie an der Reihe, doch Bürgermeister und Ortsgruppenleiter hatten noch keinen Befehl zur Evakuierung. Vielleicht, so wurde gemunkelt, war die Front zum Stehen gekommen, oder die Eigenen hatten zum Gegenschlag ausgeholt. Alle Anrufe aus der Kreisstadt endeten mit den Sätzen: Der Russe kommt nicht weiter. Er ist ohne Nachschub und verblutet im Schnee.

Tatsächlich blieb es zwei Tage hindurch ruhig. In der Ferne schienen Dörfer zu brennen, nachts schimmerte der Himmel rot. Einmal schreckten uns Schüsse auf, wir hörten auch Stimmen und ein dumpfes Trappeln wie von Hufen, doch es gab keinen Alarm, wir schliefen weiter. Erst am Morgen entdeckten wir die Ursache für die nächtliche Unruhe: Kinder waren durch den Ort geführt worden, Russen oder Polen. Das schlossen wir aus dem Anblick der Toten, die sie im Schnee zurückgelassen hatten: Sie trugen zerlumpte, viel zu große Sachen und sahen halbverhungert aus; außerdem waren die Köpfe kahlgeschoren, einer hatte nicht einmal Schuhe an.

Zamek ließ mit zwei Handgranaten ein Loch in den Acker neben dem Friedhof sprengen, wir sammelten die kleinen Toten ein und legten sie in die Grube, dann warfen wir gefrorene Erdklumpen, Eis und Schnee darüber. Ich werde diesen Vormittag nie vergessen. Alles, was später geschah, habe ich unter dem Eindruck dieser Stunde beurteilt. Noch immer, Jahrzehnte danach, sehen mich die toten Kinder an.

Der Bürgermeister hatte die Beisetzung auf dem Friedhof verboten, doch Zamek, der kaum ein Wort sprach, setzte es durch, daß der Pfarrer kam und ein Gebet sprach. Albert, damals noch am Leben, stand ein wenig abseits und mußte sich erbrechen. Zamek ging hin und fuhr ihn an, er solle nicht schlappmachen. Danach schwieg er wieder. Ich glaube, er hatte mit sich selber gesprochen.

Am selben Tag noch verloren wir alle Verbindungen zur Außenwelt. Das Telefon im Bürgermeisteramt klingelte zwar hin und wieder, es war möglich, uns anzurufen, ein Gespräch in umgekehrter Richtung aber kam nicht zustande. Die Leitung blieb tot.

Natürlich war nach den Ereignissen der Nacht die Unruhe im Dorf gewachsen. Zamek, der Bürgermeister und der Ortsgruppenleiter hielten Kriegsrat. Es wurde beschlossen, einen Stoßtrupp ins nächste Dorf zu schicken und die Lage zu erkunden. Zamek nahm zwei Freiwillige und machte sich auf den Weg.

Weder der Ausguck auf dem Kirchturm noch der vorgeschobene Posten an der Straße meldeten Auffälliges. Nachmittags brauste ein Kübelwagen durchs

Dorf, er kam aus der Richtung, aus der auch die Flüchtlinge und die Kinder gekommen waren. Der Ortsgruppenleiter, in voller Uniform, wollte ihn aufhalten, doch die Soldaten im Wagen zeigten ihm einen Vogel, der Fahrer gab Gas. In einer Wolke von Schneestaub blieb der Parteimann zurück. Ich hatte Telefonwache, konnte also vom Fenster aus die Szene beobachten. Da schellte das Telefon. Ich hob den Hörer ab und meldete mich. Am anderen Ende war Zamek. Hör zu, sagte er. Ich habe von hier aus die Stadt erreichen können. Die Evakuierung ist noch nicht befohlen worden, sag das dem Bürgermeister. Die Front hält. Und noch was: Bis zum Abend wird das Telefon repariert sein. Ein Trupp ... In diesem Augenblick hörte ich nur noch seinen heftigen Atem, dann knatterte eine MPi. Irgend etwas polterte, wahrscheinlich schlug der Hörer auf die Tischplatte. Herr Leutnant! rief ich. Herr Leutnant! Da meldete sich eine fremde Stimme. Gitler nix gutt, sagte diese Stimme. Ein Knacken in der Leitung. Schluß.

Zamek mit seinem Gesicht wie aus Schnee stellte die Figuren auf. Wenn ich die Linke noch gehabt hätte, sagte er, wäre ich schneller gewesen. So aber hielt ich den Hörer in der Hand, und ehe ich ihn fallen ließ, hatte das Kerlchen geschossen. Rattattattatam. Er machte es vor und reckte die Brust, um mir die Einschüsse zu zeigen. Blut quoll aus den Löchern, hellrot und in rhythmischen Schüben. Ich mußte mich am Bettgestell festhalten, so übel war mir auf einmal. Da hörte ich den Mann neben mir fragen: Was hast du denn?

Zamek, sagte ich. Zamek. Ich schaute mich um. Aber da waren nur die Gesichter in den Betten, und da war Ruschke, der sich zu mir gebeugt hatte und der noch mit seinem Kahlkopf aussah wie sein Bruder. Entschuldige, murmelte ich.

Jeden Tag, bei der Visite, suchte ich im Gesicht des Doktors Antwort auf die Frage, was mit uns werden sollte. Die Augen hinter den dicken Gläsern verrieten nichts. Der Doktor zeigte keinerlei Regung. Kaum, daß er mit seinen Begleitern sprach. Unterm Kittel trug er die Uniform, doch er trug sie wie etwas Fremdes. Die Litewka spannte sich um den Bauch, der unmilitärisch über den Gürtel hing. Manchmal nahm er die Brille ab, dann sah er müde aus, mit entzündeten Augen und unnormal hellen Wimpern.

Der weiß so wenig wie wir, erklärte der Mann am Fenster. Die Sanitäter nannten ihn den Philosophen. Er mochte um die Vierzig sein, war hager und großgewachsen, und es geschah, daß er die Beine verschränkte und in dieser Haltung, den kahlen Kopf hochaufgerichtet, wunderliche Gedanken von sich gab. So behauptete er, schon einmal in Gefangenschaft gewesen zu sein. Nicht in diesem Krieg allerdings und nicht in diesem Leben, sondern irgendwann vorher. Sogar an kupferrote Steine und weiße Säulen könne er sich erinnern. Kunststück, dachte ich. Du brauchst nur aus dem Fenster zu gucken, um zu sehen, daß die Schule, in der wir liegen, aus roten Backsteinen gebaut ist. Und die Säulen? Die sind dir bei der Einlieferung aufgefallen, wie sie mir bei der Einlieferung aufgefallen sind. Die Erinnerung, so wollte er uns weismachen, stiege aus einem früheren Leben in ihm auf. Er sprach mit kindlichem Ernst und zeigte sich nicht beleidigt, wenn die anderen zu kichern anfingen. Er fragte nur, ob nicht auch wir manchmal das Gefühl hätten, diese oder jene Situation ein zweites Mal zu erleben. Damit berührte er einen wunden Punkt. Tatsächlich war mir Derartiges schon passiert. So erinnerte ich mich, wie ich auf der Flucht durch die Wälder erschrocken vor einer Talsenke stehengeblieben war. Ich hatte diese Stelle, so bildete ich mir ein, schon einmal gesehen. Ich wußte sogar, wohin der Weg, auf dem ich ging, führte: zu einer Blockhütte. Und tatsächlich: Als ich ein Stück gelaufen war, sah ich die Hütte vor mir. Dabei wußte ich, daß ich nie zuvor in dieser Gegend gewesen war.

Das ist, weil der Mensch immer wieder auf die Welt kommt, erklärte der Philosoph. Der Körper stirbt, die Seele aber schlüpft in eine andere Gestalt. Alles, was passiert, passiert nicht zum ersten Mal.

Wenn das so ist, rief einer, müßtest du ja wissen, wie es mit uns weitergeht.

Das siehst du zu einfach, meinte der Philosoph. Unsere früheren Leben sind nicht wie ein Notizbuch, in dem du nach Belieben blättern kannst. Er senkte die Stimme und fuhr nach einer Pause leise fort: So was passiert nur, wenn ... Er schien nach dem passenden Wort zu suchen.

... wenn die Seiten aneinander kleben, spottete jemand.

Zu meiner Überraschung nahm der Philosoph den Faden auf. Ja, sagte er. Wenn die Bilder, die wir sehen, wie zwei Folien aufeinanderpassen, kann es geschehen, daß wir spüren: Hier bist du schon einmal gewesen, das hast du schon einmal erlebt. Und dann, nur dann mag einer sich an etwas erinnern, was erst morgen oder übermorgen sein wird.

Einen Augenblick war es still, jeder schien das Gehörte erst sortieren zu müssen, dann stieg Gelächter auf. Nur Ruschke lachte nicht. Er hielt die Hände überm Bauch und murmelte: Unser Schicksal liegt in seiner Hand. Mir war das egal. Schicksal oder nicht. Seine Hand oder meine. Ich wollte raus. Nur raus hier.

In den Sekunden, da ich das Bett verlassen durfte, stand ich am Fenster und blickte ins Freie. Einmal sah ich einen Zug von Gefangenen durch das Blechtor auf die Straße ziehen, flankiert von Soldaten mit aufgepflanzten Bajonetten. Ich wußte: Wenn es erst Antreten hieß, war es zu spät. Der junge Doktor hatte sich rechtzeitig auf und davon gemacht. Jetzt, immer wieder, sah auch ich mich auf der Flucht. Abenteuerliche Wege malte ich mir aus. Ich hockte in der Krone des Kastanienbaums und schwang mich wie Tarzan über die Mauer. Auf dem Katzbuckelpflaster wartete ein Ochsengespann mit Körben aus Weidengeflecht. Ich kroch unter die Körbe, und als ein Rotarmist mich hervorziehen wollte, erstach ich ihn mit einem Küchenmesser.

III

Der Zug rollte durch ausgedörrtes Land. Es hatte seit Wochen nicht geregnet, die Junisonne ließ die Luft flimmern, und die Männer, die mit mir im Waggon hockten, zusammengepfercht wie Vieh, sprachen kaum ein Wort. Der Durst, ein ständiges schmerzhaftes Brennen, das sich von der Kehle in den ganzen Körper auszubreiten schien, brachte mich fast um. Am schlimmsten war es, wenn der Zug auf freier Strecke hielt. Dann blieb der Fahrtwind aus, der über die Waggons strich, in denen sonst Vieh und Lasten transportiert wurden; dann knallte das Licht aus einem wolkenlosen Himmel auf das Blechdach, die Luft wurde aufgeheizt, und der Gestank fand keinen Weg nach draußen.

Anfangs hatte ich mich mit den anderen um einen Platz an der Luke gestritten, das war ein schmaler Ausguck, mit Stacheldraht versperrt. Man mußte sich an einem Querbalken in die Höhe ziehen, um das kleine Viereck zu erreichen. Dort, und wenn es nur für Sekunden war, traf einen unverbrauchte Luft, man konnte das Land sehen, Wege über sandigen Boden, Dörfer und Städte, die kaputt waren und voller Fahnen; eine Ahnung von Sommer und Freiheit berührte einen, das tat gut und weh zugleich. Später war ich in der stickigen Dunkelheit meiner Ecke geblieben. Ich verteidigte den Platz für den Schlaf.

Es war ein günstiger Platz. Der Kübel, in den wir unsere Notdurft verrichteten, stand im entgegengesetzten Winkel. Wenn ich die Knie anzog und mich zur Seite drehte, konnte ich durch einen Spalt im Boden den Schotter erkennen, und manchmal, in einer Kurve oder bei schneller Fahrt, erreichte mich von dort ein Hauch Frische.

Liegt da wien Toter, hörte ich jemanden sagen.

Ich wußte, daß er mich damit meinte, doch ich schwieg.

Ich wollte den Besitz, den ich errungen hatte, nicht aufs Spiel setzen, den Platz für die Nacht, den Blick auf den Schotter.

Könnte dein Sohn sein, brummte ein anderer.

Ich spürte die Schienenstöße in meinem Kreuz und hörte die beiden davon reden, daß wir in nördlicher Richtung fuhren, immer noch in nördlicher Richtung. Irgendwann waren wir über die Oder gepoltert. Ortsnamen hatten uns bei der Orientierung geholfen. Kosel, das inzwischen Kozle hieß, und Tschenstochau, das sich Czestochowa nannte.

Vielleicht ist er wirklich tot, meinte der erste. Er hatte eine dünne Stimme.

Zwickn doch in Arsch, brummte der andere.

Ich bewegte mich leicht. Er hat uns gehört, sagte der erste. Da lachten sie.

Ich machte die Augen nicht auf und versuchte, mir die beiden vorzustellen: hochgewachsen und dürr den einen, mit einer Nase wie ein Messer, und gedrungen, mit schwieligen Händen, den anderen. Gerupfte Vögel beide. Kahlgeschoren, zerlumpt. Ein Büromensch neben einem Holzfäller.

Ich war zu schwach, um mich ihnen zuzuwenden. Ein Stück entfernt hörte ich den Philosophen labern. Er hatte neue Zuhörer gefunden. Natürlich war er schon einmal in einem solchen Zug gefahren, irgendwann in einem früheren Leben. Gern hätte ich mich jetzt mit dem Pfarrer unterhalten, doch der war im Lazarett zurückgeblieben. Die lahme Hand hatte ihn vorm Transport bewahrt. Auch den Berliner hatte ich nicht mehr gesehen. Gott sei Dank. Die meisten der Männer, die mit mir nach Osten fuhren, kannte ich nicht. Es war mir auch egal, wie sie hießen und woher sie kamen. Ich wußte, daß wir uns immer weiter von zu Hause entfernten, und damit wußte ich genug. Ruschkes Bruder hatte recht behalten. Es ging nach Sibirien. Und noch etwas wußte ich. Solange ich in diesem Waggon hockte, gab es keine Chance zu entkommen. Selbst wenn ich hundert Messer besessen hätte, wäre es mir nicht gelungen, den Spalt zwischen den Bohlen auf das Maß meiner Schultern zu verbreitern. Außerdem: Während wir hielten, meist auf Abstellgleisen, von den Stationsgebäuden entfernt, sahen wir Rotarmisten in dichter Kette um den Zug postiert, die MPis im Anschlag. Also war es das gescheiteste, den Rest Kraft zu schonen und auf den Augenblick zu warten, da der Traum, der mich wachhielt, Aussicht auf Erfolg versprach, der Traum von Ausbruch und Flucht.

Neben mir wurde gehämmert. Das Geräusch riß mich aus meinen Gedanken. Ich sah, wie der Mann, den ich für einen Büromenschen gehalten hatte, mit einem Kochgeschirrdeckel und einem Stück Holz an einer Weißblechdose hantierte. Die Dose war zerdrückt, er hatte das Holz in die Öffnung gezwängt und versuchte, durch leises, fast sanftes Hämmern so etwas wie ein Gefäß zu formen. Er tat dies sehr geschickt, und der Mann, den ich in meiner Vorstellung zum Holzfäller gemacht hatte, fragte: Bist wohl Kupferschmied?

Der andere grinste. Hab ne Tankstelle.

Da entdeckte der Holzfäller, daß ich die Augen aufgemacht hatte. Er stieß den Tankwart an. Gucke mal. Von den Toten auferstanden.

Nun blickten mich beide an. Ich versuchte ein Grinsen. Hier, meinte der Tankwart und gab mir das Gefäß aus Weißblech. Hast drauf gelegen.

Jetzt erst bemerkte ich, daß die Büchse mir gehörte. Ich hatte sie im Schlaf zusammengedrückt. Danke, sagte ich.

Da lachten beide. Der Tankwart verbeugte sich, breitete die Arme aus und murmelte: Bitte ...

Wahrscheinlich hielten sie mich für ein Muttersöhnchen, für den Sprößling reicher Eltern. Der Holzfäller erkundigte sich auch gleich, woher ich kam.

Aus Berlin, log ich.

Berlin? Die beiden schauten sich an. Meine Mitteilung hatte mich ihnen nicht sympathischer gemacht.

Wartet, dachte ich. Kennt ihr Königs Bunte Bühne?

Nein. Von Königs Bunter Bühne hatten sie nichts gehört.

Ich warf die Blechbüchse wie ein Jongleur von einer Hand in die andere. Heute hier, morgen dort, sagte ich.

Varieté? fragte der Tankwart. Es war der mit der hohen Stimme.

Ich nickte. Die Drei von der Himmelsstiege, rief ich. Großvater, Vater und Sohn. Äquilibristik, wenn ihr wißt, was das ist.

Der Tankwart wußte es. Seiltänzer, sagte er.

Wir sind sogar vor dem Papst aufgetreten, prahlte ich.

Der Holzfäller bekreuzigte sich.

In Castell Gandolfo, zusammen mit Artisten aus aller Welt. Ich malte ihnen aus, wie schön Castell Gandolfo ist. Ein Marmor, sag ich euch, weißer als frisch gefallener Schnee. Und der Himmel, so blau kann der Himmel hier gar nicht sein. Die Zypressen, ganz grün. Und große bunte Vögel.

Und zu fressen, stöhnte der Holzfäller.

Gebratene Lammkeulen, schwärmte ich. Rotwein. Und Apfelsinen. Und schwarze Schokolade!

Hör auf.

Der Tankwart grinste. Deshalb: Die Drei von der Himmelsstiege!

Pst, machte ich. Das braucht keiner zu hören. Ich rückte zur Seite, der Teufel schien mich zu reiten. Seht ihr den Spalt? Den will ich verbreitern. Mir fehlt nur ein Messer. Außerdem: Einer allein bringt das nicht fertig. Aber zu dritt?

Die beiden verzogen keine Miene.

Wie alt bistn? wollte der Holzfäller wissen.

Sechzehn.

Hm, machte der Tankwart.

Der Holzfäller griff mit der großen Hand in den Spalt. Dann besah sich der andere die Stelle. Man müßte die Bohle, so sagte er schließlich, dort durchtrennen, wo sie am dünnsten ist. Dann könnte man sie aus der Halterung lösen und einfach herausziehen. Und wenn die eine erst entfernt ist, kriegen die anderen Spielraum. Die Öffnung ließe sich beliebig erweitern.

Wir schwiegen.

Das Rattern des Zuges mischte sich mit dem Gemurmel des Philosophen. Da zog der Tankwart ein Messer aus der Hose.

Wir lösten uns ab. Einer kratzte, der zweite deckte ihn mit dem Körper, der dritte schlief. Obwohl wir spürten, daß es mit unseren Kräften zu Ende ging, trieb uns die Hoffnung zur Eile. Es war, als hätte uns ein Fieber gepackt, ein Rausch. Jeder wußte: Der Transport ging nach Rußland, hinter der Grenze würde ein Entkommen unvergleichlich schwerer, wenn nicht gar unmöglich sein; es galt, jetzt, noch in Polen, das Äußerste zu wagen. Die Fortsetzung der gedachten Linie von Kosel nach Tschenstochau führte über Radom nach Brest. Dort war die Grenze. Wir durften uns nicht schonen. Fünfzigmal dieselbe Bewegung in der Minute. Über dreitausendmal in der Stunde: Schneiden, Kratzen, Schaben. Der Messergriff fraß sich in die Handballen, die stumpfe Seite der Klinge in die Finger. Ich leckte mir Blut und Hautfetzen ab. Es gab kaum etwas zu trinken, doch der Schweiß rann mir über den Körper. Pausen wurden nur gemacht, wenn der Zug hielt und das Geratter verstummte. Dann mußte auch das Messer schweigen. Sein Geräusch hätte uns verraten.

Wunderbarer Ausflug in die Phantasie: Ich ging barfuß durch alten Schnee, jeder Schritt tat gut. Über den Kämmen stand eine blasse Sonne, manchmal stoben Schneefahnen auf, durchsichtige Gebilde, wie Hochzeitsschleier. Gesine lehnte den Kopf an meine Schulter, ihre Schuhe hielt sie in der Hand. Es war schön, mit ihr durch den Schnee zu gehen. Er kühlte unsere Sohlen, doch wir spürten keine Kälte. Wir liefen auf die Sonne zu.

Gesine war übers Wochenende in die Berge gekommen. Wir versteckten uns nicht mehr in Spindlers Schuppen, wir gingen Hand in Hand bis zur Pfennigbaude und weiter, und Gesine bat: Erzähl mir, wie Zeisbrich zu seinem Gelde kam. Sie schob mir Blaubeeren in den Mund; ich wußte nicht, woher sie die hatte, und ich fragte sie. Da hob sie den Kopf und sagte: Das sind keine Blaubeeren, das sind Liebesperlen. Die find ich unterm Eis.

Darauf zog ich sie an mich, sie leistete keinen Widerstand.

Später, in Spindlers Schlitten, mit aufgerissenen Augen rief sie: Aber kein Kind, hörst du, kein Kind!

Auf einmal wußte ich nicht mehr, ob mir die Großmutter erzählt hatte, daß der Abgeordnete tot war, oder ob ich das nur geträumt hatte.

Gesine sah zur Seite, sie kauerte vor dem Schlitten und wischte mit ihrem Taschentuch Blut von den Sitzen. Der Tankwart stammte aus Magdeburg, der Holzfäller war Handschuhmacher und kam aus Arnstadt; jeder von ihnen hätte mein Vater sein können, beide waren verheiratet, und beide hatten Kinder, der Tankwart zwei Töchter, sechzehn und zwölf Jahre alt, und der Handschuhmacher vier Söhne, von denen der jüngste noch in die Schule ging; die älteren arbeiteten wie der Vater in der Handschuhfabrik. Beide hatten nur einen Wunsch: nach Hause.

Wir entwickelten genaue Vorstellungen, wie dies geschehen konnte: Sobald das Brett entfernt und die Öffnung breit genug war, wollten wir warten, bis der Zug nachts auf freier Strecke hielt. Das kam immer wieder vor. Dann blitzten Handscheinwerfer auf, weißliches Licht zuckte über den Schotter, manchmal aber blieb es auch dunkel. Eine solche Situation sollte ich als erster nutzen und auf den Schotter gleiten, wenn möglich zur Seite, über die Schiene hinweg, ins Gras der Böschung. Dann sollte der Handschuhmacher folgen und schließlich der Tankwart. Wenn die anderen davon Wind bekamen, wollten wir außer Schußweite sein.

Vorläufig freilich hatten wir die Stärke der Bohle an einer fingerbreiten Ausbuchtung erst um ganze drei oder vier Zentimeter verringert, und das in vierundzwanzig Stunden. Wir rechneten uns aus, daß wir, wenn wir so weitermachten, noch drei oder vier Tage zu tun haben würden. Unter normalen Umständen hätte das gereicht, uns bis in den Ural oder weiter zu bringen, doch wir wurden immer wieder auf Abstellgleise geschoben, der Zug mußte Umwege machen. Den anderen, die unser Treiben trotz aller Vorsichtsmaßnahmen entdeckt hatten, erzählten wir, daß mich der Gedanke ritt, eine Vorrichtung zur Frischluftzufuhr zu bauen. Mit Hilfe meiner Weißblechdose, deren aufgetrennte Längsseiten ich unter dem Loch wie einen Windfang anbringen wollte, sollte Frischluft ins Innere des Waggons gelenkt werden. Am besten freilich, so sagten wir, niemand redete davon, die Posten könnten auf dumme Gedanken kommen.

Gegen Abend blieb der Zug stehen. Durch den Spalt sah ich auf gelbes glucksendes Wasser. Offenbar hielten wir auf einer Flußbrücke. Jemand meinte, das müßte der San sein. Andere glaubten, daß wir die Weichsel erreicht hatten.

Ich strich mit der Zunge Speichel in meine Wunden.

Unser Akrobat, raunte der Tankwart. Und der Handschuhmacher: Unser Seiltänzerlein.

Was ich ihnen vorgeflunkert hatte, machte mich zu einem wichtigen Faktor in ihren Berechnungen. Ein Akrobat, so meinten sie, könnte am ehesten durch den Spalt schlüpfen, sich an Gestängen oder vorspringenden Waggonteilen festhalten und vorsichtig alle Fluchtbedingungen ausspähen. Mir klopfte bei dieser Vorstellung das Herz im Halse.

Eines Tages, das hatte ich mir vorgenommen, wollte ich ihnen reinen Wein einschenken, jedoch erst dann, wenn wir genügend Abstand zwischen uns und den Zug gebracht hatten. Bis dahin durfte kein Zweifel aufkommen.

Hast viel von der Welt gesehen, was? wollte der Handschuhmacher wissen.

Ich nickte.

Auch Paris?

Ja.

Und Rom?

Rom auch. Und Madrid. Und Casablanca.

Rom und Paris hätten sie noch hingenommen, staunend zwar, doch ohne besonderen Aufwand an Phantasie, im Rahmen des Vorstellbaren, schließlich waren Zehntausende als Soldaten nach Rom und Paris gekommen. Casablanca aber lag schon in Afrika, da wehte Wüstenwind, da gab es Kamele und Palmen, die Leute liefen in weißen Gewändern herum. Das war wie auf einem anderen Stern. Ich mußte erzählen.

Also erfand ich die Geschichte eines Unfalls. Mein Vater, so gab ich an, hatte sich in Spanien einen neuen Hanomag gekauft, ein blitzendes Ding mit viel Chrom daran. Wie wir so durch Casablanca fahren, kommt uns doch ein Obstkarren in die Quere. Mein Vater reißt das Steuer rum, der Hanomag prallt gegen einen Laternenpfahl, und ich werde rausgeschleudert. Wißt ihr, wo ich lande? Auf dem Teppich eines Händlers, mitten in einer Auslage. Der Teppich war über ein Gestell gespannt; durch den Aufprall sackte er in die Tiefe, die vier Enden schlugen über mir zusammen, ich lag in der Dunkelheit. Eine Weile muß ich durch den Schreck oder den Aufprall benommen gewesen sein. Wie ich wieder zu mir kam, wußte ich nicht, wo ich war. Aus einer süßlich riechenden Finsternis tönte Musik, Autos hupten, Stimmen waren zu hören. Plötzlich öffnete sich die Dunkelheit, und im Lichtspalt, zwischen zwei Teppichzipfeln, zeigte sich das Gesicht eines Mädchens. Es war erschrocken, stieß einen Ruf aus; zwei weißhaarige Männer griffen nach meinen Armen und zogen mich aus dem Versteck. Ich sah die Straße, doch weder meinen Vater noch den Großvater noch unser Auto. Der Unfall schien sich schon vor einer Weile ereignet zu haben, meine Landung im Teppich war offenbar von niemandem beobachtet worden. Mir wurde schwarz vor den Augen.

Als ich aufwachte, lag ich in einem weißen Raum. Neben mir kauerte das Mädchen. Es hielt einen Krug in der Hand, ich mußte trinken. Eiskaltes Wasser.

Natürlich wollte ich wissen, wie die Schöne hieß, ich dachte an Suleika oder so, doch sie antwortete: Gesiné.

Mit der Betonung auf der letzten Silbe. Gesiné. Wie bei den Franzosen.

Der Handschuhmacher unterbrach mich. Wie alt warstn da?

Dreizehn, sagte ich.

Ach so, machte er.

Du, sagte ich. In Casablanca ist das alles anders. Dort werden schon die Kinder verheiratet.

Gucke mal an, murmelte er.

Unter uns schwappte das Wasser. Jeder hatte ein anderes Segel gesetzt. Wir schaukelten nach Casablanca.

Die Schmerzen in meiner Rechten wurden immer schlimmer. Ich versuchte, das Messer mit beiden Händen zu halten und das Gewicht auf die Linke zu verlagern. Das war ungewohnt und verlangsamte meine Bewegungen. Ich biß auf die Lippen in der Hoffnung, dadurch einen Schmerz zu erzeugen, der den anderen aus meinem Bewußtsein drängte, doch das gelang mir nicht. Komm, raunte der Handschuhmacher. Er hatte mir zugesehen und wollte mich ablösen. Wir besaßen keine Uhren, unser Gefühl für Zeit aber war trotz der Dunkelheit und der Abgeschiedenheit wach. Ich schüttelte den Kopf, quälte mich weiter. Da kam mir ein erneutes Halt zu Hilfe.

Der Mann am Ausguck meldete, daß wir in einen kleinen Bahnhof gerollt waren. Er erkannte Gebäude, ein paar Lokomotiven, doch keine Beschriftung. Nach einer Weile vernahmen wir das gewohnte Geräusch: das Rasseln der Schiebewand. Licht fiel herein, Soldaten bedeuteten uns auszusteigen. Es gab Essen. Wir mußten antreten, jeder hielt sein Gefäß vor sich hin, und ein Rotarmist schüttete eine Kelle Krautsuppe hinein. Dabei schwappte mir die Flüssigkeit über die offenen Hände, daß ich hätte aufschreien und die Büchse fallen lassen mögen, doch ich biß die Zähne zusammen. Etwas Seltsames geschah: Ich genoß den Schmerz. Ich kann es nicht ausdrücken. Indem ich meinen Willen gegen den Schmerz einsetzte, gelang es mir, die Kraft dieses Willens zu genießen. Der Schmerz, so fand ich auf einmal, machte mich stark. Ich saß nicht mehr auf dem harten Schotter, sondern lag im Gras der Himmelsstiege.

Löffel waren knapp, ich wartete nicht, daß mir jemand seinen gab; die Suppe war ohnehin so dünn, daß ich sie trinken konnte; ich nahm nur kleine Schlucke, um die Mahlzeit zu verlängern, das Gefühl, das ich auskostete, wenn mir die Flüssigkeit in den Magen rann. Kartoffelstücke oder Blattscheiben klaubte ich mit den Fingern heraus, sie waren das Beste, und das Beste hob ich mir für den Schluß auf. Diesmal freilich wurde der übliche Ablauf gestört. Der nächste Bahnsteig, auf dem sich Zivilisten drängten, war nur durch eine Postenkette von uns getrennt. Das alles nahm ich erst jetzt wahr; ich sah, daß die Gesichter auf dem Bahnsteig voller Schadenfreude waren, viele voller Haß.

Guck nicht hin, riet der Tankwart. Sieh zu, daß du fertig wirst. Er schien ein Gespür dafür zu haben, was sich unter den Polen auf dem Bahnsteig vorbereitete.

Ein paarmal schon war dort Gelächter aufgesprungen, Rufe drangen zu uns herüber, Flüche wohl. Dann folgten Schottersteine. Wie eine Vogelwolke flogen sie auf uns herab. Die Posten, aufgeschreckt, schrien dazwischen; unsicher blickten sie um sich, auf Befehle wartend. Inzwischen schoben sich die Menschen heran, eine dunkle Wand, einige waren vom Bahnsteig in den Schotter gesprungen, Frauen darunter mit wehenden Haaren, Steine trafen uns, wir suchten hinter vorgehaltenen Armen Deckung. Da peitschte der erste Schuß, die Posten hoben die Gewehre, Salven ratterten in die Luft; Mann neben Mann, so drängten unsere Bewacher die Angreifer zurück. Ein Steinhagel ging auf uns nieder, die Polen pfiffen und riefen, sie drohten uns und den Rotarmisten mit erhobenen Fäusten, doch die Posten, in dichter Kette, MPis geladen im Anschlag, räumten kurzerhand den Bahnsteig.

Wir wurden zurück in die Waggons getrieben; ich mußte aufpassen, daß ich in der Aufregung meinen Platz neben dem Tankwart und dem Handschuhmacher erwischte und daß die Krautblätter, die noch in der Büchse klebten, nicht herausrutschten. Mann, knurrte der Handschuhmacher, das hätte schiefgehen können. Der Philosoph blutete an der Schläfe, er wurde verbunden. Der Tankwart grinste. Macht nichts, sagte er, das Blut stammt aus einem früheren Leben. In diesem Moment fuhr donnernd die Türwand zurück, die Riegel krachten, es herrschte wieder Finsternis.

Polen, brummte jemand. Denen möchte ich nicht in die Hände fallen.

Die anderen schwiegen. Wir sahen uns an. Da begann der Tankwart zu summen. In einem Polenstädtchen, so summte er, da wohnte einst ein Mädchen ...

Ein Mädchen wie Hanka, dachte ich.

Hanka arbeitete als Haushilfe bei Kühnels, eine lustige, gern zu Späßen aufgelegte Person, klein, breitschultrig, mit strohigem Haar. Die Kühnels, jedenfalls die Alten, ließen sie das ›P‹, das sie auf ihren Kleidern tragen mußte, nicht spüren; der Junge ging auf die Höhere Schule und wohnte in Schweidnitz im Internat, nur übers Wochenende kam er heim; der Kutscher mußte die Pferde anspannen, zum Bahnhof fahren und den jungen Herrn abholen. Die Beziehung, die Christoph und ich zueinander hatten, war zwar nicht so eng wie während der Schuljahre im Dorf, doch wenn wir uns sahen, kam er mit ausgebreiteten Armen auf mich zu und überredete mich, mit ihm beim Chinesen oder in der Pfennigbaude ein Bier zu trinken. Ich glaube, er war froh, jemanden zu finden, dem er seine Stadterlebnisse berichten konnte. Er schnitt auf, das spürte ich. Immer ging es um Mädchen, und immer war er der Mittelpunkt seiner Geschichten. So viel kann einer allein gar nicht erleben, dachte ich. Eines Tages aber geriet ich in die Rolle eines Zeugen.

Das war in den Großen Ferien. Christoph hatte sich einen Detektor mit Kopfhörern gebastelt und mich gebeten, während der Mittagspause oder zum Feierabend in seine Bude zu kommen; er wollte mir das neue Gerät vorführen. Die Eltern wären zu Besuch bei den Stebelows, da hätten wir Zeit füreinander. Sein Zimmer lag unterm Dach. Ich stieg die schmale Treppe hinauf und wunderte mich über die Stille, die im Haus herrschte. An der Tür klopfte ich an. Wer ist da? hörte ich Christoph rufen.

Ich.

Komm rein.

Ich drückte die Klinke nieder und betrat den Raum. Da sah ich Hanka. Sie stand in der Ecke neben dem Fenster, hielt die Arme ängstlich über der Brust verschränkt und schaute weg, sie hatte nichts an. Ich wollte kehrtmachen, doch Christoph, auf dem Bett sitzend, die Kopfhörer am Ohr, rief: Warte. Ich zögerte, da stand er auch schon neben mir und drängte mich ins Zimmer. Ich spürte, wie stolz er darauf war, mir Hanka vorführen zu können. Er lachte. Schläft mit dem Franzosen, rief er. Ein Wort von mir, und sie wandert sonstwohin. Ihre Augen hättst du sehn solln, als ich ihr das gesagt hab. Gleich war sie ganz kirre. Guck sie dir ruhig an.

Ich sah nicht hin. Hanka und ich waren einander oft begegnet, im Haus der Kühnels und in der Holzmühle.

Manchmal hatte sie uns Tee ins Kontor gebracht und gelacht, wenn wir unsere Witze machten. Daß sie etwas mit dem Franzosen hatte, war auch uns nicht verborgen geblieben. Vom Fenster aus sahen wir die beiden, wenn sie sich in der Mittagspause wie im Vorübergehen trafen, doch keiner wäre auf die Idee gekommen, die Sache an die große Glocke zu hängen. Christoph deutete meinen Blick falsch; er nahm an, ich schaute auf das Tablett mit den Broten. Greif zu, sagte er.

Ich schüttelte den Kopf. Wollte dir nur sagen, daß es heute nichts wird, log ich. Muß nämlich heim. Damit wandte ich mich zur Tür.

Und das Ding? Er zeigte auf den Detektor, hob die Kopfhörer. Vielleicht morgen, sagte ich und ging.

Das Bild des Oberdorfs, das der Puppenkönig wie eine schöne Kulisse vor mir aufgerichtet hatte, kriegte schon damals die ersten Risse. Kaum ein paar Jahre war es her, da hatten Christoph und ich mit den Jungen des Dorfs die Grenzsteine zwischen uns und dem Tschechischen umgekippt; im Dezember, zur Sonnenwende, waren wir, brennende Fackeln in der Hand, auf unseren Brettern von der Pfennigbaude hinunter ins Tal geschossen, wir hatten gemeinsam den alten Ruschke in seinem Bücherhaus besucht, und nun entpuppte sich Christoph als Schwein. Der Wind trieb noch immer Schnee an die Scheiben, alles war wie früher, doch ein paar Häuser weiter, am selben Hang, wohnte Alberts Vater, der einem Mädchen wie Gesine die Milch nicht gönnte. Dabei sah er aus wie ein Bauer, wie der Puppenkönig oder der Zitherspieler. Die Welt, so schien es, hatte nicht nur das eine Gesicht. Ich begann, hinter allem ein zweites zu vermuten. Vielleicht war die weiße Rosa, so fragte ich mich plötzlich, gar nicht die gute alte Frau, die nachts, wenn Kinder und Kindeskinder schliefen, heimlich das Haus verließ und singend durch die Fluren lief, vielleicht war sie ein zänkisches altes Weib, das vor lauter Boshaftigkeit nicht in den Schlaf fand? Und Vater? Warum kam er nicht zu seinen Eltern? Warum sprachen die seinen Namen nicht mehr aus?

Der Griff des Messers bohrte sich ins rohe Fleisch. Mein Wille, den ich im stillen gepriesen hatte, versagte. Vor Schmerzen hätte ich aufschreien mögen. Wortlos nahm mir der Handschuhmacher das Messer ab, wir wechselten die Plätze, und ich hielt die Hände so, daß die anderen nicht sehen konnten, wie ich sie mir zugerichtet hatte. Der Tankwart schlief. Nach einer Weile würden wir ihn wecken, dann war er an der Reihe. Mit seinem Lied vom Polenmädchen hatte er sich nicht nur Freunde gemacht, einige hatten gemurrt und ihm den Vogel gezeigt. Wir mußten auf der Hut sein, daß nicht in letzter Minute jemand einen Strich durch unsere Rechnung machte.

Schon ein paarmal hatte ich beobachtet, wie eines der Hungergesichter aus der anderen Ecke des Waggons in unsere Nähe gerückt war, jetzt tauchte es wieder auf. Ich lehnte mich zurück, sogleich legte sich der Handschuhmacher quer über das Loch.

Schläft wohl, der Kamerad? begann der andere. Er meinte nicht den Handschuhmacher, sondern den Tankwart.

Ich nickte.

Der andere war klein, an die Sechzig, ein Bündel Haut und Knochen. Mir schien es, als suchte er nach Worten; schließlich, mit einem Seitenblick, brachte er heraus, was ihn zu uns trieb. Das mit dem Lied, so murmelte er, habt ihr gut gemacht. Wenn ihr Hilfe braucht, mit mir könnt ihr rechnen. Er versuchte ein Lächeln, das unrasierte Knochengesicht verzog sich zu einer Grimasse, dabei winkelte er den Arm und spannte das bißchen Muskel darin. Ein komischer Anblick, der mich im Innersten rührte.

Ich lächelte zurück. Der Handschuhmacher aber drehte sich unwillig um, streckte die Beine und stieß das Männchen wie aus Versehen ins Knie. Mensch, brummte er, steh nich so rum.

Der Alte wollte etwas erwidern, ich sah, wie er den Mund öffnete, doch er machte ihn wieder zu und zog sich wortlos zurück.

Ich fand das Verhalten des Handschuhmachers seltsam. Der schien mir meine Frage vom Gesicht zu lesen, denn er flüsterte: Vor solchen mußt du dich in acht nehmen.

Warum? wollte ich wissen.

Darum. Er hatte sich seitlich über das Loch gebeugt, die Schultern bewegten sich in gleichmäßigem Rhythmus.

Das Land, durch das wir rollten, war flach wie ein Kuchenbrett. Durch die Luke sah man Sandboden, Getreidefelder, staubige Baumgruppen, Wälder. Und manchmal ein ausgebranntes Dorf. Der Spalt überm Schotter indessen vergrößerte sich. Zentimeter noch, und wir hatten es geschafft. Mir klopfte das Herz. Ich überraschte mich dabei, wie ich mit der Hand unter das klebrige Hemd fuhr. Dort, in der linken Brusthälfte, spürte ich einen brennenden Schmerz.

Gesiné, hörte ich den Handschuhmacher murmeln. Hast du Gesiné gesagt?

Gesiné oder Gesine, das weiß ich nicht mehr so genau.

Dem Handschuhmacher war ein Stück Brot aus der Tasche gerutscht, rasch schob er es zurück. Seit Tagen aßen wir nur die Hälfte, das Brot wurde aufgehoben, wir brauchten eine Reserve für den ersten Tag der

Flucht, da durfte keiner schlappmachen. Dieser Tag war nicht mehr eine ferne Hoffnung, er war in greifbare Nähe gerückt. Eine Nacht und einen Tag noch, dann würden wir die Bohle aus ihrer Verankerung lösen können, dann brauchten wir nur auf ein Halt in der Dunkelheit zu warten und die Bretter beiseitezuschieben. Ich sah uns schon im Mondlicht durch Weizenfelder robben, malte mir aus, wie wir aus einem Gelege Eier stahlen, und lauschte in Gedanken dem Geräusch, das entsteht, wenn Milch aus einem Euter in ein Gefäß schießt. Nur kleine Schlucke wollte ich trinken, das nahm ich mir vor. Auch die anderen wollte ich warnen, damit es ihnen nicht erging, wie es mir ergangen war. Wenige Wochen war das erst her, doch mir kam es vor, als hätte sich das irgendwann, in ferner Zeit, ereignet.

Ich schaute hinüber zum Philosophen. Der lehnte mit seinem Kopfverband an der dunklen Holzwand und schwieg. Der Alte, der uns seinen Beistand angeboten hatte, redete auf ihn ein. Ich konnte nichts verstehen, doch ich sah, daß die Worte dem Philosophen nur ein nachsichtiges Lächeln abrangen. Das Männchen schien gegen die Idee von einem früheren oder späteren Leben zu sein, die beiden stritten sich, und ich hätte gern gewußt, was das Hungergesicht dem Philosophen entgegensetzte.

Seltsam, der Alte war mir bisher nie aufgefallen. Seit er mit mir gesprochen hatte, suchten ihn meine Blicke. Er hatte mich auf etwas neugierig gemacht, das ich nicht kannte, von dem ich aber wußte, daß es existierte.

Man brauchte an Christophs Detektor nur zu drehen, da fauchte und schnarrte es aus den Kopfhörern, Musik, Geigen und Trompeten, oder Stimmen. Ich weiß noch, wie Christoph plötzlich die Augen aufriß und mich anstarrte. Ganz langsam, als fürchtete er, durch eine zu heftige Bewegung das Wunder zu zerstören, nahm er die Hörer, hielt die eine Muschel an sein linkes Ohr und drückte die andere an mein rechtes. Ich begriff zunächst nicht, was los war. Der Sprecher verlas Nachrichten, Meldungen von Flugzeugabschüssen, von einem Gegenangriff im Kursker Bogen. Doch dann: eine heisere verzerrte Stimme. Lüge! schrie diese Stimme. Hitler stößt unser Volk ins Verderben. Macht nicht länger mit. Dreht die Gewehre um. Die Stimme verschwand. So geheimnisvoll, wie sie gekommen war, verschwand sie wieder. Irgendwo, weitweg, so stellte ich mir vor, flog sie jetzt durch den Äther, zwischen Sendetürmen und Scheinwerfern und explodierenden Flakgranaten.

Wir sahen uns an. Christoph kriegte vor Aufregung kein Wort heraus. Er hatte mich dazu gebracht, einen Feindsender zu hören. Darauf stand die Todesstrafe.

Ob das ein Deutscher war? fragte ich.

Er schüttelte den Kopf, brummte etwas auf Englisch. Good evening oder so. Bin ich deshalb ein Engländer? rief er. Und als ich schwieg: Der Kerl war plötzlich da. Wer konnte denn ahnen, daß ... Noch dazu in den eigenen Nachrichten ...

Die Stimme hatte die Meldungen unterbrochen. In die Pausen, die jeder Sprecher machen muß, hatte sie ihre kurzen Sätze gerufen. Macht nicht länger mit. Dreht die Gewehre um.

Es war, als hätte uns ein eisiger Wind gestreift.

Der Tankwart rüttelte an meinen Schultern. Ich sah, wie sein schweißiges Gesicht in der Dunkelheit glänzte. Auch der Handschuhmacher war munter. Die beiden drückten sich die Fäuste in die Rippen. Geschafft. Im Nu saß ich aufrecht. Vor Erregung spürte ich meine Hände nicht mehr. Langsam ließ ich die Finger über das Holz gleiten, kam an den Rand der Öffnung und steckte den Arm so tief in das Loch, daß mir der Fahrtwind unter die Achsel fuhr.

Im selben Moment hörte ich ein dumpfes Grollen wie das Echo ferner Geschütze. Erschrocken zog ich den Arm zurück. Licht zuckte über den Schotter, erneut rollte Donner heran. Wir fuhren in ein Gewitter. Die ersten Tropfen knallten aufs Dach, dann trommelte der Regen. Und immer wieder: das schauernde Licht, der Donner.

Manche hatten plötzlich die Gesichter von Kindern; sie waren aufgesprungen und drängten sich unter die Luke, durch die, vom Fahrtwind hereingepreßt, Regenwasser in den Waggon troff. Das ertatschten sie mit den Händen, strichen die Schmiere über Gesicht und Körper, leckten sie vom Holz und stießen Laute aus, die ich vorher nie gehört hatte. Einer nach dem anderen trat unter die Luke, nur der Handschuhmacher, der Tankwart und ich rührten uns nicht vom Fleck. Wir verdeckten mit unseren Körpern den Weg ins Freie.

Die Uniformjacken wollten wir im Zug zurücklassen. Irgendwann, so hofften wir, würden wir Zivilsachen auftreiben, und wenn wir Vogelscheuchen beraubten. Ich dachte an den Kirschbaum vorm Haus des Puppenkönigs, manchmal hatte der in seiner Krone ein solches lumpiges Etwas mit gespreizten Armen und flatternden Hosenbeinen getragen. Auch der Filzhut überm Eingang der Krokermühle fiel mir ein. Klamotten, das wußte ich, waren überall zu finden, in jedem Stall, jeder Werkstatt. Außerdem: Die Nächte blieben in dieser Jahreszeit warm. Da konnte nichts passieren. Auch hatten wir uns eine eiserne Ration abgehungert, Brotkanten, die in den Taschen der Hosen drückten und die uns ständig einer quälenden Verführung aussetzten, doch wir bewachten uns gegenseitig, das hatten wir uns geschworen, und das hatten wir, bisher jedenfalls, mit hartem Willen gehalten. Hinzu kam, daß wir ein Messer besaßen, ein Kochgeschirr samt Deckel und eine Weißblechbüchse. Was uns fehlte, war eine Karte. Der Handschuhmacher indessen schüttelte den Kopf. Nach Hause, so sagte er, würde er auch durch Sumpf und Nebel und Schneesturm finden. Da brauchte er weder Karte noch Kompaß.

Vorsichtig probierten wir aus, wie wir die Bohle am besten lösen konnten. Im allgemeinen Durcheinander, das durch das Gewitter entstanden war, blieb unser Versuch unbemerkt.

Wir hoben die Bohle an, nur ein winziges Stück, und stellten fest, daß sie sich geräuschlos aus der Halterung ziehen ließ. Während der Handschuhmacher und ich sie hielten, bewegte der Tankwart ohne Schwierigkeit die angrenzenden Bretter. Wir zitterten vor Erregung. Jetzt brauchten wir nur noch darauf zu warten, daß der Zug auf freier Strecke hielt.

Wir breiteten die Jacken über unser Werk und legten uns nieder. Wieder, für Sekunden, spürte ich den sengenden Schmerz, und wieder sah ich, wie das Hungergesicht zu uns herüberschaute. Ich hatte mich ein wenig zur Seite gerollt und konnte durch die halbgeschlossenen Augen die Männer beobachten. Das Gewitter hatte sie gesprächig gemacht, das Gesumm ihrer Reden mischte sich mit dem rhythmischen Rattern der Räder, dem Getrommel des Regens und dem Donner.

Ich spürte die Schienenstöße in meiner Schulter. Die unsinnigsten Gedanken stürzten auf mich ein. Nie in meinem Leben hatte ich einen Zug von unten gesehen. Was würde sein, so fragte ich mich, wenn ich, auf dem Schotter liegend, bemerkte, wie der Zug langsam zu rollen anfing? Wenn ich sähe, wie Gestänge und Bolzen sich in immer schnellerem Tempo auf mich zu bewegten? Mir trat der Schweiß aus den Poren, ich mußte tief Luft holen, denn ich hatte Angst zu ersticken. Da: ein Kreischen, ein Poltern. Der Zug kam ruckend zum Stehen. Wir starrten uns an.

Der Tankwart faßte sich als erster. Er rutschte zur Seite, zog die Jacke vom Loch: Wir sahen auf regennassen Schotter. Seitlich fiel Licht auf die Steine, hob die Kanten scharf hervor. Verflucht, brummte der Tankwart. Von der Luke meldete jemand: Ein Bahnhof. Ich wußte nicht, was in diesem Moment in mir stärker war: die Erleichterung darüber, daß mir bis zur Minute der Gefahr noch ein Luftholen blieb, eine Galgenfrist voller Hoffnung, oder die Enttäuschung über das vorläufige Ausbleiben der ersehnten Chance.

Der Handschuhmacher fing an, von seiner Frau zu reden. Vielleicht wollte er sich damit ablenken, vielleicht aber war in ihm die Erinnerung besonders stark. Goldene Hände hat die, sagte er mit einem Anflug von Zärtlichkeit. Seine Gedanken schienen vorauszueilen. Seit Monaten hatte er nichts von seinen Leuten gehört, doch er glaubte fest daran, daß zu Hause alles so war wie früher. Dabei wußte jeder, daß Amerikaner und Engländer Bombenangriffe geflogen und Feuer und Tod das Land überzogen hatten. Der Handschuhmacher aber tat, als gäbe es das alles nicht. Solche Hände, murmelte er.

Ein Pfiff der Lokomotive riß uns aus unseren Gedanken. Wir erwarteten das Anrucken der Waggons, das Klirren, Poltern und Schnaufen, doch es blieb aus, der Zug setzte sich nicht in Bewegung. Unmerklich hatte der Regen nachgelassen, jetzt hörte er ganz auf. Auch das Gewitter verstummte. Nur ein paar Rufe waren zu hören, fremde Stimmen zwischen den Gleisen.

Erstes Dämmergrau sickerte durch die Luke. Die meisten schliefen, nur wir drei lagen wach. Da wurden die Türen aufgeschoben, Posten riefen Dawai und zwangen uns auszusteigen.

Hinter der Ruine des Stationsgebäudes brannte der Horizont, Vögel lärmten. Es war früher Morgen. Wir taumelten auf den Bahnsteig, sahen uns von Posten umstellt. Eine entsetzliche Ahnung stieg in mir hoch. Sollte etwa alles umsonst gewesen sein? Nirgendwo dampften Essenkübel. Statt dessen hieß es: Antreten. Abzählen. Wieder traf mich der Blick des Alten. Ich fühlte mich durchschaut, der Mann lächelte traurig, ich sah weg. Hinter uns wurden die Türen zugezogen. Der Befehl zum Abmarsch kam.

Es war, als stürzte der Himmel zusammen. Ich wußte nicht, wer an meiner Seite ging, der Handschuhmacher, der Tankwart oder der fremde alte Mann; ich hörte nur das Scharren und Schlurfen der Füße, und jemand sagte: Der Bug. Die Brücke ist kaputt.

IV

Erst allmählich, als ich zu mir kam, nahm ich die Umgebung wahr. Fassaden, einstöckig, von denen Putz bröckelte. Ausgebrannte Geschäfte. Fensterhöhlen. Die Straße, durch die wir wankten, führte hinaus in Felder. Menschen waren nicht zu sehen. Entweder wohnte hier niemand, oder es war verboten, Häuser und Keller zu verlassen. Der nächtliche Regen hatte den Staub von Halmen und Blättern gespült, die Felder wirkten wie gewaschen. Jetzt heeßt es tief atmen, murmelte der Alte. Er hatte sich an meine Seite gemacht. Tankwart und Handschuhmacher gingen zwei Reihen vor mir und sahen sich nicht um. Der Alte wußte noch mehr solcher Ratschläge. Tief Luft holen. Freiübungen machen. Und jeden Tag über alles nachdenken, gloob mir, das hilft. Er kannte sich aus. Schon die Nazis, so erfuhr ich, hatten ihn gefangengehalten. Zwei Jahre Zuchthaus. Anschließend Groß-Rosen, das war ein schlesisches KZ.

Und warum bist du hier? fragte ich ihn.

Er lächelte und bezeichnete seine Anwesenheit als Irrtum. Ich mußte an die Geschichte denken, die ich den beiden Offizieren im Lazarett erzählt hatte. Auch ich hatte mein Los als Folge eines Irrtums ausgegeben.

Einfach kassiert haben se mich, berichtete das Männchen, von der Straße weg. Nur weil ich a Mannsbild war und weil ich diese verdammte Jacke anhatte. Als sie uns wegtrieben, aus Groß-Rosen, hab ich mir die Kledasche nich aussuchn können. Da war ich froh, daß ich was aufm Leibe hatte. Er tappte neben mir her, zeigte sich unverzagt. Natürlich gloobt mir das keener, sagte er. Du und Kommunist? Er machte den Tonfall der Russen nach. Warum nix gehen in Wald? Warum nix sein Partisan? Er lachte. Die kennen unsre Wälder nich. Plötzlich hielt er mir die Hand hin. Ich bin der Jupp.

Trotz der Leiden und Enttäuschungen, die er hinter sich hatte, ging eine seltsame Fröhlichkeit von ihm aus. Abgemagert zum Skelett, kahlgeschoren und mit Augen, die aus tiefen Höhlen blickten, glaubte er unerschütterlich, daß der Irrtum sich früher oder später aufklären würde. Er wartete darauf, einen richtigen Dolmetscher zu finden. Bisher hätte er es nur mit Kampftruppen zu tun gehabt, sagte er. Die machen kurzen Prozeß. Die können sich um so diffizile Dinge gar nich kümmern. Tatsächlich, er sagte: diffizile. Das klang aus seinem Munde ganz merkwürdig. Wir drückten uns die Hände.

Eine Stunde später erreichten wir einen breiten Fluß. Das Wasser war gelb, und der Weizen am anderen Ufer sah nicht grün aus, sondern braun. Es schien tatsächlich der Bug zu sein, jedenfalls redeten alle vom Bug. Jupp kratzte seinen kahlen Schädel. Die Brücke war kaputt, nur ein paar Pfeiler ragten aus dem Wasser. Die Versuchung, kopfüber hineinzutauchen, war riesengroß, doch Posten, durch deren Spalier wir mußten, wachten darüber, daß die Reihen sich nicht auflösten.

Die Gesichter, in die wir blickten, waren jung. Am liebsten wären die Kerlchen wohl selber ins Wasser gesprungen. Gern hätte ich gewußt, was sie bei unserem Anblick empfanden. Wir glichen einer Herde von Vogelscheuchen. Einige wurden von ihren Nebenleuten geschleppt, andere hatten keine Schuhe an, schlurften barfuß, mit zerschundenen Sohlen, durch den Staub. Kaum einer war rasiert. Galgenvögel in langer Reihe, überragt vom Kopf des Philosophen. Dessen Verband, blutverkrustet, deckte die abstehenden Ohren zu. Das Auf und Ab seiner Schultern erinnerte mich an den wiegenden Gang des Leittiers beim Abtrieb der Rinder ins Unterdorf.

Pioniere hatten eine Pontonbrücke gebaut, an deren Enden Menschen sich stauten, Soldaten und Zivilisten mit Fuhrwerken. Unser Haufen mußte an ihnen vorbei. Rufe trafen uns, Gelächter und haßerfüllte Blicke. Der Alte an meiner Seite mußte sich Spucke von der Jacke wischen. Eine Frau hatte ihn bespien. Er sagte nichts. In Groß-Rosen hatte er Schlimmeres erlebt.

Die erfrischende Wirkung des Gewitters, unterstützt durch die Nähe des Flusses, hielt nicht lange an. Die Sonne brannte wie ein riesiges Feuer, über der Straße hing unbeweglich eine Wolke aus Staub. Wir zogen nach Norden. Der Alte meinte: Wenn das wirklich der Bug war, haben wir die Linie Warschau – Brest längst hinter uns. Mir war unklar, wo Brest lag und was die Feststellung des Alten bedeutete. Gerüchte wollten wissen, die Russen hätten uns an die Polen verkauft. Nördlich von Bialystok wären mächtige Erzlager und Kohlevorkommen entdeckt worden, wir sollten das Zeug aus der Erde holen. Andere behaupteten, zweihunderttausend Gefangene würden zum Wiederaufbau von Warschau eingesetzt, wir gehörten dazu; Maschinen und Geräte kämen aus Amerika.

Alles Quatsch, brummte der Alte. Von wegen Gefangene verkaufen. Im Kapitalismus verkauft der Mensch seine Arbeitskraft und manchmal sich selber, seine Seele. Aber nich im Sozialismus. Stimmts? Da er wohl ahnte, daß ich ihm darauf keine Antwort geben konnte, wandte er sich an den Nebenmann auf der anderen Seite. Der reagierte zunächst überhaupt nicht. Dann brummte er: Ach, leck mich doch am Arsch.

Aus dem heißen Korn überfiel uns der Wind; hoch über uns, im Himmel, spektakelten Lerchen. Niemand von uns besaß einen Kalender, wir wußten nicht, welchen Tag wir hatten, wir sahen nur, daß die Halme gelb geworden waren, und das bedeutete: Der Sommer hatte begonnen.

Es muß wohl an der Hitze gelegen haben, am Durst, der die Zunge zu einem Klumpen anschwellen ließ, daß ich immerfort an einen Brunnen dachte. Seltsamerweise glich der Brunnen, den ich in meinen Vorstellungen sah, nicht denen, die ich aus den Bergen oder aus dem Unterdorf kannte, sondern einem Ziehbrunnen, wie man ihn auf Bildern aus der Pußta findet. Der Rand war aus Feldsteinen gemauert; wenn man hineinschaute, sah man ein schwarzes Loch. Nur der Geruch zeigte an, daß da unten Wasser war. Ich griff nach einem Stein und ließ ihn in die Tiefe fallen. Ein paar Sekunden, dann hörte ich den Aufschlag, ein Klatschen, ähnlich dem dumpfen Knall einer Pistole. Ich konnte mich nicht erinnern, je eine solche Wasserstelle gesehen zu haben. Und noch etwas war seltsam: Mein Brunnen erhob sich über gelbem Sand. Armselige Palmen bewegten ihre Ruten im Wind. Der war heiß und trug Sandkörner heran. In der Nähe gleißten die Mauern einer Siedlung. Ich mußte an Casablanca denken, an Gesine und den Krug, den sie mir gebracht hatte. Kamele sah ich, die zogen auf die Sonne zu. Im Gegenlicht schaukelten ihre Buckel wie die Schultern des Philosophen. Und manchmal sah ich riesige schwarze Vögel mit schlagenden Flügeln aufsteigen. Wenn sie mit den Schnäbeln durch die grellen Kreise stießen, die das Licht der Sonne über unsere Köpfe zauberte, hörte es sich an, als zerspränge Glas. Du siehst Gespenster, sagte ich mir. Die Hitze nimmt dir den Verstand.

In meiner Angst zog ich den letzten Brotkanten aus der Tasche, hob ihn an den Mund und schlug die Zähne hinein. Mit jedem Bissen, der, hundertmal zerkleinert und mit Speichel vermengt, die Kehle hinabrutschte, nahm ich die Umgebung deutlicher wahr, das Wogen der Schultern, den aufsteigenden Staub, die grauen Gräser am Straßenrand. Nicht nur das Sehvermögen kehrte zurück, auch die Empfindungen. Meine Füße waren geschwollen, schmerzten bei jedem Schritt; abends, auf dem Lagerplatz, wagte ich nicht mehr, die Schuhe von den Füßen zu ziehen, das rohe Fleisch, so fürchtete ich, müßte sich in Streifen von den Sohlen lösen. Und die Zunge, der Klumpen, wurde größer und größer, ich konnte kaum etwas sagen. Alles an mir, mein ganzer Körper, wurde mir zuviel.

Der Alte sah, was mit mir los war, und blieb auch nachts an meiner Seite. Der Tankwart und der Handschuhmacher hielten sich abseits. Ein paarmal war ich versucht, zu ihnen zu gehen, doch als ich ihre Blicke bemerkte, fürchtete ich, sie könnten mir auf die Schliche gekommen sein und erfahren haben, daß ich die Reise nach Casablanca nur erfunden hatte, daß ich gar kein Seiltänzer war, sondern Bürogehilfe im Contor einer Holzmühle. Jedenfalls verhielten sie sich abweisend, fremd, als hätten wir nie zusammen unseren Traum gehabt. Ich sah, daß ihre Taschen leer waren wie meine, also hatten sie den Gedanken an Flucht aufgegeben. Der Hunger nach Brot war wohl größer gewesen. Vielleicht aber quälte sie nur die Angst, ich könnte meinem Nachbarn von unserem mißglückten Plan berichtet haben. Die schroffe Zurückweisung des Alten durch den Handschuhmacher fiel mir ein. In Augenblicken wie diesen fühlte ich mich wie ein Verräter.

Später als sonst erreichten wir unser Nachtlager, eine ehemalige Viehkoppel mit den Resten einer angrenzenden Obstplantage. Wie es aussah, hatten hier auch schon andere genächtigt. Das Gras war niedergedrückt, welk, die sandige Erde festgetreten, und statt der Bäume ragten Stümpfe in die Höhe, Äste und Zweige waren entfernt worden. An den Seiten des Platzes, hinter rasch gezogenem Stacheldraht, hatten Soldaten Scheinwerfer montiert.

Bühnenbeleuchtung, spottete der Tankwart. Er und der Handschuhmacher hatten einen Platz hinter uns gefunden. Unser Haufen kampierte unter den Stümpfchen uralter Birnbäume. Fast wie in Casablanca, rief der Handschuhmacher.

Ich lachte zurück, machte gute Miene zum bösen Spiel. Doch die beiden schienen darauf aus zu sein, mir eins auszuwischen. Weißderkuckuck, was auf einmal mit ihnen los war.

Wolltet wohl zusammen abhauen, murmelte der Alte.

Ich sah ihn groß an.

Er lächelte. Ich hätte euch nich verraten, raunte er. Und wie zur Bekräftigung fügte er hinzu: Der mit dem Lied scheint ja was im Koppe zu haben.

Er meinte den Tankwart, der das Lied vom Polenmädchen angestimmt hatte. Jetzt allerdings hörte ich den etwas ganz anderes anstimmen. Vor drei Jahren, so hörte ich ihn sagen, waren die Engländer in Casablanca. Er wiederholte: Die Engländer.

Da wußte ich, warum die beiden ihr Verhalten so plötzlich geändert hatten. Irgend jemand mußte ihnen gesagt haben, daß damals gar keine Artisten aus Deutschland in Casablanca hatten auftreten können. Und das war ja nicht alles, da kam ja noch mehr hinzu. Sie sahen mich an der Seite eines Mannes, vor dem mich der Handschuhmacher gewarnt hatte. Ich erschrak. Hielten sie mich am Ende für einen Spitzel?

Mir wurde himmelangst. Ich mußte an den Mann aus Bayern denken und daran, wie es ihm ergangen war.

Suleika mit dem Krug, lästerte der Tankwart.

Der Handschuhmacher gab noch eins drauf: In Casablanca, so sagte er mit verstellter Stimme, ist alles ganz anders. Dort werden schon die Kinder verheiratet.

Das Gelächter, das folgte, ließ nichts Gutes erwarten. Ich spürte, daß mich der Alte von der Seite her musterte. Denen hab ich mal eine Geschichte erzählt, erklärte ich, eine aus Afrika.

Gut, daß es Antreten hieß, Antreten zum Teefassen. Fuhrwerke mit Bottichen wurden auf die Koppel geschoben. Wie stets waren die Pferde außerhalb der Stacheldrahtbegrenzung geblieben. Ich nahm meine Weißblechbüchse und stellte mich in die Reihe.

Und nun wiederholte sich das Spiel vom Stehaufmännchen. Es waren immer dieselben, die daran Freude fanden, junge Kerlchen. Eines von ihnen setzte sich auf die Spitze der Deichsel, die anderen ergriffen den Schaft, ließen ihn rhythmisch wippen und stemmten ihn schließlich mit heftigem Ruck in die Höhe. Der auf der Spitze mußte aufpassen, daß er nicht abstürzte. Mit der einen Hand hielt er sich fest, mit der anderen grüßte er winkend herunter. Das alles geschah mit lautem Hallo und während Tee ausgeschenkt wurde. Ein sinnloses Spiel, für manche die einzige Abwechslung.

Als ich mit meiner Büchse an der Reihe war, bemerkte ich zu meiner Verwunderung, daß der Tankwart und sein Freund bei den Burschen an der Deichsel standen. Ich ahnte auf einmal, was sie vorhatten. Und tatsächlich, der Tankwart stellte sich vor mich hin und fragte: Willste den Tee vorher oder nachher?

Die jungen Burschen grinsten, manche riefen: Akrobat schööön.

Wartet, dachte ich und zwang mich zu einem Lächeln. Ich durfte jetzt nicht kneifen. Darum sah ich sie der Reihe nach an, nahm in aller Ruhe einen Schluck von meinem Tee und reichte die Büchse dem Tankwart. Noch immer lächelnd, spuckte ich in die Hände und ging zur Deichselspitze. Es begann zu dämmern, die Metallkuppe auf dem Deichselknauf schimmerte, über den Baumstümpfen ging der Mond auf.

Was immer auch geschehen würde, ich mußte Gelassenheit zeigen. Obwohl mir das Herz im Hals schlug, setzte ich mich rittlings auf den Schaft und breitete die Arme aus. Das war das Zeichen dafür, daß es losgehen konnte. Ich sah, wie die Männer nach der Deichsel griffen, hörte sie im Sprechchor rufen, eins, zwei, umfaßte kräftig das Holz, drei, und flog in die Höhe. Die Wucht des Aufschwungs riß mich fast von der Deichsel; ich hatte schon im Hochschnellen die Beine so fest um den Schaft geschlungen, daß ich Halt hatte und jetzt, drei, vier Meter über den anderen, mit beiden Armen winken konnte.

Das Hallo war groß, ich hörte Rufe wie: Mehr! Zeig, was du kannst!

Unter den Gesichtern, in die ich schaute, wußte ich das des Tankwarts und das des Handschuhmachers. Ich sah sie nicht, aber ich konnte mir ihre Mienen vorstellen. Mich packte der Übermut. Ich versuchte, mit der Rechten die abgeflachte Metallkuppe zu umfassen, den angewinkelten Arm als Stütze zu benutzen und den Körper nach oben zu stemmen, in die waagerechte Lage.

Da flammten die Scheinwerfer auf. Ihr Licht erfaßte mich, ich erschrak und verlor den Halt. Noch im Fallen hörte ich den Aufschrei der anderen. Obwohl das alles in Sekundenschnelle geschah, erlebte ich die Einzelheiten überdeutlich: das seitliche Wegkippen der

Koppel, das Erschrecken auf den Gesichtern, den Schwenk der Plantage nach oben, Gras, das mir wie in Zeitlupe entgegenwuchs, schließlich den Aufprall, dumpf, mit leisem Knirschen in Kopf und Gliedern. Danach, über mir: das Gesicht des Alten.

Er schirmte mich ab, ließ Neugierige nicht heran. Giehts? Er versuchte, mir die Gelenke zu bewegen. Ich nickte, hob den Kopf und drehte die Schultern; auch die Arme gehorchten, nur das rechte Knie tat weh, doch ich konnte aufstehen. Wie es aussah, hatte ich Glück gehabt. Ich hätte auch auf den Deichselansatz oder den Wagen stürzen können.

Die Burschen hatten sich aus dem Staube gemacht. Nur der Handschuhmacher und der Tankwart standen noch vor mir, der Tankwart mit der Büchse Tee. Ich wollte sie nehmen, doch er schüttelte den Kopf, er trug sie neben mir her. Auch der Alte wich nicht von meiner Seite.

Ich glaube, ein paar der Männer stießen sich an und zeigten mit dem Finger nach mir.

Das Licht der Scheinwerfer glitt über unsere Köpfe. Von Zeit zu Zeit beugte sich der Alte zu mir. Giehts? Er fragte immer dasselbe.

Ich nickte, obwohl mir alles weh tat. Das ist, log ich, weil sie mir nicht glauben wollen, daß ich aus einer Artistenfamilie komm.

Eins mußte dir merken, murmelte der Alte. Du darfst dich nich provozieren lassen. Asu was bringt nischte nich ein.

Irgendwo, ganz in der Nähe, zirpten Grillen. Ich wunderte mich, daß sich die Tiere für ihr nächtliches Konzert ausgerechnet diesen elenden Platz gesucht hatten; manchmal schien es mir, als stünden sie über uns, in der warmen Luft. Obwohl mir die Knochen schmerzten, spürte ich zum erstenmal seit Wochen ein Gefühl von Geborgenheit. Ich weiß nicht, was daran mehr beteiligt war: das Lied der Grillen, die überstandene Mutprobe oder die Fürsorge des Alten.

Es war, als hoffte er, Gefahren wegreden zu können. Er hörte nicht auf zu erzählen. Ich erfuhr, daß seine Frau Gertrud hieß und daß er sie vor viereinhalb Jahren das letzte Mal gesehen hatte, auch daß er sich nicht nur in der Stadt, sondern genauso gut in den Bergen auskannte. Verwandte der Frau arbeiteten auf dem Schaffgotschen Schloß in Warmbrunn. Von dort, so sagte er, kann man die Schneekoppe sehn, die manchmal, auch im Sommer, ganz weiß is. Ein Berg, halb tschechisch, halb deutsch. Früher habn mer den Grenzern dort so manches Schnippchen geschlagen und sind heimlich übern Kamm ins Tschechische gemacht. Er lächelte. Es war ein Lächeln, das Leute haben, die endlich angelangt sind. Er aber war von seinem Ziel weit weg, das wußte ich doch. Auf den letzten Metern hatte man ihn zurückgestoßen. Woher er nur nach allem die Kraft zu diesem Lächeln nahm. Das muß ma sich amol vorstelln, brabbelte er, ne Grenze mitten übern Berg. Er schüttelte den Kopf. Grenzen. Wenn mir erscht am Ruder sein, werds su was zwischen Leuten wie mir se sein nich geben.

Wie er so neben mir lag und von seinem Casablanca träumte, erinnerte er mich an den Puppenkönig. Auch der hatte manchmal ein solches Lächeln. Nur war es bei ihm ein Lächeln nach innen, eines, mit dem er seine Welt in Schutz nahm, während das des Mannes aus Breslau nach außen gerichtet war, eine Botschaft an seine Umgebung.

Jupp, sagte ich. Ich hatte ihn zum erstenmal mit seinem Namen angeredet. Du bist doch aus Breslau.

Ja.

Kennst du da ehemalige Abgeordnete?

Er sah mich erstaunt an. Das Zirpen der Grillen war zu hören, über den Stümpfen stand groß und weiß der Mond. Da rückte ich mit der Sprache heraus. Im Haus meiner Großeltern, so sagte ich, hätte manchmal ein Abgeordneter seinen Urlaub verbracht. Ich nannte seinen Namen und hoffte im stillen, der Alte würde ihn kennen.

Zu meiner Überraschung aber tat der so, als hätte er mich nicht gehört. Du kennst ihn also nicht? fragte ich.

Er winkte ab. Vielleicht, so dachte ich, war er vom vielen Reden müde und wollte schlafen. Doch ich brachte es nicht fertig, ihn in Ruhe zu lassen. Wirklich nicht? wiederholte ich.

Da blickte er weg. Solche wie der, so murmelte er, haben uns verraten.

Ich starrte ihn an. Verraten?

Der Alte schwieg. Ich sah Gesines Vater über die Himmelsstiege gehen, in den Nebel hinein. Verraten?

Wie sie alle, brummte der Alte. Plötzlich drehte er sich um und redete erneut auf mich ein. Gesines Vater, so erfuhr ich, war Sozialdemokrat. Wie es aussah, hatte der Alte mit Leuten wie ihm schlimme Erfahrungen gemacht. Fast kam es mir vor, als wollte er von ihnen noch weniger wissen als von denen, die ihn ins Lager gebracht hatten. Solchen darf unsereener nich übern Weg traun, sagte er. Die wolln den Mist nich abschaffen, die wolln nur a größeres Sticke vom Kuchn. Wenn se das erscht haben, is alles gutt.

Der Mann ist tot, wandte ich ein. Sie haben ihn gehenkt! Ich wußte in dieser Minute nicht, ob ich das tatsächlich erfahren hatte oder ob ich es mir einredete. Ich sah nur das eine: den Mann, wie er in den Nebel ging. Gesine stand neben mir, ihre Hand fühlte sich kalt an. Gehenkt, wiederholte ich laut. Hörst du, gehenkt!

Der Alte brummte: Wär er mal glei mit uns gegangen.

Das war alles. Und es war an diesem Abend unser letztes Wort.

Am nächsten Morgen ging es zu Fuß weiter. Das Knie tat mir weh, doch ich sagte keinem davon ein Wort. Manchmal trafen mich die Blicke des Tankwarts und des Handschuhmachers. Die beiden waren gleich nach dem Munterwerden zu mir gekrochen, und der Handschuhmacher hatte geraunt: Wenn du was brauchst, sag mirs.

Die Sonne wurde immer größer. Ich sah nicht den Anfang der Kolonne, ich sah nicht ihr Ende. Wir schluckten Staub und schleppten uns über flaches ausgetrocknetes Land, vorbei an ausgebrannten Panzern, umgekippten Geschützen, zerschossenen Autos. Manchmal sahen wir ein Dorf. Die meisten Häuser waren kaputt, nur Schornsteine ragten aus den Trümmern. Das Herze zerdrückts einem, murmelte der Alte.

Ich wurde nicht klug aus ihm. Seit dem gestrigen Abend sah ich ihn mit anderen Augen. Er kam mir störrisch vor, eigensinnig, fast wunderlich. Nicht ohne Grund, so sagte ich mir, wurde er von den anderen gemieden. Wir hatten nicht mehr über Gesines Vater gesprochen, doch die Art, wie er neben mir her stapfte, der Ton mancher Bemerkungen, die er machte, schienen unser Gespräch auf eigenartige Weise fortzusetzen. Was immer er sagte und tat, verstand ich vor diesem Hintergrund. Seine noch gestern vermutete Gemeinsamkeit mit dem Puppenkönig zerbrach. Gegensätzlicher konnte ihr Urteil über einen Dritten nicht ausfallen. Der Puppenkönig war dem Abgeordneten mit Achtung begegnet, der andere nannte ihn einen Verräter. Beide beriefen sich auf Erfahrungen: Der eine kannte die Welt, der andere kannte Groß-Rosen. Und beiden zerdrückte es das Herz.

In diesem Augenblick bekam ich zum erstenmal eine Ahnung von den Unterschieden, die Menschen auch gleicher Herkunft in verschiedene Lager treiben können, von Stimmungen und Unwägbarkeiten, die Einfluß auf das nehmen, was wir Politik nennen und aus dem Geschichte gemacht wird.

Für einen Moment sah ich unsere Kolonne nicht nur von einem Kilometer zum anderen ziehen, nicht nur vom morgendlichen Aufbruch bis zum abendlichen Zählappell, sondern als Teil eines Zuges, der seinen Anfang schon genommen hatte, als ich noch gar nicht da war. In diesem Zug humpelte der Puppenkönig neben meinem Vater, marschierten Zamek und Christoph, der Abgeordnete und Jupp. Welche gingen auf Krücken, andere fuhren im Landauer. Der Zug nahm kein Ende.

Ich hörte, wie der Tankwart und der Handschuhmacher sich laut mit ihren Nebenleuten unterhielten. Der Tankwart behauptete, sich in dieser Gegend auszukennen. Er hatte den Weg, den wir gingen, schon einmal hinter sich gebracht, vor Jahren, als der Krieg begann. Die Straße, so meinte er, führte nach Grodno. Ich hatte keine Vorstellung, wo das lag. In den Wehrmachtsberichten, so erinnerte ich mich, war irgendwann von Grodno die Rede gewesen. Der Alte, neben mir, nickte. Grodno also, sagte er. Und er sagte es so, als hätte er damit einen wichtigen Schlüssel gefunden.

Mittags malte er mit dem Finger eine Landkarte in den Sand. Da sah ich, wo Grodno lag. Ich zog in Gedanken eine Linie vom Oberlauf der Neiße über Oder, Weichsel, San und Bug bis hin nach Grodno. Die Verlängerung reichte hinauf in die Gegend von Wilna. Von Grodno, so hieß es, gingen Züge in alle Himmelsrichtungen. Die Himmelsrichtung, die uns zugewiesen war, zeigte nach Osten. Dort wartete das Casablanca des Alten.

Wir lagerten an einem Dorfrand. Der gewohnte Anblick: Brandspuren, eingebrochene Dächer, zusammengeflickte Behausungen. Dazwischen: Sonnenblumen, Hühner und Fahnen. Und mittendrin: das Bildnis der Mutter Maria. Die Bewohner, Frauen und Kinder, wurden von der Wachmannschaft in einiger Entfernung gehalten. Unter hohen Pappeln hatten wir einen Brunnen entdeckt; manchmal, so auch heute, erlaubten uns die Posten, Wasser zu holen. Dann tranken wir uns voll, füllten alle Gefäße, die wir bei uns trugen, Kochgeschirre, Büchsen und Flaschen, sanken ins Gras oder stolperten weiter. Oft aber geschah es, daß wir nicht an den Brunnen herangelassen wurden. Dann blieb das bißchen Tee, das wir am Morgen bekamen, die einzige Flüssigkeit für den ganzen Tag.

Dem Alten schien das nichts auszumachen. Ohnehin nur aus Haut und Knochen, war er an Durst gewöhnt. Selbst mittags, wenn eine riesige Sonne über unseren Köpfen brannte, sah ich ihn nicht ein einziges Mal schwitzen. Wie ein Drahtbündel kam er mir vor. Sobald es Dawai hieß, war er der erste auf den Beinen. Er redete sich gut zu. Wenn se erscht dahinterkommen, so sagte er, schicken se mich heim. Und dich nehm ich mit.

Die darauffolgende Nacht schliefen wir wiederum auf einer Wiese. Auch dieser Platz war präpariert: an den Rändern Stacheldraht und Scheinwerfer. An den Seiten Latrinen. Doch als die Fuhren mit dem Tee kamen, spielte keiner das Stehaufmännchenspiel. Der Alte zeigte zum Horizont. Eine schwarze Wolkenwand stand dort. Wenn mer Glick haben, meinte er, wirds regnen.

Ich starrte den ganzen Abend in diese Richtung. Doch die Wand kam nicht näher, sie schob sich am Himmelsrand entlang, und nur die Aussicht, ihr morgen entgegenzumarschieren, ließ mir ein wenig Hoffnung.

Der Alte träumte wieder von seinem Casablanca. Er sah Breslau aus Schutt und Asche auferstehen. Die alten Kamurken, so brabbelte er, reißen mer ein. Aus der Tschepine machen mer a Viertel mit grußen Häusern aus Glas und aus Lichte. Und daderdrin wohnen die armen Schlucker, sulche wie mir se sein. Vom Kopp uff de Fieße wern mer alles stelln, das sag ich dir.

Er griff nach meiner Schulter. Was issen los? Schläfste schun?

Ich schüttelte den Kopf. Ich sah die Wolke. Und ich sah den Brunnen. Gesine, in weiße Tücher gehüllt, kam auf mich zugelaufen, und ich dachte: Warum trägt sie nicht Schwarz? Ihr Vater ist doch gehängt worden. In diesem Moment hörte ich Schüsse. Das Bild zersprang. Ich lag auf der Wiese, sah die Wolke und hörte Schüsse, tatsächlich.

Erstaunt richtete ich mich auf. Auch neben mir, rechts und links, auf der ganzen Wiese, gingen die Köpfe in die Höhe, Gemurmel setzte ein. Man konnte deutlich Gewehrfeuer von MG-Salven unterscheiden. Auch der Alte setzte sich auf. War der Krieg noch nicht zu Ende? Wir sahen uns an. Partisanen, rief jemand.

Da zischten Leuchtkugeln in den Himmel. Wir duckten uns. Die Posten schienen sich etwas zuzurufen. Wahrscheinlich wußten auch sie nicht, was die Schießerei zu bedeuten hatte. Von der Leuchtspurmunition, sinnlos in die Luft gepulvert, erhofften sie zusätzliche Sicherheit. Weiß und grün sank das Licht auf uns herab. Langsam hoben wir die Gesichter. In der Richtung, aus der der Gefechtslärm kam, blieb der Himmel schwarz. Eine Salve noch, zwei einzelne Schüsse, dann herrschte Ruhe. Die Leuchtkugeln erloschen, nur das Licht der Scheinwerfer glitt über den Platz.

An Schlaf war nicht mehr zu denken. Wie das bei solchen Aufregungen ist: Vermutungen flogen durch die Reihen. Von versprengten deutschen Einheiten wurde gemunkelt, von polnischen Partisanen, die gegen die Russen kämpften, von geheimnisvollen Fallschirmspringern. Manche meinten sogar, Gefangene wie wir hätten einen Ausbruchsversuch gewagt. Der Alte schüttelte den Kopf. Sieh ock, wie durcheinander die Wachen sein. Wenn die nischt wissen, wissen mir erscht recht nischt. Außerdem: Gibts keene Übungen, nachts? Er wollte sich gerade auf die Seite legen und schlafen, da kam der Befehl zum Antreten:

Abzählen. Warten.

Hinter den Wolken, am Horizont, deutete sich ein schwaches Leuchten an. Irgendwo riefen die ersten Vögel. Wir standen da, und einer brummte: Heut gibts nischt zu fressen.

Die Fuhre mit dem Tee blieb tatsächlich aus. Hinter uns fing einer zu singen an. Ich möcht zu Fuß nach Kölle jon. Ein zweiter fiel ein. Und plötzlich sang der halbe Platz. Alle wollten zu Fuß nach Kölle jon.

Die Wachen wurden nervös, riefen und fuchtelten mit ihren MPis herum. In der hintersten Ecke des Platzes fielen Schüsse. Das Lied verstummte.

Nischt mit Kölle, sagte der Alte.

Ich schwieg. Als auf einmal so viele gesungen hatten, war mir ganz anders geworden. Ich hatte mit Liedern nie viel im Sinn gehabt. Zu Willi war ich auf den Flötenbaum geklettert, ich hatte in den Nächten die weiße Rosa singen gehört, nie aber war mir zumute gewesen wie in den wenigen Augenblicken, da ein ungeübter Männerchor das Lied vom Heimweh nach Köln angestimmt hatte. Wie ein mächtiger Choral hatte das geklungen. Ich schwieg.

Die ersten marschierten los, früher als sonst. Der Himmel hinter der Wolkenwand fing zu leuchten an.

Links, rechts, links, rechts. Schlurfen. Scharren. Ächzen.

Wie immer waren die ersten Kilometer die schwersten. Da taten die Knochen weh, da brannten die Sohlen, da stach jedes Sandkorn ins Fleisch, da hätte ich mich am liebsten fallen gelassen, der Länge lang.

Links, rechts, links, rechts. Schlurfen. Scharren. Ächzen.

Und in der Erinnerung dieser mächtige Choral, der heisere inbrünstige Gesang: Ich möcht zu Fuß nach Kölle jon.

Als die Sonne über uns stand, ein weißes helles Licht, waren die Wolken so weit wie am Abend zuvor. Ich gab die Hoffnung auf, jemals in ihren Schatten zu kommen. Manchmal, wenn ich den Kopf hob, sah ich winzige Flämmchen über den Schultern der Vorderleute. Dann schloß ich die Augen und wankte für Sekunden blind in eine von blauen Lichtern zerrissene Dunkelheit. Mir war auf einmal alles egal. Ich fing an, jene zu verstehen, die in der Hoffnung auf einen tödlichen Schuß aus der Reihe brachen, den Versuch einer Flucht vortäuschend. Der Klumpen in meinem Munde wuchs. Ich hätte in dieser Minute alles getrunken, Pfützen und Essig, selbst Blut.

Sagst ja nichts, meinte der Alte.

Ich hatte weder Kraft noch Lust, ihm zu antworten. Das Knie schmerzte.

Da blieb auch er still.

Nach einer Weile passierten wir ein Wäldchen. Von den Erlen und Birken, die unseren Weg säumten, ging eine Spur Feuchtigkeit aus. Die kurze Strecke Schatten glich einem Bad. Ich wünschte mir, daß dieser Schatten niemals ein Ende nahm. Da zeigte der Alte in die Richtung, in die wir uns schleppten. Baumgruppen rückten dort zusammen. Glei sein mer im Walde, verkündete er.

Auf den Feldern sahen wir Leute. Bauern holten Heu ein. Das nächste Dorf war nicht mehr weit. Ein paar Dächer, ein paar Schornsteine. Dahinter, rot, die Stämme von Kiefern.

Die Siedlung zog sich am Wald entlang. Unsere Straße berührte nur den Rand des Dorfes, aus dessen Mitte der ausgebrannte Turm einer Kirche ragte. Von vielen Häusern standen nur noch die Grundmauern. Auch der Wald, hinter den Höfen, schien gebrannt zu haben, das Feuer hatte schwarze Schneisen gefressen.

Ich war froh, wenn die Bewohner der Dörfer, durch die wir kamen, nicht an der Straße standen, zu oft waren wir beschimpft und verhöhnt worden; heute aber machte die Leere einen gespenstischen Eindruck. Wo der Weg von den Höfen in die Landstraße mündete, lagen vor einem Marienbild Feldblumensträuße, von der Glut des Mittags zu Tee gedörrt. Irgendwo, am anderen Ende des Dorfs, bellte ein Hund. Das waren die einzigen Lebenszeichen.

Plötzlich schien sich die Kolonne vor mir aufzulösen, der Philosoph und ein paar Männer stolperten auf ein kleines rundes Gemäuer zu, das in Augenhöhe mit einem Holzdach versehen war: ein Brunnen. Im Handumdrehen schwärmte der Haufen dorthin. Auch wir rannten los. Manche stürzten, andere stiegen über sie hinweg. Wie ein Rausch war das. Ich hörte das Surren der Seilwinde, das Aufklatschen des Holzeimers und dachte nur das eine: Wasser. Wasser, und wenn es nur ein Schluck wäre. Ich besaß noch immer die Weißblechdose, die mir der Tankwart zurechtgebeult hatte. Die hielt ich in die Richtung, in der ich das Auftauchen des

Eimers vermutete. Dabei wurde ich gedrückt und gestoßen, jemand schlug mir mit einem Kochgeschirrdeckel auf die Hand. Plötzlich gellten Pfiffe. Dawai! riefen die Posten, und zwei, drei Schüsse hallten in die Luft. Der Mann an der Winde ließ die Kurbel los, pfeifend schoß der Eimer zurück in die Tiefe. Scheiße! brüllten welche. Ich wurde umgerissen, verlor die Weißblechdose, Füße trampelten in mein Kreuz, meine Schultern. Erneut peitschten Schüsse. Jetzt bleibst du liegen, dachte ich. Jetzt machst du keinen Piep. Und dann geschah das Wunder: Das Hallen der Schritte verflog, niemand griff mir in den Nacken und zog mich in die Höhe, niemand zielte auf mich, niemand rief nach mir. Ich lag am Rand des Brunnens, im Schatten, und wagte kaum zu atmen.

Als Kind war ich manchmal vor Angst unter den Tisch gekrochen. Um nicht gesehen zu werden, hatte ich die Augen fest zugemacht. Auch jetzt hielt ich sie zugepreßt. Irrsinnige Angst war in mir, irrsinnige Hoffnung. Das Schlurfen kam von der anderen Seite des Brunnens, die Kolonne hatte sich wieder formiert. Kochgeschirre und Büchsen klapperten, Schuhe schleiften durch den Sand. Irgendwo, schon ein Stück entfernt, würde der Alte marschieren, er würde sich nicht umdrehen, das wußte ich, kein Wort würde er sagen. Und Reihen vor ihm würden der Tankwart und der Handschuhmacher gehen. Der Tankwart würde mit der Hand über die Tasche fahren, nach dem Messer tasten. Die Sonne brannte, ich lag im Schatten des Brunnens und sagte mir: Du träumst. Das kann gar nichts anderes sein als ein Traum, ein schöner Traum. Ein paar Atemzüge noch, dann wird der Alte etwas sagen, du wirst mit den anderen auf der sandigen Straße marschieren, wirst Staub schlucken und vor dir den Philosophen sehen, ohne Verband, die Ohren wie Fledermausflügel ausgebreitet. Vielleicht auch wirst du in die Sterne schauen, auf einer niedergetretenen Wiese, und Scheinwerferstrahlen werden über dich hinwegwischen. Das alles stellte ich mir vor, doch als ich vorsichtig die Augen aufmachte, einen Spalt nur, sah ich ein ausgebranntes Haus und in der Tür dieses Hauses die weiße Rosa. Im Hemd stand sie dort, mit aufgelöstem Haar, und schaute mich an. Und ich lag tatsächlich am Brunnen. Der Brunnen sah aus wie der im Traum, es fehlte nur der aufragende Stamm. Rosa, bat ich, sag kein Wort, hörst du, verrat mich nicht, die Soldaten dürfen mich hier nicht finden, ich möchte schlafen, ich möchte trinken, ich möchte nach Hause gehen, der Puppenkönig wartet, bestimmt wird er dir erzählt haben, wie sehr er mich braucht.

Die weiße Rosa rührte sich nicht von der Stelle. Mir war es, als nickte sie.

Nach einer Stunde noch stand sie so, vielleicht auch nach zwei, oder waren erst Minuten vergangen? Ich hatte das Gefühl für Zeit verloren, wußte nicht, ob Mittag war oder Nachmittag. Nur den Schatten des Brunnens sah ich wandern, den scharfen Rand, den er zog und der zur weißen Rosa hin sich langsam entfernte, der den Raum jedoch, den er dabei gewann, an anderer Stelle verlor: Die Sonne näherte sich meinen Füßen. Ich hatte die Knie übereinandergeschlagen und zog sie nun, auf der Flucht vor dem Licht, Zentimeter um Zentimeter an mich heran.

Das Schlurfen, Scharren, Klappern und Murmeln auf der Straße schien kein Ende zu nehmen. Manchmal riefen sich die Wachen etwas zu, dann spürte ich, wie der Blick der Greisin von mir zu den Soldaten ging, doch sie sagte nichts, sie stand in der Tür des ausgebrannten Hauses und schwieg.

Nach einer Weile verstummten die Geräusche. Ein Klappern noch, der Ruf eines Postens, dann herrschte Stille.

Ich sah zu der Greisin, die stand unbeweglich auf der Schwelle und starrte herüber. Langsam hob ich den Kopf. Jetzt konnte ich über den Brunnenrand blicken. Die Straße war leer. Dort, wo sie hinter dem Dorf im Wald verschwand, sah der Sand fast weiß aus. Ein paar Schritte vom Brunnen entfernt, auf die Straße zu, lag die Weißblechbüchse. Ich spürte Feuchtigkeit kühl aus dem Brunnenschacht aufsteigen. Da gab es für mich kein Halten mehr. Halb im Laufen, halb im Kriechen warf ich mich auf die Büchse, wankte in die Höhe, drehte mich zum Brunnen und griff nach der Kurbel. Mit ächzendem Geräusch, viel zu laut, wie ich fand, zerrte der Strick den Eimer nach oben.

Als ich den Bottich in den Händen hielt und mir das Wasser ins Gesicht kippte, sah ich durch einen Schleier, wie sich die weiße Rosa bekreuzigte. Heilige Mutter Gottes, dachte ich, und trank. Ich lechzte, ich soff, ich hielt die Büchse unter den Rest, blickte noch einmal zu der alten Frau, dankte mit einem Nicken für ihr Schweigen und ging, erst vorsichtig, Fuß vor Fuß setzend, dann immer schneller, schließlich hastig, auf den Wald zu, ich lief die Straße, die auch die anderen gegangen waren, ich schaute mich nicht mehr um, ich rannte, das Wasser schwappte aus der Büchse, scheiß auf das bißchen Wasser, dachte ich und stolperte, hetzte, stürzte, raffte mich wieder auf und sprang, schon im Wald, von der Straße, in brusthohen Farn hinein, keuchte durch Dickicht und Unterholz, spürte nicht die Peitschenhiebe der Zweige, die Stiche der Brombeersträucher und dachte: Nur weg. Weg vom Dorf. Weg von der Straße. Weg.

V

Als ich zu mir kam, unter einer Birke, war mein erster Gedanke: Du hast nicht geträumt. Du bist davongekommen. Nach den Ängsten, die ich ausgestanden hatte, war das eine abenteuerliche, unbegreifliche Vorstellung. Ich lag tatsächlich unter einer Birke, hielt meine Weißblechbüchse in der Hand und blickte in den Himmel. Nach und nach erst nahmen meine Sinne von der neuen Wirklichkeit Besitz. Wie durch einen Schleier sah ich auf eine Lichtung. Ich hoffte, der Schleier würde auseinandergehen oder sich auflösen, doch es war, als existierte er unabhängig von mir. So sehr ich meinen Blick auch auf Bäume und Blätter konzentrierte, der farblose, schlierige Vorhang blieb. Über den Gräsern, vom Licht der Sonne berührt, summten Fliegen. Ich sah ein Gewirr von Blättern und Zweigen. Eichen erkannte ich, Birken und Ebereschen und im Hintergrund Föhren. Ich hatte den Kopf ein Stück gehoben, jetzt winkelte ich die Arme an. Jede Bewegung tat weh, doch meine Glieder gehorchten mir.

Da hörte ich in der Nähe ein Rascheln und Hecheln. Ich verhielt mich regungslos, wartete. Das Geräusch kam näher, ein kurzer, hastiger Atem. Struppiges Fell strich mir über den Nacken. Ein Hund, dachte ich und hielt den Atem an. Sollten mir die Verfolger auf den Fersen sein? Das Tier schnüffelte an meiner Schulter. Ich spürte etwas Rauhes über die Stoppeln auf meinem Schädel kratzen, eine Zunge, und sah durch halbgeschlossene Augen, wie ein zotteliges schmutziges Etwas sich zwei, drei Schritte von mir entfernt niederließ und nach mir schaute. Das Tier sah verwildert aus, eine

Kreuzung aus Schäferhund, Dackel und Spitz, mit kranken, eitrigen Augen. Offenbar hielt es mich für ein fremdes, rätselhaftes Wesen, vielleicht für eines wie sich selber. Wahrscheinlich hatte ich längst den Geruch eines Tiers angenommen.

Ich rührte mich nicht. Jede Bewegung, so fürchtete ich, könnte meinem Gegenüber einen Schreck einjagen. Wie es schien, hatten wir beide Angst voreinander. In solchen Situationen werden Sekunden zu Minuten. Ich sah, wie dem Tier große schillernde Fliegen über die Schnauze krochen. Ein paarmal zeigte es seine Zunge. Endlich erhob es sich, schüttelte sein Fell und zog durch das harte Gras der Lichtung davon.

Ich war fast ohnmächtig. Die angespannte Haltung, in der ich verharrt hatte, brach zusammen, ich sackte ins Moos. Eine Weile lag ich so und heulte wie ein Kind. Es gab keine Verfolger. Ich brauchte nur aufzustehen und loszugehen.

Als ich mich endlich erhob, nach allen Seiten spähend, stieß über mir ein Vogel durchs Blätterdach. Das Geräusch, das dabei entstand, erschreckte mich erneut. Wenn das so weitergeht, dachte ich, wenn du bei jedem Gekreuch und Gefleug zusammenzuckst, kommst du nicht weit.

Ich lehnte an einem Stamm. Die Rinde war klebrig. Der Schleier, den ich sah, schien im Wind zu schwanken. Für Sekunden glitt ich in tiefe Dunkelheit, die Knie hielten mich nicht. Da setzte ich mich zur Wehr, verlagerte mein Gewicht in den Rücken, stemmte die Ellenbogen gegen den Stamm, und die Kraft kehrte in die Beine zurück.

Ich versuchte, mich zu orientieren. Es war Juni, da stand die Sonne am höchsten. Ihre Strahlen fielen seitlich auf die Lichtung. Nachmittag also. Um diese Zeit, so rechnete ich mir aus, erreichte die Kolonne den Lagerplatz. Spätestens jetzt würde mein Verschwinden bemerkt werden. Ich stellte mir vor, wie der Tankwart und der Handschuhmacher nach mir Ausschau hielten. Der Seiltänzer war entkommen. Unterwegs nach Casablanca. Unwillkürlich mußte ich lächeln. Der Alte aus Breslau war jetzt ganz allein. Am Brunnen hatte ich ihn das letzte Mal gesehen. Ich versuchte, den Weg von dort in Gedanken noch einmal zu gehen, doch mir fehlte der letzte Abschnitt. Ich erinnerte mich nur, daß ich durch den Wald gehetzt war, getrieben von Furcht und Hoffnung. Was dann geschehen war, wußte ich nicht. Ich hatte auch keine Ahnung, in welche Richtung ich gelaufen war. In Gedanken sah ich die Karte, die der Alte in den Sand gemalt hatte. Darauf erkannte ich den Bug. Den hatten wir nach Norden hin überquert. In Richtung auf Grodno. Das war vor zwei oder drei Tagen gewesen. Mehr als zwanzig oder dreißig Kilometer hatten wir an einem Tage nicht geschafft. Die Stelle, an der ich mich befand, mußte also zwischen dem Bug und Grodno liegen, in der Nähe von Bialystok. Das war ein paar hundert Kilometer von zu Hause entfernt. Nach Südwesten mußte ich. In die entgegengesetzte Richtung. Auf die Nachmittagssonne zu.

Ganz Polen lag vor mir.

Jeder Schritt schmerzte. Der weiche Waldboden war wie Beton. In einem Buch hatte ich gelesen, daß Holzfäller im kanadischen Wald, abgeschnitten von allen Verbindungen, Rinde gegen den Hunger gekaut hatten. Ich lief zwar nicht durch kanadische Wälder, doch abgeschnitten von der Außenwelt war ich schon, und Hunger hatte ich auch. Also riß ich saftige Birkenhaut von den Stämmen und schob sie mir in den Mund. Das Kauen regte den Speichel an, die zerkleinerte Masse schluckte ich in winzigen Portionen.

Ich richtete mich nach der Sonne. Weit und breit war kein Berg zu erkennen, kein Turm oder auffälliger Punkt. Deshalb wußte ich nicht, ob und wie weit ich vorankam. Vielleicht, so dachte ich, gab mir ein Blick aus der Höhe Auskunft. Ich suchte einen Baum, dessen Äste in Brusthöhe begannen. Beim Versuch hinaufzuklettern aber kam ich nicht weit. Es war, als hätte ich Muskeln aus Papier. Ich brachte nicht die Kraft auf, mich an den Ästen emporzuziehen. Mir wurde schwarz vor den Augen, und da ich fürchtete, erneut umzufallen, ließ ich es sein. Ohnehin, so tröstete ich mich, würden weit und breit nur Baumkronen und immer wieder Baumkronen zu sehen sein.

Manchmal bellte in der Ferne ein Hund. Ein verführerisches Geräusch. Ich brauchte nur auf das Bellen zuzugehen, eine Tür aufzumachen und zu sagen: Ich habe Hunger. Vielleicht, daß eine alte Frau vor mir stand, die Mitleid mit mir hatte wie die Greisin hinter dem Brunnen. Vielleicht aber würde ich eine von den Jungen treffen, die den Alten aus Breslau bespien hatten, die mir die Fingernägel ins Gesicht krallte und das Dorf zusammenrief. Oder Kinder. Ich sah aus wie eine Vogelscheuche. Mein Hemd war schwarz und stank nach Schweiß und Dreck. Kinder wären schreiend davongelaufen. Nein, ich blieb im Wald. Eichen und Birken verrieten mich nicht, Krähen und Meisen warfen nicht mit Steinen.

Ich spürte freilich, wie jeder Schritt mir schwerer wurde. Allein zu laufen war etwas anderes, als in der Kolonne zu marschieren. Es gab keinen Nebenmann, keinen Sog, der mich mitschleppte.

Gut, daß Sommer war. Das Laubdach, ungewohnt grün und ungewohnt fleischig, hielt die Sonne zurück, ließ nur Lichttropfen hindurch. Die Wälder zu Hause, so fand ich, waren trockener, härter, steiniger. Hier hatten die Gräser eine rostbraune Farbe, wie Sumpfgras. Manchmal hörte ich sogar das Quaken von Fröschen. Und Vögel sah ich, die ich nicht kannte. Ihre Stimmen fanden den Weg nicht nach oben, sie fielen von den Kronen herab. Und noch etwas Eigenartiges erlebte ich: Der Schleier vor meinen Augen nahm für Minuten eine überraschende Tönung an, schimmerte violett. Das macht das Laubdach, sagte ich mir. Du bist das grüne Blattzeug nicht gewöhnt. Das verändert alle Farben. Ich kniff die Augen zusammen, der violette Schimmer war weg.

Gegen Abend konnte ich mich kaum noch auf den Beinen halten, der Hunger schien die letzte Kraft aus mir zu saugen. Ich taumelte und suchte einen Platz für die Nacht und dachte: Morgen wachst du nicht mehr auf. In meiner Angst riß ich Huflattich und Breitwegerich aus dem Boden und stopfte mir die Blätter in den Mund. Gleichzeitig machte ich mir Mut. Der Wald, so sagte ich mir, würde mich nicht im Stich lassen. Im Juni wuchsen die ersten Pilze. Beeren reiften. In den Bächen floß Wasser. Das Wichtigste aber: Ich konnte mich ins Moos legen, konnte schlafen, so lange ich wollte. Niemand befahl: Antreten. Niemand rief: Dawai.

Als ich erwachte, stand die Sonne hoch am Himmel. Erschrocken blickte ich um mich. Durch die Bewegung, die ich machte, scheuchte ich einen Mückenschwarm auf, der nun als summende Wolke über mir hing. Gesicht, Hals und Nacken brannten, ich strich mit den Fingern über die Haut. Stichstellen, eine neben der anderen. Das Bedürfnis, in kaltes Wasser zu tauchen, war plötzlich übermächtig. Es verdrängte selbst den Hunger. Wo Mücken in solchen Massen schwirren, muß Feuchtigkeit ganz in der Nähe sein, sagte ich mir, vielleicht sogar ein Teich. Das harte braune Gras vom Vortag fiel mir ein. Ich stand auf. Die Knie schmerzten, das Kreuz war wie wundgescheuert, und für Sekunden hatte ich wieder das Gefühl, als würde mir schwarz werden vor Augen.

Meine Lippen waren zerstochen und dick. Ich leckte mit der Zunge darüber, doch auch die Zunge war geschwollen. Die ersten Schritte kosteten mich alle Kraft, ich biß die Zähne zusammen, und für einen Augenblick überfiel mich die Vorstellung, die Zähne tief in die Lippen zu schlagen und das Blut zu trinken.

Die summende Wolke über mir schien mir zu folgen. Ich gab es auf, sie abzuwehren. Die Mücken stachen mir in den Schädel, in die Ohren, in den Nacken. Ihr Gesumm, vielstimmig und in allen Tonlagen, betäubte mich fast. Doch plötzlich hörte ich ein anderes Geräusch. Ich blieb stehen, lauschte. Motorenlärm kam auf mich zu. Ich sah nur wenige Schritte vor mir eine Straße. Sofort ließ ich mich fallen. Hoher Farn deckte mich zu.

In einer Kolonne brummten Laster heran, einer nach dem anderen. Auf den Ladeflächen saßen Soldaten. An der eigenartigen Form der Stahlhelme erkannte ich, daß es Russen waren. Sie sangen nicht, es spielte auch niemand auf einer Ziehharmonika, sie hockten müde auf ihren Bänken, dösten vor sich hin. Neun Laster zählte ich, hochrädrige, klapprige Gestelle. Gern hätte ich gewußt, woher sie kamen und wohin sie wollten, irgendwo mußte schließlich ein Straßenschild stehen. Ich wartete, bis die Kolonne vorüber war, und überquerte die Straße. Sie verlief in nördlicher Richtung, ich mußte nach Südwesten.

Seltsame Vorstellung, daß da irgendwo der Wald zu Ende war, daß da Häuser standen mit Gardinen an den Fenstern und mit Kindern, die im Garten spielten, Geschäfte, in denen es Zucker gab und Milch, und daß Züge fuhren, schwarze Lokomotiven mit weißem

Rauch. Von dort waren die Soldaten gekommen, dort mußte ich hin, eines Tages würde das sein.

Vorläufig aber schluckte mich erneut der Wald. Ich lief unter Laubbäumen, deren Kronen den Himmel versperrten, schlug mich durch grünes Unterholz. Der Boden war weich, wie ein Polster. Einmal, als ich beim Übersteigen einer niedergebrochenen Eiche einen Sprung machen mußte, versank mein Fuß bis zum Knöchel im Moos. Die Mulde, die dabei entstanden war, füllte sich sofort mit einer bräunlichen Flüssigkeit. Ich kauerte mich hin, drückte ein paarmal die Weißblechbüchse mit der verkehrten Seite ins Erdreich und konnte zusehen, wie Wasser schmatzend aus dem Untergrund quoll. Da drehte ich das Gefäß herum und legte es flach in die Vertiefung. Trübes, braunes Wasser sickerte in die Öffnung. Vorsichtig hob ich die Büchse an den Mund, steckte die Zunge hinein und fuhr mir über die Lippen. Dann aber konnte ich dem Durst nicht länger widerstehen: Ich trank den Rest. Schließlich füllte ich die Büchse erneut und stellte sie senkrecht in die Brusttasche meines Hemds.

Das Trinken hatte mir gutgetan, ich fühlte mich freier, atmete tief und machte kräftige Schritte. Doch die Flüssigkeit in meinem Magen bewirkte auch etwas anderes. Verrückte Dinge stellte ich mir vor: Schöpsenfleisch und Klöße. Und Sauerkraut. Und Mohnkuchen. Und Apfelmus. Ich saß am Tisch im Haus an der Himmelsstiege, Großmutter schenkte dem Puppenkönig Korn ein, auch ich bekam ein Glas, eines mit dickem, hohem Stiel, der Puppenkönig hob es und sagte etwas, das ich nicht verstand. Ich sah zwar, daß er die Lippen bewegte, doch die Wörter erreichten mich nicht. Stattdessen hörte ich Vogelrufe, Wind, der über die Kronen strich. Auch saß ich nicht im Haus des Puppenkönigs, sondern stapfte durch grünen fremden Wald.

Das bißchen Energie, das sich gesammelt hatte, verflog. Die belebende Wirkung war nur von den ersten Schlucken ausgegangen; was ich jetzt trank, rann mir fast schmerzhaft die Kehle hinunter. Ich hatte Hunger. Den konnte das braune Wasser nur für Minuten verdrängen.

Wieder verdichtete sich der Schleier vor meinen Augen, ich schleppte mich von Baum zu Baum, bemerkte voller Entsetzen, wie ich an Stämmen Halt suchte, wie ich die Nägel in die Rinden krallte, um mich festzuhalten und um zu verschnaufen. Je öfter ich stehenblieb, desto schwerer fiel mir das Weitergehen. Ich stolperte, legte schirmend die Hand auf die Büchse, damit der Rest Flüssigkeit nicht verlorenging, das aber beeinträchtigte mein Gleichgewicht, ich schwankte. Das Unterholz riß mir das Gesicht auf. Darum zögerte ich nicht, aus dem Dickicht zu treten, als ich einen Waldweg entdeckte, der ungefähr in die Richtung wies, die ich eingeschlagen hatte. Der Pfad, das sah man, war in letzter Zeit nur selten benutzt worden. Gräser streiften mir die Knie. Nach einer Weile bemerkte ich am erdigen Rand der Vertiefung, die Wagenräder in den Boden gedrückt hatten, etwas Graues, Gelbliches: Pilze.

Ich hockte mich sogleich hin und brach die hellen fleischigen Gebilde. Sie sahen aus wie Birkenpilze, die ich mit dem Puppenkönig im Spätsommer gesammelt hatte. Die Stiele waren dünn und schuppig, die Kappen fühlten sich rauh an, und die Kissen hatten eine weiße Farbe. Der Duft, der mir entgegenströmte, nahm mir fast die Besinnung. Ich überlegte nicht lange und stopfte mir das Zeug in den Mund.

Jeden Bissen kaute ich lange. Das hatte mir der Alte aus Breslau geraten. Hundertmal kauen, hatte der gesagt, und dann ganz langsam schlucken, das hält vor. Dazu trank ich winzige Schlucke aus meiner Büchse.

Ich überlegte, wo der alte Mann inzwischen sein würde. Vielleicht saß er längst in einem Waggon, und ein Zug brachte ihn weiter und weiter nach Osten. Bestimmt vertraute er immer noch auf die Korrektur des Irrtums, dem er zum Opfer gefallen war. Und die anderen beiden, der Handschuhmacher, der Tankwart? Ob sie an Flucht dachten? Ob der Tankwart die Hand über das Messer gleiten ließ? Seltsam, obwohl ich froh war, dem Haufen entronnen zu sein, dachte ich fast mit Heimweh an die Männer. Da war auch das Lied wieder, der Gesang: Ich möcht zu Fuß nach Kölle jon.

Ein Pfauenauge schaukelte über die Gräser. Die Sonne stand hoch am Himmel, ihr Licht stach in eine Schneise. Ich streckte mich und spürte keine Lust zum Aufstehen. Hinzu kam, daß das Summen der Insekten mich einzuschläfern begann. Niemand trieb mich. Also blieb ich liegen, wo ich lag.

Entsetzt riß ich die Augen auf. Schüsse waren gefallen. Mir war, als hätte mich eine Kugel getroffen. Ein Feuer schien in meinem Bauch zu brennen. Vor Schmerzen wälzte ich mich zur Seite. Um mich war Nacht. Ich begriff nicht, was sich ereignete. Die Schüsse, das hörte ich, kamen aus der Ferne. Den Mond sah ich, die weiße Schneise. Zitternd fuhr ich mit der Hand über den Leib, tastete den Bauch ab, darauf gefaßt, mit den Fingern in eine Wunde zu stoßen, in Fleisch und in Blut. Doch die Haut schien unversehrt. Der Schmerz kam von innen. Die Pilze, dachte ich. Die braune Flüssigkeit.

Da würgte es in meiner Kehle, ich warf den Kopf nach vorn. Derweil hämmerten die Schüsse weiter; in der Richtung, aus der der Krach kam, fing der Himmel zu brennen an. Jetzt waren sogar Einschläge von Granaten zu hören. Verwirrt versuchte ich, meine Gedanken zu ordnen. Der Krieg war zu Ende. Sollte er irgendwo wieder angefangen haben? Ich mußte an die Soldaten denken, die ich gestern auf den Lastern beobachtet hatte. Der Lärm kam von dort, wohin sie gefahren waren.

Und wieder quoll es aus meinem Mund; ich hockte im Gras, zusammengekrümmt. Die Schmerzen drohten, mich zu zerreißen; ich dachte: Das ist das Ende.

Mit letzter Anstrengung versuchte ich wegzukriechen. Als ich es geschafft hatte, brach der Dreck erneut aus mir. Ermattet blieb ich liegen. Jetzt war mir alles egal. Ich drehte den Kopf so, daß der Mond über mir stand. Es wollte mir nicht in den Sinn, daß es derselbe war, den ich überm Guckei gesehen hatte.

Da sangen sie wieder. Sehr weit weg hörte ich die Männer singen. Ihr Lied stieg in den Himmel. Ich hätte gern mitgesungen, wenigstens in Gedanken, doch ich wußte den Text nicht.

Unterm Mond flog die weiße Rosa. Die kannte alle Lieder. Immer schon hatte ich erleben wollen, wie sie mit wehendem Haar über die Himmelsstiege flog. Jetzt, endlich, sah ich sie. Einen weißen Schweif zog sie hinter sich her. Das muß ihr Hemd sein, dachte ich. Oder ihr Haar. Sie schwebte über Baumkronen, angestrahlt von einem fernen Feuer, in dem die letzten Schüsse verhallten.

Es dauerte eine Weile, bis ich mich zurechtfand. Ich lag in einer Lache, die an den Rändern zu trocknen begann. Jede Bewegung verursachte mir Schmerzen. Fliegen stoben auf. Ich kam mir vor wie ausgehöhlt. Gierig sog ich Luft in mich hinein, das gab mir eine Ahnung von Frische. Der Geschmack auf meiner Zunge war ekelhaft, das Hemd klebte. Ich versuchte, mich aufzurichten, und sah, daß an meiner Hose Blut krustete. Mir wurde übel dabei. Und abermals stieg etwas hoch in mir. Die Knie, obwohl sie wankten, hielten mich. Es war Tag, die Sonne schien. Ich sah, wie von Baum zu Baum ein Eichhörnchen sprang. Zuerst streifte ich das Hemd ab, dann die Hose. Irgendwann, so hoffte ich, würde ich auf einen Bach stoßen, einen Teich. Ich mußte aufpassen, daß die Bewegungen, die ich machte, nicht zu heftig gerieten, denn mir war schwindlig; die Erde unter mir schien wegzurutschen und mich mitzureißen. Mit beiden Beinen stemmte ich mich ins Moos und überlegte, was zu tun war. Liegenbleiben, vor die Hunde gehen oder mich weiterschleppen, etwas anderes gab es nicht. Ich entschloß mich weiterzugehen. Vielleicht, daß tatsächlich ein Teich kam.

Der Entschluß war leicht gefaßt. Schwerer war es, ihn auszuführen. Die Beine wollten mir nicht mehr gehorchen, das angeschlagene Knie blieb steif. Beim Versuch, es anzuwinkeln, verlor ich den Halt. Verzweifelt blickte ich um mich. Da entdeckte ich, daß der Ast, an dem ich mich emporgezogen hatte, vom Stamm gebrochen war. Ich zerrte ihn mühsam heran, streifte die Zweige ab und schob ihn als Stütze unter den Arm.

Nur die ersten Schritte blieb das Knie steif. Der Stock nahm ihm einen Teil der Last ab, und langsam, unendlich langsam stellte sich die alte Beweglichkeit ein.

Der Weg verlief schnurgerade, wie von einem Lineal gezogen. Ich blickte nicht nach der Sonne und nicht nach den Kronen. Ohne den Kopf zu heben, schwankte ich zwischen den Radspuren dahin. Manchmal flog ein Vogel vor mir auf, und manchmal brach ein Zweig unter meinen Schuhen. Ich achtete nicht darauf. In der Rechten hielt ich den Ast und in der Linken das Bündel mit Hemd und Hose. Außer dem Unterzeug, den Socken und den Schuhen hatte ich nichts an.

Ich wußte nicht, wie lange ich mich auf diese Weise fortbewegt hatte, als ich vor mir, in der Mitte des Weges, einen Stahlhelm entdeckte, von Gras und Unkraut fast überwuchert.

Ich blieb stehen und untersuchte den Fund, er barg weder eine Nachricht noch ein Lebenszeichen. Er war nichts weiter als ein alter deutscher Stahlhelm. Irgend jemand hatte ihn weggeworfen oder verloren. Und dennoch: Bei seinem Anblick wurde ich das Gefühl nicht los, daß er mich auf etwas vorbereitete, womit ich nicht rechnete und was meinem Weg eine neue Richtung wies.

Ich brauchte nicht weit zu gehen, um zu erfahren, was es mit dem Fund auf sich hatte. Vor mir erhob sich das Gestell eines Kübelwagens, dessen Vorderteil wie bei einem springenden Pferd nach oben gerichtet war, die Räder hingen starr in der Luft. Der Wagen schien auf eine Mine gefahren zu sein, vielleicht auch war er aus dem Hinterhalt mit Handgranaten angegriffen worden. Das Loch im Erdreich unter dem Chassis hatte sich mit gelben Wasser gefüllt. An den Metallflanken erkannte ich die weißumrandeten schwarzen Kreuze. Ein Kübelwagen der Wehrmacht also.

So tief in den Wald verirrt sich kein Fahrzeug, sagte ich mir. Also muß in der Nähe eine Siedlung sein, ein Dorf, eine ehemalige Stellung. Da sah ich zwei Tote. Der eine hing mit dem Oberkörper seitlich aus dem Wagen, der andere lag im Unterholz, die Arme ausgebreitet wie ein Fliegender. Gesichter und Gliedmaßen waren kaum zu erkennen, das Fleisch, schwärzlich und seltsam glänzend, begann sich von den Knochen zu lösen. Fliegenschwärme stoben auf. Die Toten trugen weder Stiefel noch Koppelzeug. Und natürlich hatten sie keine Waffen.

Ich wollte kehrtmachen, es würgte mir in der Kehle; jeden Moment, so fürchtete ich, würde ich mich übergeben müssen. Doch eine unsichtbare Gewalt zwang mich näher. Es war, als lockte sie mit einem Geheimnis. Vorsichtig fing ich an, das Fahrzeug zu untersuchen. Vielleicht, daß mir etwas Brauchbares in die Hände fiel, eine Landkarte, ein Messer, ein Feuerzeug. Doch außer Patronenhülsen, einem Korkenzieher und zerknüllten Öllappen fand ich nichts. Ich wollte mich schon wieder zurückziehen, da entdeckte ich hinter der Klappe neben dem Lenkrad eine flache Blechschachtel. Die war rund, etwas größer als meine Handfläche, und ließ sich aufschrauben. Als ich den Inhalt sah, durchfuhr es mich freudig: Schokolade. Offenbar schon mehrfach geschmolzen und wieder hart geworden, hatte sie einen weißlichen Belag angesetzt, doch das störte mich nicht. Hastig kratzte ich mit den Fingernägeln etwas heraus. Gemessen an dem, was ich seit Tagen zu mir genommen hatte, empfand ich das ranzige Zeug als fürstliche Mahlzeit, als Delikatesse. Überdies hoffte ich auf seine Wirkung als Medizin.

Neben dem Fach befand sich eine weitere Klappe, doch da konnte ich nicht hin, der Tote lag davor. Meine Neugier, angestachelt durch den Fund, war so groß, daß ich den Toten einfach zur Seite schob. Er hatte nun keinen Halt mehr und schaukelte auf der Türkante, daß es aussah, als bewegte er sich. Mir wurde ganz anders. Rasch machte ich das Fach auf. Meine Hand stieß auf Streichhölzer, dann kriegte ich einen Kamm zu fassen und schließlich Zigaretten, eine ganze Packung. Obwohl ich kein Raucher war, nahm ich alles an mich. Durch die Bewegung, die ich machte, hatte ich den Toten berührt; der rutschte nach vorn, kippte kopfüber. Ich erstarrte. Als er aufschlug, glaubte ich, einen dumpfen Schrei zu hören. Der Schrei fuhr mir durch Mark und Bein. Es war, als hätte ihn jemand durch geschlossene Lippen gepreßt. So hatte ich noch niemanden schreien gehört.

Mir wurde hundeelend, ich wartete darauf, daß der Kopf des Toten über der Türkante erschien, daß die Kiefer sich bewegten und der Mund redete.

Entsetzlicher Gestank breitete sich aus, ich mußte mich übergeben. Da merkte ich, daß ich gar nicht erstarrt war, daß ich mich bewegen konnte. Und da es ruhig blieb, da nur das Gesumm der Fliegen zu hören war, kroch ich rückwärts aus dem Wagen. Zitternd verstaute ich die Beute in meinem Bündel und machte, daß ich fortkam. Mir tat alles weh, ich konnte kaum ein Bein vor das andere setzen. Der Tote hatte kein Gesicht gehabt, doch er hatte geschrien. Das saß mir tief in den Knochen.

Plötzlich war der Wald zu Ende. Ich sah Felder, Buschwerk und mittendrin, unter Obstbäumen, drei oder vier Gehöfte. Das Bild überfiel mich mit solcher Macht, daß ich zunächst an eine Halluzination glaubte. Erst als ich den Anblick in aller Ruhe in mich aufnahm, wußte ich, daß ich tatsächlich vor einer Siedlung stand. Die Dächer, so schien es, waren eingestürzt oder verbrannt. Nirgendwo stieg Rauch in den Himmel, nirgendwo hing Wäsche auf einer Leine. Entweder hatten die Bewohner die Siedlung verlassen, oder sie waren tot. Ich fand das seltsam. Schließlich war der Krieg schon lange zu Ende. Auf den Feldern mußte die Ernte beginnen.

Vier Gehöfte zählte ich, dazu kamen Stallungen und Scheunen. Um ein Dorf konnte es sich nicht handeln, es fehlte der Kirchturm. Wahrscheinlich hatte ich es mit einem vorgeschobenen Ortsteil zu tun. Hinter den Häusern, auf den Horizont zu, begann der Wald von neuem; ich sah einen blauen Streifen dort. Die Augen schmerzten, wieder machte mir der Schleier zu schaffen. Das ist der Hunger, sagte ich mir. Noch ein paar Tage im Wald, und ich hätte mein Testament machen können. Bei diesem Gedanken mußte ich lächeln. Die paar Habseligkeiten und ein Testament.

Irgendwann und irgendwo aber fängt alles an. Nach den überraschenden Funden, die ich auf dem Waldweg, bei den Toten, gemacht hatte, zog es mich zur Siedlung. Wenigstens etwas zum Anziehen hoffte ich zu finden, vielleicht sogar eine Waschgelegenheit.

Vögel kreisten über den Höfen. Das deutete auf Leben hin. Doch weder auf den Wiesen noch zwischen den Häusern nahm ich auch nur die geringste Bewegung wahr. Auf den Weiden graste kein Vieh, auf den Feldern arbeitete kein Mensch. Die Stille war unheimlich.

Ich überlegte, ob ich bis zum Dunkelwerden warten sollte. Wenn sich bis dahin nichts geregt hatte, durfte ich wohl sicher sein, daß die Siedlung verlassen war. Doch die Unruhe trieb mich. Ein Stück von mir entfernt hatte ich eine Holunderhecke bemerkt, die sich bis zur Siedlung erstreckte. In ihrem Schutz, so rechnete ich mir aus, müßte es möglich sein, die Höfe unbemerkt zu erreichen. Also brach ich auf. Immer wieder blieb ich stehen und lauschte. Kein Hund schlug an, keine Tür fiel ins Schloß.

Mit einem Ast bewaffnet, nur im Unterzeug, so betrat ich schließlich die Siedlung.

Die Häuser waren tatsächlich ausgebrannt und verlassen. Nur die Mauern standen noch, Dächer und Balken waren verkohlt; es schien, als hätte jemand in letzter Minute das Feuer zu löschen versucht. Trichter von Granateinschlägen oder von Bombenexplosionen konnte ich nicht feststellen. Auch die Ställe fand ich leer. Nicht einmal eine Katze hockte in der Sonne. Vereinzelt führten Strohspuren von den Scheunen weg und verloren sich im Sand.

Gleich der erste Brunnen aber gab Wasser. Ich würde mich endlich reinigen können. Vorfreude durchzitterte mich: Wasser. Schon machte ich die nächste Entdeckung: In den Baumkronen hingen Äpfel, winzige grüne Dinger, nicht größer als Daumen. Bei ihrem Anblick lief mir der Speichel unter der Zunge zusammen; ich schmeckte schon den Saft reifer Früchte.

Vorsicht, warnte eine Stimme in mir. Ich mußte an das Erlebnis mit den Pilzen denken, an die Erfahrung mit Spindlers Milch. Es galt also nachzusehen, ob es nicht etwas anderes für mich gab, Kartoffeln zum Beispiel oder ein vergessenes Einweckglas.

Da entdeckte ich auf dem Sockel vor einem Marienbildnis Mohnblumen. Verwundert trat ich näher. Die Blumen waren frisch, jemand schien sie erst vor Stunden gebracht zu haben. Erschrocken blickte ich um mich.

In diesem Moment hörte ich vom Horizont her ein Geräusch. Das kam mir bekannt vor. Genauso hatte der Motor des Doppeldeckers geklungen, aus dem sich der Arm mit der Bombe gereckt hatte. Da sah ich die Maschine schon. Im Tiefflug näherte sie sich dem Rudel der Höfe. Rasch glitt ich in einen Hauseingang. Hier war es kühl, es roch nach verkohltem Holz, nach Moder und – Kartoffeln.

Das Flugzeug, das inzwischen die Siedlung überflogen hatte, schien zurückzukehren. Der Lärm schwoll an, zu meinen Füßen klirrten Glasscherben. Für einen Moment durchzuckte mich die Vorstellung, der Pilot könnte mich gesehen haben, doch was hieß das schon. Bestenfalls hatte er einen Burschen in Unterhosen entdeckt. Außerdem: Etwas anderes war auf einmal viel wichtiger: Kartoffelgeruch, der aus dem Dunkel des Kellers zu mir heraufstieg.

Ich fand Stufen und mußte mich bücken. Das Loch war eng, auch fiel es mir schwer, etwas zu erkennen. Der schnelle Übergang vom Licht zur Dunkelheit nahm mir die Sicht. Gut, daß ein Geländer den Weg wies. Flugzeug und Mohnblumen waren vergessen. Ich stieg hinab ins Paradies, Stufe um Stufe.

Der Keller war niedrig. Durch einen Schlitz in der Wand fiel schwaches Licht. Mir gegenüber konnte ich ein Regal erkennen. Das weckte Vorstellungen von Obststiegen, von Gurkentöpfen und Eingemachtem. Doch wie ich einen Schritt auf das Regal zuging, wuchs etwas Graues vor mir auf und sprang mich an. Ich sank zusammen und spürte im Fallen, wie meine Hände das Graue mit sich rissen, wie die Fingernägel sich in Fleischigem festkrallten. Dann wälzten wir uns auf dem Boden, das keuchende, wilde Etwas und ich. Oben war unten, und unten war oben, wir schlugen aufeinander ein. Das war kein Tier, kein Hund, das war ein Mensch. Verzweifelt versuchte ich, ihn von mir wegzudrücken. Da stieß er mir seinen Schädel in den Leib, ich schrie vor Schmerz, und während ich schrie, während ich röchelte, quoll stinkender Brei aus meinem Mund, ich hörte, wie das Zeug dem anderen ins Gesicht klatschte; im gleichen Moment fuhr mir seine Faust zwischen die Augen, mir war, als zerbräche die Stirn, ich zog das Knie an, trat dem anderen in den Bauch, er schlug nach hinten, bäumte sich auf, jetzt konnte ich seine Umrisse erkennen; sein Körper, der auf einmal ins Riesenhafte zu wachsen schien, senkte sich auf mich herab, ich prallte mit dem Hinterkopf gegen die Wand; blaues, fast weißes Licht stob auf, das Licht glitt über mich hinweg, Scheinwerferstrahlen waren das, ich lag auf einer Wiese, und die Männer an meiner Seite sangen: Ich möcht zu Fuß nach Kölle jon. Voller Inbrunst sangen sie, es hörte sich an wie ein Choral.

Als ich die Augen aufmachte, war es finster. Ich hatte das Gefühl zu frieren und wollte die Decke hochziehen, doch da merkte ich, daß keine Decke da war, daß ich auf feuchtem Boden lag. In einiger Entfernung zitterte ein Lichtpunkt: eine Zigarette. Allmählich traten Umrisse aus der Dunkelheit. Die Umrisse zeichneten eine Gestalt, die unter dem winzigen Fensterschlitz hockte, den Rücken an der Wand. Vor der Gestalt, auf dem Fußboden, lag die Schachtel mit der Schokolade.

Die Gestalt schien bemerkt zu haben, daß ich aufgewacht war; sie redete mich in einer Sprache an, die ich nicht verstand, russisch oder polnisch.

Ich zuckte mit den Schultern.

Nix verstehn? Nun sprach die Gestalt deutsch. Die Stimme klang heiser, fast gebrochen. Es war die Stimme eines jungen Mannes. Nix verstehn?

Nein, sagte ich.

Eine Weile herrschte Stille, ich hörte nur Atemzüge. Deutscher? fragte die Stimme.

Ja.

Ich wunderte mich, daß mir das Wort so leicht über die Lippen kam. Seit Tagen hatte ich nicht gesprochen, alle Glieder taten mir weh, der Schädel brummte. Ich fuhr mit der Hand über den Nacken. Da hing ein zweiter Kopf, eine Beule, die sich unter der Berührung schmerzhaft spannte. Dumpf erinnerte ich mich, gegen eine Wand gefallen zu sein. Ich war in den Keller gekommen, und jemand hatte mich überfallen. Der Fremde.

Da kam er zu mir gekrochen, mühsam, wie es schien, und ebenfalls unter Schmerzen; er nahm eine Zigarette, steckte sie an seiner an und schob sie mir in den Mund. Ich sah, daß es eine von denen war, die ich bei den Toten gefunden hatte. Als die Glut aufglomm, konnte ich für Sekunden das Gesicht des Mannes erkennen. Es war braungebrannt und jung, doch die Augen hatten einen seltsam stumpfen Glanz, Schweiß rann ihm von der Stirn, er strömte Hitze aus.

Und du? fragte ich. Du Pole?

Polak, murmelte er.

In dieser Betonung hörte ich das Wort zum erstenmal, er legte alles Gewicht auf die zweite Silbe. Dann fügte er einen Satz in derselben Sprache hinzu und bekreuzigte sich. Tatsächlich: Er hockte vor mir und schlug ein Kreuz. Ich mußte an die Mohnblumen denken.

Langsam zog ich an der Zigarette. Dabei hatte ich das Gefühl, als stieße mir jemand eine Fackel in den Schlund. Ich mußte husten, das Kreuz brach mir fast auseinander.

Der Pole sah mich erstaunt an. Wahrscheinlich wunderte er sich darüber, daß ich, ein Deutscher, nicht rauchen konnte. Sein Atem flog. Wieder spürte ich die Hitze, die von ihm ausging. Die Haare klebten ihm an der Stirn. Da wußte ich, daß er Fieber hatte. Mein Selbstbewußtsein stieg. Du krank? fragte ich.

Er antwortete nicht. Statt dessen wollte er wissen, ob mich der Flieger gesehen hätte. Er ist zurückgekommen, raunte er mit flatterndem Blick.

Ich begriff nicht, woher auf einmal seine Furcht kam. Gesehen oder nicht gesehen, brummte ich.

Er preßte den Kopf an die Wand, sein Körper wurde geschüttelt. Plötzlich hob er die Hände zur Hüfte, als brächte er eine MPi in Anschlag. Rattattattatam, machte er.

Ich starrte ihn an.

Rattattattam.

Mir wurde himmelangst. Hatte ich es mit einem Geisteskranken zu tun? Einem von denen, die der Krieg verstört hatte?

Tot, murmelte er. Oder … Er nahm die Hände über den Kopf und bewegte die Schultern, als würde er mit erhobenen Armen in Gefangenschaft gehen.

Gefangenschaft? fragte ich.

Lager, sagte er. Ich Lager. Du Gefangenschaft.

Da war ich nahe daran, ihm zu verraten, woher ich kam, doch ich schwieg. Erst mußte ich erfahren, was den anderen hierher getrieben hatte.

Er kam mir zuvor. Was du suchen hier? wollte er wissen. Ich sah, wie seine Brust sich hob und senkte. Was du machen? Er zeigte auf meine Unterhosen. Niemiec, sagte er. Deutscher.

Hab Pilze gegessen. Im Wald. Giftige. Und die Scheißerei gekriegt.

Im Wald? Er bekreuzigte sich erneut und starrte mich an.

Warum du Angst vor Flieger? fragte ich. Warum du machen Rattatam?

Du nix wissen? Er musterte mich ungläubig.

Nein, sagte ich.

Da brummte er etwas in seiner Sprache und überlegte. Schließlich blickte er weg und sagte mit merkwürdiger Betonung: Sperr-ge-biet.

Mir fiel es wie Schuppen von den Augen. Deshalb war ich keiner Seele begegnet. Deshalb die Toten auf dem Weg. Deshalb die ausgestorbene Siedlung, die verwahrlosten Felder. Aber warum, warum war hier Sperrgebiet?

Er antwortete nicht. Sein Schweigen war kein Ausdruck von Abwehr oder Verschlossenheit, das spürte ich. Vielmehr schienen ihm Schmerzen zuzusetzen. Vorsichtig berührte er mit der Hand das rechte Bein und stöhnte. Als er an den Oberschenkel kam, verzog sich das Gesicht.

Ich kroch zu ihm und sah, daß das Bein unter der Hose umwickelt war. Fragend blickte ich zu ihm auf.

Er preßte die Lippen zusammen. Nach einer Pause aber zeigte er auf den Oberschenkel und machte: Peng.

Rattatam? fragte ich.
Er nickte.

Da lagen wir nun, ein Niemiec und ein Polak, beide im selben Keller und beide lädiert. Irgend jemand hatte auf den Polen geschossen. Aber wer? Und warum? War er in der Siedlung zu Hause? Oder war er nur gekommen, weil er jemanden suchte? Hatte ihn womöglich das Flugzeug überrascht? Er schien etwas von meinen Fragen zu spüren, denn er zog die Hose aus und zeigte mir den Verband, zwei Küchentücher, die er sich um den Oberschenkel gewickelt hatte. Die Tücher waren klebrig und durchnäßt. Vorsichtig löste er sie ab. Ich sah Blut und Eiter und eine schillernde Wunde. Eine Kugel war ihm durchs Bein gefahren, vorne rein und hinten raus oder umgekehrt.

Der Flieger? fragte ich.

Er schüttelte den Kopf. Dziecko, sagte er.

Ich verstand nicht.

Er hob die Linke waagerecht in die Höhe, deutete damit etwas Kleines, Winziges an und meinte: Chlopiec.

Auch was chlopiec hieß, wußte ich nicht. Da schien ihm das deutsche Wort dafür einzufallen. Knabe, sagte er.

Knabe? Ich glaubte, mich verhört zu haben. Ein Kind hatte auf ihn geschossen? Ein Kind? fragte ich.

Er nickte und machte mit der Linken mehrmals die Bewegung von vorhin.

Mehrere Kinder?

Tak. Viele Kinder. Grupa. Jetzt lachte er sogar.

Vielleicht hatte ich es tatsächlich mit einem Irren zu tun. Warum sollten Kinder auf ihn, einen Polen, geschossen haben, noch dazu jetzt, da der Krieg zu Ende war, und mitten in Polen? In diesem Moment wurde mir bewußt, daß die Vorstellung, die ich von der Zeit nach dem Kriege hatte, aus der Erfahrung der Vorkriegsjahre stammte, aus der Kindheit zwischen Himmelsstiege und Guckei. Und wenn das alles nicht mehr existierte? Wenn es vielleicht nie existiert hatte? Wenn es sich um die Erfindung des Puppenkönigs handelte? Ich mußte an die Schüsse denken, die ich nachts gehört hatte. Die Toten sah ich, und ich hörte den Polen sagen: Sperr-ge-biet. Sein Gesicht war dicht vor mir, Schweiß lief ihm über die Haut, in seinem Atem zitterte Hitze wie von einem Backofen. Du mußt zum Doktor, sagte ich.

Nein! schrie er und riß die Augen weit auf.

Ich erschrak vor seinem Blick. Das war ein Blick aus dem Abgrund. Angst war in ihm, Haß und etwas, das ich nicht kannte. Ein Pole und ein Deutscher, dachte ich. Noch vor kurzem wären sie aufeinander losgegangen, hätten sie aufeinander geschossen. Seltsam: Ich sah uns wie ein Beobachter. Ich wußte nicht, was die beiden, die ich sah, im nächsten Moment tun würden. Der eine war ich, und dieser eine dachte: Wenn er dich anfällt, gehst du ihm an die Gurgel. Die Daumen auf den Adamsapfel und fest zugedrückt. Das hatten wir bei Zamek gelernt.

Der Pole machte die Zigarette aus. Das Feuer in seinen Augen schien erloschen; der Abgrund, in den ich für Sekunden geblickt hatte, war wieder geschlossen. Er sah mich an und lächelte. Es war ein erschöpftes, trauriges Lächeln, und es verwirrte mich vollends. Ich murmelte: Draußen ist ein Brunnen. Ich dachte an die Tücher, wollte sie reinigen. Vor allem aber wollte ich zu mir selber kommen.

Er schüttelte den Kopf. Erst du essen, sagte er.

Ich muß wohl ein ziemlich dummes Gesicht gemacht haben, denn er lachte, tatsächlich, er lachte. Mit seinen glasigen Augen, vom Fieber geschüttelt, lachte er. Dabei blitzten in der Dunkelheit seine Zähne. Mensch Meier, sagte er in gebrochenem Deutsch. Dabei zeigte er in die Ecke des Kellers. Dort hatte er aus Feldsteinen und einem Stück Eisengitter so etwas wie eine Kochstelle gebaut. Verkohltes Holz zum Brennen lag genügend herum. Doch nicht in die Ecke kroch er, sondern unter den Fensterschlitz. Ich erfuhr auch sogleich, warum. Unter seinen Sachen zog er ein frisches Handtuch hervor. Ich rutschte hin und half ihm, einen neuen Verband anzulegen. Dabei sah ich, daß die Kugel den Knochen nicht verletzt hatte, sondern durchs Fleisch gedrungen war. Das würde bald heilen, ich wußte es. Er mußte nur aufpassen, daß die Wunde sauber blieb. Das Fieber schien ihm hart zuzusetzen. Ich hörte, wie die Zähne aufeinanderschlugen.

Großmutter hatte mir in solchen Fällen feuchte Wickel gemacht. Das Wasser in unserem Brunnen war eiskalt, es kam direkt aus den Bergen. In dieses Wasser hatte die alte Frau Tücher getaucht und danach um meine Waden gelegt. Die Kälte zog das Fieber aus dem Körper. Ich nahm mir vor, dem Polen solche Umschläge zu machen. Der aber zeigte zur Feuerstelle.

Dort stand ein Topf mit Pellkartoffeln. Die konnte ich nicht stehenlassen. Ich zog sie zu uns, wir aßen sie samt Schale. Dazu gab es Pflaumenmus. Das schöpften wir mit den Händen aus einem Tonkrug. Es war wie im Märchen.

Als ich mit den Lappen vom Brunnen kam, fand ich den Verwundeten auf dem Fußboden. Sein Atem ging kurz. Halb zur Seite gedreht, den rechten Arm unter den Kopf geschoben, so lag er vor mir und schlief. Die Hitze, die von ihm aufstieg, roch nach saurer Milch und nach Pflaumenmus. Für einen Augenblick durchzuckte mich der Gedanke, ihn liegenzulassen und das Weite zu suchen. Ich wußte immer noch nicht, wer er war und was ihn in diesen Keller getrieben hatte. Die schlimmsten Vorstellungen plagten mich. Er konnte ein Mörder sein, ein entsprungener Sträfling. Vielleicht ein Geisteskranker, der seine Opfer zerstückelte. Dann aber sah ich die aufgerissenen Augen, hörte das entsetzte Nein! Und gleich darauf sah ich ihn lächeln, hörte ihn Mensch Meier sagen und dachte: Ein armer Hund. Einer, der auf der Flucht ist wie du. Darum beugte ich mich zu ihm und legte ihm das nasse Tuch auf die Stirn. Er regte sich, verzog die Lippen wie unter Schmerzen und schlief weiter. Aus dem Mundwinkel sickerte Speichel.

Was sollte ich tun? Warten, bis er munter wurde? Ihn aus dem Schlaf holen? Zuerst durchsuchte ich seine Sachen. Vielleicht, daß ich etwas fand, das mich auf eine Spur brachte. Doch die Suche blieb ohne Erfolg. Seine ganze Habseligkeit bestand aus einer zerlumpten Jacke, einem Ledergurt, den Zigaretten und der Büchse mit der Schokolade. Ich fand weder eine Uhr noch Papiere noch so etwas wie eine Waffe. Der Fremde blieb mir ein Rätsel.

Ich wußte nicht einmal seinen Namen, und ich wußte nicht, wie alt er war. Achtzehn, schätzte ich. Oder neunzehn. Jetzt, da das Licht aus dem Fensterschlitz auf sein Gesicht fiel, konnte ich um die Nase herum Sommersprossen erkennen. Die Haare, verschwitzt, verklebt, schienen blond zu sein, hell wie die Gerste auf den Feldern. Die Schultern gingen auf und nieder, viel zu schnell, wie ich fand. Er atmet nicht genügend durch, dachte ich. Und ich überlegte, ob es nicht besser wäre, ihn aus dem feuchten Keller in eine der Scheunen zu schleppen. Das Waschen am Brunnen hatte mir gutgetan. Nur die Beule am Hinterkopf machte mir zu schaffen, ich durfte sie nicht berühren. Auch das Knie schmerzte noch, doch die Schritte fielen mir nicht mehr so schwer wie am Morgen.

Als ich vor die Tür trat, überschwemmte mich erneut Hitze. Am Himmel sangen Lerchen, in den Apfelbäumen lärmten Spatzen. Ein Gefühl wie Frieden war auf einmal da. Ich schaute mich um. Kein Flugzeug, keine Soldaten. Nicht einmal ein Hund. Die Hosen waren längst getrocknet. Sie fühlten sich steif an und kratzten, doch mit jedem Schritt, jeder Bewegung wurden sie geschmeidiger.

Vorsichtig untersuchte ich die Umgebung. In einem verlassenen Nest, im Stroh einer Scheune, fand ich Hühnereier. Eines davon schlug ich auf und trank es leer. Es schmeckte wie die Eier aus dem Korb der Großmutter. Der hatte immer unter der Treppe gestanden, zugedeckt mit einem schwarzen Tuch.

Ich besah mir die Scheune von allen Seiten. Hierher wollte ich den Polen bringen. Durch die Ritze wehte ein leichter Wind. Der war besser als die Luft im Keller.

Als ich zu ihm trat, mit einem frischen Lappen, schlief er noch. Behutsam wechselte ich den Umschlag. Danach schob ich ihm die Jacke unters Kreuz. Der Fußboden bestand aus festgetretenem Lehm. Der hielt die Feuchtigkeit das ganze Jahr. Kaum hatte ich mir die Folgen ausgemalt, die ein Aufenthalt in diesem Keller haben könnte, fing ich auch schon zu frieren an. Tagelang hatte ich unter der sengenden Sonne gestöhnt, jetzt zog es mich ins Freie.

Die Spatzen lärmten wie vorhin, Wind strich über die Felder, am Himmel schwebte ein Bussard. Auf einmal hatte ich Zeit. Zum erstenmal seit Wochen wußte ich nicht, was ich mit mir anfangen sollte. Ich lehnte an der verrußten Hauswand, beobachtete den Flug des Bussards und dachte: So also sieht der Friede aus.

Das Bild der Himmelsstiege stand vor mir. Ich hatte das Gefühl, daß ich nur hineinzugehen brauchte in dieses Bild. Spindlers Schuppen sah ich, das Haus des Puppenkönigs mit dem heruntergezogenen Dach und dahinter, schon am Waldrand, den Flötenbaum. Die Luft roch nach geschälten Fichten, Vögel riefen, und am Himmel, über mir, kreiste ein Bussard.

Gesine hatte ihr weißes Kleid an und sagte: Wollen wir nach Hause fliegen? Da merkte ich, daß ich gar nicht auf der Himmelsstiege stand. Daß mich ein Traumbild narrte. Gesine konnte zaubern. Das Scheunentor ging auf, und ich erkannte den Schlitten. Sie bat mich einzusteigen und griff nach der Peitsche. Die war aus purem Silber. Ein Knall, ein Schnalzen mit der Zunge, wir flogen los. Den Kübelwagen sah ich von oben, die Toten im Gras. Aus einem der Höfe kam der Pole gehumpelt, winkte mit seinem Lappen herauf. Du, Kamerad! hörte ich ihn rufen.

Er stand hinter mir, keuchend. Ich hatte nicht gemerkt, wie er über die Schwelle gewankt war. Das trockene Tuch in der Hand, so starrte er mich an.

Ich sah ihn zum erstenmal in voller Größe. Die Schultern wirkten schmal, die linke hing etwas herab. Er stand im Gegenlicht, so daß ich sein Gesicht kaum erkennen konnte, doch ich spürte ein Flackern in seinen Augen. Mit der Rechten stützte er sich auf einen Sims. Ich mußte ihm wohl erklären, was ich hier draußen suchte. Dort, die Scheune, sagte ich. Da kannst du liegen. Im Keller holst du dir den Tod.

Er musterte mich mißtrauisch und schüttelte den Kopf.

Dort trocken, wiederholte ich.

Wir brauchten nicht weiterzureden, das Surren des Doppeldeckers nahm uns die Entscheidung ab. Die Maschine kam vom Wald her und flog ganz niedrig. Es war, als donnerte sie direkt auf uns zu.

Mit zwei, drei Schritten waren wir im Haus. Der Pole schwankte, ich stützte ihn. Precz! keuchte er, was wohl soviel hieß wie: Fort. Ich sah, daß er am ganzen Körper zitterte. Warum du Angst? fragte ich, als wir wieder in unserer Gruft hockten.

Er antwortete nicht, blickte statt dessen nach der Decke und lauschte dem Geräusch des Flugzeugs, das sich entfernte und näherkam und sich wieder entfernte, und als nichts mehr zu hören war, flüsterte er: Du wissen, wer das ist: Parandowski?

Nein.

Parandowski bekannt, überall.

Ich kriegte mit, daß er von seinem Kommandeur sprach. Er war also Soldat. Deserteur?

Partisan, keuchte er. Er hatte unter Parandowski gegen die Deutschen gekämpft. Als Angehöriger der sogenannten Landesarmee, die von einer Londoner Exilregierung geführt wurde. Später, als der Krieg zu Ende ging, hatte Parandowski die Waffen nicht hingelegt, sondern den Kampf fortgesetzt, diesmal gegen die Russen und gegen die Volksarmee. Am hellichten Tage, so erfuhr ich, überfielen Parandowskis Leute Bahnstationen und Militärstützpunkte. Deshalb das Sperrgebiet. Die neue Regierung wollte Parandowski von jeder Verbindung mit der Außenwelt und jedem Nachschub abschneiden. Polak gegen Polak. Mein Gegenüber schüttelte den Kopf. Er hatte genug Tote gesehen und wollte, daß Schluß war damit. Nix mehr Rattattatam, du verstehen?

Ich nickte.

Auf der Flucht war er von einer Kinderbande überfallen worden, elternlosen kleinen Polen, Litauern und Deutschen, die durch die Wälder zogen und Waffen suchten. Als er sich wehrte, hatte ihm eines der Kerlchen kurzerhand ins Bein geschossen. Zum Glück war die Kugel nicht steckengeblieben. Er hatte sich bis zur Siedlung schleppen können, nun aber begann die Wunde zu eitern.

Willst du nicht doch zu einem Arzt? fragte ich.

Er stieß mich zurück. Du nicht verstehen? Er hob die Rechte vor mein Gesicht, spreizte zitternd die Finger. Lager! rief er. Oder ... Er machte die Bewegung des Kopfabschlagens. Ein Pole. Er gehörte zu den Siegern, doch er hatte Angst vor den eigenen Leuten.

Vielleicht, so dachte ich in diesem Moment, kommt es gar nicht darauf an, ob einer Deutscher ist oder Pole. Vielleicht war etwas anderes wichtiger: auf welcher Seite man stand. Aber ging das überhaupt: Konnten Polen und Deutsche auf derselben Seite stehen? Verlief die Grenze am Ende nicht zwischen den Völkern, sondern ganz woanders?

Wieviel Jahre? fragte der Pole.

Sechzehn. Und du?

Neunzehn.

Am Abend brachen wir auf. Ich hatte aus Zaunlatten eine Krücke gefertigt, die er sich unter die Achsel schob. Er ging voraus, und es hörte sich an, als humpelte der Puppenkönig vor mir her. Acht Zigaretten besaßen wir, Streichhölzer, eine halbe Büchse Schokolade, ein Leinentuch voll Kartoffeln, sieben Eier, die ich aus der Scheune geholt hatte, und einen Tonkrug mit Pflaumenmus.

Der Pole schien den Weg zu kennen, die Sterne flackerten, wir schleppten uns auf den schmalen Streifen Helligkeit zu, der Himmel und Erde verband und vor dem schwarzzackig und scharf ein fremder Wald stand.

VI

Er hieß Stanisław. Das ł mit Querstrich wird im Polnischen fast wie ein w gesprochen, Staniswaw also. Zu Hause wurde er Staschek gerufen, das ist die Koseform von Staniswaw. Staschek war in einem galizischen Dorf zwischen Strohdächern und Viehkoppeln aufgewachsen. Der Vater hatte bei der Polnischen Staatsbahn gearbeitet; die paar Morgen Land, die sie bewirtschafteten, reichten nicht aus, sechs hungrige Mäuler zu stopfen, die Eltern, drei Kinder und Babka, die Großmutter. Staschek wird nie vergessen, wie sich die ganze Familie, mit Ausnahme der Großmutter, wenige Tage vor dem Kriegsausbruch mit Freifahrtscheinen der Polnischen Staatsbahn zur Hochzeit des Ältesten nach Rawicz aufmachte, das lag im Westen, nur wenige Kilometer vor der deutschen Grenze, an der Bahnlinie Breslau – Posen.

Nachts schrien die Frösche dort, über den Wiesen hingen Nebel, doch es blieb keine Zeit für Lieder an den Mond. Der Wodka war noch nicht verdampft, da ging es los: Gedröhn von Flugzeugen. Und in der Ferne: Schüsse. Irgendwo begannen Glocken zu läuten. Geräusche und Bilder, die sich dem Jungen tief ins Bewußtsein gruben. Die Braut mit aufgelöstem Haar am Fenster, hinter ihr das entsetzte Gesicht des Bruders. Und am Morgen ein Bild wie im Kino: Ulanen, die auf ihren Pferden über Stoppelfelder sprengten und brennende Fackeln in die Schober stießen. Das Korn sollte dem Feind nicht in die Hände fallen.

Kurz darauf rollten Panzer durch die nahe Allee, deutsche. Die Rückkehr in die Heimat war abgeschnitten. Da half auch kein Freifahrtschein. Von Osten her rückte die Rote Armee den Deutschen entgegen. Über die Trennlinie, die zwischen ihr und der Wehrmacht entstand, gab es kein Hin und kein Her. Was also blieb den Leuten aus dem kleinen galizischen Dorf anderes übrig, als sich in der Fremde ein Dach über den Kopf zu suchen und darauf zu hoffen, daß die Babka zu Hause die Wirtschaft zusammenhielt.

Eine alte Werkstatt hinterm Haus der Brauteltern wurde als Unterkunft hergerichtet, Staschecks Vater fand Arbeit bei der Bahn, diesmal der Deutschen Reichsbahn, und der Junge, noch keine vierzehn, kam bei der Paketabfertigung der Post unter. Dort hörte er zum erstenmal den Vorsteher Mensch Meier sagen. Poczta Glowna hieß nun Hauptpostamt. Der Brautvater konnte einen deutschen Großvater ausfindig machen und genoß fortan die Vorrechte der Besatzer. Man braucht sicherlich nicht viel Phantasie, um sich vorzustellen, daß dieser Umstand nicht nur Vorteile brachte. Am schlimmsten traf es die junge Frau. Hochschwanger, so hockte sie zwischen allen Stühlen und heulte sich die Augen aus. Eine Beutedeutsche mit einem Polen als Mann und einem Kind im Bauch, von dem sie nicht wußte, ob es Friedrich oder Fryderyk, Johanna oder Janina heißen sollte. Die Friedrichs waren den Fryderyks und die Janinas den Johannas nicht gut. Mord und Totschlag gingen um. Und als eines Morgens ein LKW vor dem Tor hielt und Polizisten Staschecks Vater und den Mann der Schwangeren abholten, schrie die Mutter halb von Sinnen, daß kein anderer dahintersteckte als der Brautvater.

Da nahmen die fremden Männer die Mutter gleich mit. Sie wehrte sich mit Händen und Füßen, der Vater, verzweifelt, die Dienstmütze in der Hand, wollte ihr beistehen, doch Gewehrkolben stießen ihn zurück.

Das muß wohl der Augenblick gewesen sein, an dem der Weg des Jungen zu Parandowski seinen Anfang nahm. Das Bild des Lasters, der im Morgengrauen dem Horizont entgegenschaukelte, konnte er nicht mehr loswerden, und wenn er schoß, wenn er über Kimme und Korn blickte, sah er die fremden Stahlhelme und zwischen ihnen das Gesicht des Brautvaters. Er knallte ihn ab. Hundertmal schon hatte er ihn abgeknallt wie einen Hund, und er hätte es mit mir, einem Deutschen, nicht anders gemacht, wäre die Nullacht noch in seiner Hand gewesen, die ihn die Partisanenjahre hindurch begleitet hatte. Nic na to nie poradze, murmelte er. Ich kann nichts dafür.

Nun aber, da es nicht dazu gekommen war, brauchten wir uns gegenseitig. Er stützte sich auf die Krücke, die ich ihm gemacht hatte, und ich schleppte die Kartoffeln, den Mustopf und die Eier. Er wäre allein nicht weit gekommen, und mich hätte im Sperrgebiet die nächste Streife geschnappt. Oder ich wäre verhungert. Der Wald vor uns sah aus wie der Wald, den ich hinter mir gelassen hatte. Er war von einem dunklen, fast fleischigen Grün. Die Blätter der Eichen glänzten, als hätte sie ein Regen gespült.

Staschek schien sich auszukennen, wir brauchten nicht immerfort stehenzubleiben und uns zu fragen, ob es besser wäre, nach rechts oder nach links zu gehen. Er hing über seiner Krücke und zog das verwundete Bein hinter sich her; ich sah, wie Schweiß von seinem Gesicht tropfte, und manchmal, wenn er sich umdrehte, schien es mir, als ginge sein Blick durch mich hindurch, in die Ferne, in das kleine galizische Dorf oder nach Rawicz.

Da erzählte ich ihm von der weißen Rosa, von den biemschen Manneln und von der Himmelsstiege und daß ich einem Gefangenentransport entflohen war. Er nickte finster und nannte mich einen Goralen. Gorale mit Doppelkopf, sagte er. Ich fuhr mir in den Nacken. Da hing noch immer die Beule, doch sie tat nicht mehr weh. Ich hatte sie schon vergessen.

Von den Bergen konnte sich Staschek kein Bild machen. In einer Gegend aufgewachsen, in der man von einem Horizont zum anderen blicken konnte, weit über die Ebene, war das Gebirge für ihn so etwas wie für mich das Meer. Ich kannte es aus Büchern und von Bildern, doch ich hatte nie seine Brandung gehört, war nie in seine Wellen getaucht, hatte es nie gesehen.

Unter einem wilden Kirschbaum machten wir halt. Die Früchte hingen zum Greifen über uns, wir pflückten sie von den Zweigen in den Mund. Es war Juli geworden, bald würde ich Geburtstag haben. Und wieder war mir zumute wie in dem Augenblick, da ich den Keller verlassen hatte: Es roch nach Frieden. Mücken summten, irgendwo riefen Vögel. Wir spuckten Kerne aus und grinsten. Das Fleisch der Früchte war dünn, doch es schmeckte wie die Kirschen vorm Haus des Puppenkönigs. Nach einer Weile sah mich Staschek an und sagte: Wisnia.

Kirschen, sagte ich. Wilde Kirschen.

Auf einmal sah ich, daß er die Augen zu verdrehen begann, ganz langsam, wie es schien, und daß auch die Schultern sich drehten, es war, als wollte er sich in die Erde bohren, doch er sackte ganz einfach zusammen, er schlug ins Moos, und die Kirschen, deren Namen er mir eben genannt hatte, sprangen aus seiner Hand. Ich kauerte sofort bei ihm. Er lag da, mit kurzem Atem und verzerrtem Gesicht, und die Augen, nach dem Himmel gerichtet, blickten nicht in den Himmel, sondern zur Seite, seltsam starr und ohne Glanz. Ich rüttelte an seinen Schultern, Speichel schäumte ihm über die Lippen, ich schlug ihm auf die Backenknochen, rief: Staschek! Von Angst erfaßt, schlug ich heftiger und immer wieder, doch er röchelte nur.

Da ließ ich das Schlagen sein und überlegte. Einen Moment lang war in mir die Vorstellung, die Kirschen könnten vergiftet sein. Dann aber sah ich, daß Wundnässe durch seine Kleidung gedrungen war. Über das Gesicht rannen Schweißperlen, die Stirn glühte. Das Fieber, dachte ich.

Vorsichtig versuchte ich, ihm die Hose vom Bein zu ziehen. Ich wollte die Wunde freilegen. Vielleicht, daß ich in der Nähe Wasser fand, mit dem ich ihm einen Umschlag machen konnte. Als ich die Kleidung ein Stück geöffnet hatte, sah ich, daß der Verband verrutscht war. Die Hose, naß und verkrustet, hatte bei jedem Schritt über die Wunde geschabt. Das Fleisch schimmerte dunkelrot, fast blau, es sah aus, als dampfte es.

Staschek stöhnte, er starrte mich an, schien also wieder zu Bewußtsein zu kommen, doch als ich sagte, er sollte liegen bleiben und sich nicht von der Stelle rühren, ich wollte mich nach Wasser umsehen, da reagierte er nicht, und ich hatte erneut das Gefühl, als schaute er durch mich hindurch. Staschek! rief ich und schüttelte seine Schultern, doch er sah weiter durch mich hindurch mit seinen glasigen Augen. Mir wurde himmelangst. Er konnte mich doch jetzt nicht allein lassen. Staschek!

Die Schultern gingen auf und nieder, er lebte. Ich schob ihm den Sack mit den Pellkartoffeln unter den Kopf, klappte die Hose über die Wunde und machte mich auf die Suche nach Wasser, einem Bach, einer Pfütze. Ich zählte die Schritte, blieb stehen und lauschte, ich stolperte und fiel hin, ich raffte mich wieder auf, lieber Gott, murmelte ich, mach, daß ich Wasser finde, daß ich den Polen nicht verliere. Ich durchstreifte Lichtungen, riß Zweige von den Bäumen, Zeichen für den Weg zurück, doch so weit ich auch lief, nirgendwo zeigte sich die Spur eines Rinnsals. Es war, als hätte sich alles gegen mich verschworen. Sonne und Wolken, Himmel und Erde. Verzweifelt machte ich kehrt. Ich beeilte mich nicht. Mir standen Tränen in den Augen.

Staschek lag so, wie ich ihn verlassen hatte. Über der Wunde schwebte eine Wolke von Fliegen. Mit letzter Kraft scheuchte ich das Dreckzeug weg. Staschecks Schultern hoben und senkten sich langsamer als vorhin. Vielleicht, so sagte ich mir, tut ihm das Ausruhen gut. Vielleicht sammelt er neue Kraft. Mit dieser Hoffnung hockte ich mich ins Moos, und weil ich nicht wußte, was ich anfangen sollte, brach ich ein Ei auf und trank es. Abermals hatten sich die Fliegen versammelt. Ich verjagte sie mit der Hand. Die Bewegung verursachte mir Schmerzen im ganzen Körper. Ich wischte Staschek Schweiß von der Stirn und legte mich zu ihm. Eine Weile noch kämpfte ich gegen die Fliegen; ihr Summen entfernte sich, kam wieder, dann hüllte es auch mich ein.

Ich weiß nicht, ob ein Tag vergangen war oder ein Augenblick. Ich sah die schillernde Wolke, und mir schien, als spiegelte sich das Licht der Sonne noch genauso in ihr wie vorher, gleißendes, tanzendes Licht mit einem violetten Schimmer.

Staschek lag nicht mehr auf dem Rücken, sondern zur Seite gewandt. Der Kopf war vom Kartoffelbeutel gerutscht und hatte den Mustopf umgestoßen. Dabei war ein Teil des Inhalts ins Moos gesickert. Ich fuhr mit der Hand hinein. Es war feucht und fühlte sich kühl an.

Da nahm ich das Zeug mit beiden Händen und schmierte es auf die Wunde. Staschek schrie auf vor Schmerz und stieß mir die Hand ins Gesicht.

Ich will dir doch helfen, Staschek!

Deutsches Schwein, du! Er schlug auf mich ein.

Ich schlug zurück. Ich mußte ihn niederhalten, mit der letzten Kraft, die ich in meinem Entsetzen aufbrachte, mußte ich ihn niederhalten und ihm beibringen, daß ich die Wunde kühlen und das Fieber drücken wollte. Das Fieber, hörst du?

Er hörte mich nicht. Der Widerstand in seinem Körper, jäh aufgeflammt, war erloschen. Er lag unter mir und röchelte. Da ließ ich von ihm ab.

Ich wußte, daß er in diesem Zustand nicht laufen konnte. Genauso undenkbar war es, ihn liegen zu lassen und auf ein Wunder zu warten. Bei Zamek hatten wir gelernt, wie man sich in solchen Situationen helfen konnte. Ich suchte mir einen frischen und starken Ast mit vielen Verzweigungen. Auf den mußte der Kranke geschnallt werden. Zu diesem Zweck zog ich ihm den Gurt aus der Hose und rollte den Körper vorsichtig auf das Lager aus Blättern und Zweigen. Dann schlang ich den Gurt unterhalb der Achseln um Brustkorb und Ast und hakte den Verschluß ein. Auf diese Weise war so etwas wie eine Trage entstanden, die ich hinter mir her ziehen konnte. Auch das Leinentuch mit unserem kärglichen Besitz knotete ich daran. Dann ergriff ich den Ast und zerrte das Ganze ein Stück hinter mir her. Stascheks Schuhe schleiften über den Boden, Moos und Gras federten die Last ab.

Ich wußte, daß mein Unterfangen nahezu aussichtslos war, mehr als ein paar Kilometer ließen sich auf diese Weise an einem Tag nicht schaffen, vielleicht aber hatte ich Glück, vielleicht stieß ich auf Wasser. Tatenloses Abwarten wäre Selbstmord gewesen. Also stärkte ich mich noch einmal mit ein paar Kartoffeln, verschlang etwas Pflaumenmus und machte mich auf den Weg.

Alle dreißig oder vierzig Meter blieb ich stehen. Solange der Waldboden eben blieb und keine Wurzeln, umgebrochene Stämme oder Strauchwerk mich zu zusätzlichen Anstrengungen zwangen, kam ich leidlich voran. Der Pole hing bewußtlos in seinem Gurt. Manchmal zuckte er zusammen, oder er schüttelte sich, das übertrug sich auf den Ast und von da aus in meine Arme, und daran merkte ich, daß er noch am Leben war.

Bisweilen, wenn ich den Kopf hob und verschnaufte, glaubte ich, daß sich erneut der Schleier vor meinen Augen bildete. Es war dann, als müßte ich ihn mit meinen Blicken erst durchstoßen, bevor ich die Umgebung in allen Einzelheiten wahrnahm. Ich kriegte es mit der Angst zu tun. Je hoffnungsloser die Lage wurde, desto deutlicher sah ich andere Bilder, Bilder der Rettung, die ich mir in allen Farben ausmalte. Plötzlich, so stellte ich mir vor, müßte ein Holzfäller vor mir stehen. Und er müßte ein Gespann bei sich haben, ein Pferd mit Blechglocken am Zaumzeug, und mich fragen, wohin wir wollten. Zur Himmelsstiege, würde ich sagen, und Staschek würde sein galizisches Dorf nennen. Ich sah den Holzfäller deutlich vor mir. Er trug einen Bart wie Rübezahl, und er hatte viel zu große Stiefel an. Da wandte ich mich an Staschek. Hast du eigentlich ein Mädchen? wollte ich ihn fragen. Ich wunderte mich, daß wir noch nie über Mädchen gesprochen hatten, mit keinem Wort. Doch die Frage blieb mir im Halse stecken. Staschek lag im schwarzen Hochzeitsanzug mit Zylinder auf einem Leinentuch, das im Kontrast zur Farbe der Kleidung weiß aussah, wie ein frisches Laken. Erschrocken riß ich mich aus meinen Gedanken. Du spinnst, rief ich. Da stand ich wieder im Wald, der Holzfäller war weg, und Staschek, auf seinem Lager aus Astwerk und Blättern, hatte ein Gesicht, das scheckig aussah, übersät mit roten und weißen Flecken.

Ich klemmte den Ast, das obere Ende, unter die Achsel, griff mit der Rechten nach hinten, umspannte den kleinen Stamm, stemmte mein Gewicht nach vorn und zog weiter. Zameks Zaubersprüche sprach ich halblaut vor mich hin: Klotz am Bein, Klavier vorm Bauch, ach, wie lang ist die Chaussee. Links 'n Baum und rechts 'n Baum, in der Mitt' 'n Zwischenraum. Rhythmisch schnaufte ich, Schrittmaß und Versmaß miteinander verbindend. Links 'n Strauch und rechts 'n Strauch, in der Mitt' 'n leerer Bauch. Klotz am Bein, Klavier vorm Bauch, ach, wie lang ist die Chaussee. Links 'n Schnee und rechts 'n Schnee, in der Mitte Ach und Weh.

Der Schnee war hart. Wind und Frost hatten an der Oberfläche eine dünne Eisdecke gebildet. In die brach ich ein. Schritt für Schritt dasselbe Geräusch, erst ein heiseres Splittern, dann, wenn der Fuß eintauchte und den Schnee zusammendrückte, ein Knarren. Ich zog Spindlers Wunderschlitten hinter mir her. Die Deichsel hatte ich unter die Achsel geschoben, das silberbeschlagene Lederzeug um die Schultern geschlungen. Die Kufen versanken wie meine Schuhe. Ich stapfte nicht über die Himmelsstiege, sondern durch weites, welliges Land. Staschek lag wie ein Toter auf den Ledersitzen. Hinter der nächsten Wehe sollte das Dorf kommen. Wenn du rechts am Wege drei Pappeln siehst, drei Wächter, hatte er gesagt. Die Pappeln waren längst aus dem Schnee gewachsen, das Dorf aber sah ich nicht. War es eingeschneit, hatte der Nordwind es zugeweht? Da löste sich eine Gestalt von den Bäumen, stiefelte auf uns zu. Es war ein Mütterchen mit einem schwarzen Wolltuch um Kopf und Schultern und hohen Schnürschuhen. Im Widerschein des Schnees kam mir das Gesicht bekannt vor, ich hatte es schon einmal gesehen. Die weiße Rosa? Da fiel mir ein, woher ich es kannte.

Es hatte der alten Frau gehört, die mich am Brunnen beobachtet und die ich für die weiße Rosa gehalten hatte. Sie schien sich nicht zu erinnern, denn sie eilte an mir vorbei, auf den Schlitten zu, beugte sich über Staschek, und Staschek sagte: Babka.

Ich lud die Alte ein, sich auf den schönen großen Schlitten zu setzen, doch sie schüttelte den Kopf, trippelte durch den Schnee und legte sich auf der anderen Seite der Deichsel ins Zeug. Schon mit den ersten Schritten verstand sie es, dem Gefährt eine andere Richtung zu geben, weg von den Pappeln. Wußte sie eine Abkürzung? Sie schwieg, preßte die Lippen zusammen, und ich sah, warum sie nicht wollte, daß wir in die Nähe der Pappeln kamen: An jedem der Stämme hing eine Leiche.

Staschek saß ungerührt im Schlitten und schnalzte mit der Zunge. Wir fuhren auf ein riesiges gelbes Zelt zu, dessen Mastspitzen den Himmel aufspießten. Von weitem sahen die Spitzen wie Minarette auf einem Scherenschnitt aus. Ich mußte an Casablanca denken, doch die Kufen unter uns knirschten nicht durch Sand, sondern glitten durch weichen Schnee. Jetzt saßen die Großmutter und ich neben Staschek, wir lehnten uns in die Polster und sahen, wie sich das Zirkuszelt öffnete. Drei Schimmel mit Straußenfedern auf den Köpfen zogen uns, silberne Schellen bimmelten, so rauschten wir, vom Beifall empfangen, in die Arena. Die Ränge waren bis unters Dach gefüllt. Viele Uniformierte sah ich, Soldaten der Wehrmacht, Verwundete mit dicken Verbänden, darunter zu meinem Entsetzen: der Berliner. Er war in seiner Loge aufgesprungen und winkte mir mit einem hölzernen Kruzifix zu. Auch Zivilisten sah ich, Polen, Ukrainer, Russen. Die Frauen trugen Kopftücher, die Männer Pelzmützen auf kahlgeschorenen Schädeln.

Unsere Troika hielt in der Mitte. Wir hatten kaum Zeit, uns umzuschauen, da sprengten Reiter mit brennenden Fackeln in die Arena, Ulanen. Wie es schien, handelte es sich um den Auftakt des Programms, Feuerschlucker und Trakehner. Ich spürte, daß auch uns in diesem Spiel eine Rolle zugedacht war. Ohne Grund würde uns keiner hier postiert haben. Die Ulanen galoppierten im Kreis um uns herum und fuchtelten mit ihren Fackeln. Rauch stieg auf, füllte das Zelt aus. Gelegenheit also, das Weite zu suchen. Seit ich den Berliner gesehen hatte, dachte ich an Flucht. Nur fort von hier. Untertauchen. In Rauch sich auflösen.

Stascheks Blick verriet mir, daß ihm Ähnliches durch den Kopf ging. Er hielt den zersplissenen Ast in der Hand, auf dem ich ihn durch den Wald gezogen hatte. Babka, flüsterte er. Doch die alte Frau hörte ihn nicht. Babka, wiederholte er und zupfte an ihrem Rock. Ohne Ergebnis. Die Alte rührte sich nicht von der Stelle. Sie stand hinterm Kutschbock und blickte staunend auf das Geschehen. So hatte ich sie schon einmal gesehen, in der Tür des ausgebrannten Hauses. Das Kopftuch war ihr auf die Schulter gerutscht, ihr weißes Haar schimmerte.

Ein Peitschenknall, und wir glitten vom Schlitten. Der Boden unter uns dröhnte vom dumpfen Getrappel der Hufe. Komm, rief ich. Staschek wälzte sich aufs Blattwerk, ich griff nach dem Ast und zog das Bündel hinter mir her. Pferde sprengten über uns hinweg, Sand, Staub und Rauch hüllten uns ein, und manchmal traf uns eine Handvoll Erde, danach aber blieb der Lärm hinter uns, das Wiehern, das Donnern der Hufe, der Beifall, wir erreichten das Freie.

Der Schnee war getaut. Überall standen Zirkuswagen herum. Einen Clown sah ich mit einem Affen auf der Schulter, Papageien schlugen in einer Riesenvoliere mit den Flügeln, und irgendwo trompeteten Elefanten. Staschek hatte sich von seinem Lager erhoben. Die Babka, rief er.

Wir ließen den Ast liegen und liefen zurück an die Zeltwand. Staschek humpelte, ich mußte ihn stützen. Beifallswogen schlugen uns entgegen. Ich hob die Zeltplane ein Stück, und es entstand ein Loch wie in der Wand von Spindlers Schuppen. Wir schlüpften hinein.

Über uns Bänke, schaukelnde Füße, Stiefel, Bastschuhe. Durch die Ritze konnten wir die Arena erkennen. Der Rauch war verzogen. Dort, wo unser Schlitten gestanden hatte, sahen wir einen alten Hanomag und in ihm einen Zauberer, schwarzer Frack, weiße Handschuhe, im Knopfloch eine Dahlie. Der Zauberer zog gerade ein Kaninchen aus einem Zylinder, die Zuschauer applaudierten, da ging das Licht aus, Scheinwerferstrahlen erfaßten die Szene von vier Seiten, Trommelwirbel ertönte, der Mann breitete ein Tuch über den Zylinder, schloß die Augen und wartete eine Weile, totenstill war es jetzt, endlich zupfte er am Tuch, es segelte zu Boden, und er zog an weißen Haaren einen menschlichen Kopf aus dem Zylinder. Staschek schrie auf, ich zitterte. Es war der Kopf der alten Frau.

Da quoll es auch schon aus meinem Mund. Ich mußte aufpassen, daß mich das Erbrochene nicht traf. Kartoffelstücke, Pflaumenmus, Schleim. Den Kopf nach vorn gebeugt, mit der Hand Halt suchend, erkannte ich Gras und Moos zu meinen Füßen. Der Schnee war weg, es hatte also tatsächlich getaut. Und es war auch nicht Abend oder Nacht, sondern Tag. Staschek lag auf dem Astbündel und schien zu schlafen. Eine zerquetschte Kirsche, rot wie Blut, klebte an seinem Hals.

Da kriegte ich mit, daß wir immer noch im Wald waren. Es gab kein Zirkuszelt. Weit und breit waren weder drei Pappeln noch ein Hanomag zu sehen. Jetzt erst, beim Gedanken an das Auto, begannen mir die Knie zu zittern. Ich mußte mich hinsetzen, mir wurde schwarz vor Augen.

Irgendwo klopfte ein Specht, Wolken waren aufgezogen, das Rauschen des Waldes klang anders als sonst. Ein leichter Wind strich über die Wipfel. Nur diese Minute noch, dachte ich, diese Viertelstunde, dann wollte ich weiterziehen. Vielleicht schaffte ich bis zum Dunkelwerden zwei, drei Kilometer. Und vielleicht würde Staschek dann aufgewacht sein. Wieder sah ich die Kirsche an seinem Hals, ich wollte sie entfernen, doch mir fehlte die Kraft dazu. Nur diese Minute noch, dachte ich. Nur diese Viertelstunde.

Regentropfen weckten mich auf. Das war wie ein Wunder. Die grünen Blätter zitterten unter der klopfenden Berührung, ein nasser Wirbel tanzte mir über die Stirn. Ich atmete tief und streckte mich dem Regen entgegen. Auch Staschek bewegte sich. Er schien die Erfrischung zu spüren, und ich machte mich daran, seine Wunde zu entblößen. Mit dem Regenwasser wollte ich die Tücher waschen. Er stöhnte. Ich sah, daß er den Mund öffnete und mit der Zunge über die Lippen fuhr. Schweißtropfen vermengten sich mit den Regentropfen. Alles vor meinen Augen begann wie Phosphor zu schimmern. Jetzt goß es, jetzt fiel das Wasser in Strömen auf uns herab.

Staschek schlug die Augen auf. Es dauerte eine Weile, bis er zu begreifen schien, wo er sich befand. Tastend fuhr er mit den Händen über den Gurt, der ihn mit seinem Lager verband. Ich machte ihm vor, wie ich ihn durch den Wald geschleift hatte. Schlitten, sagte ich.

Sanie? Er starrte mich an. Schnee?

Da war es wieder, das Bild der verschneiten Landschaft, der drei Pappeln und der Senke mit dem Zirkuszelt.

Staschek starrte mich immer noch an. Schließlich bekreuzigte er sich. Dzieki Bogu, murmelte er. Gott sei Dank.

Ich wußte nicht, wofür er sich bedankte. Für den Regen oder dafür, daß ich ihn durch den Wald geschleppt hatte. Als ich ihm die Hand auf die Stirn legte, trafen sich unsere Blicke aus nächster Nähe. Ich glaubte, noch immer Mißtrauen und Angst zu erkennen. Die Angst hatte ihn zuschlagen lassen. Deutsches Schwein. Ich schwieg. Das Fieber war noch nicht weg. Hab dir das Mus auf die Wunde geschmiert, erklärte ich und wischte ihm die Kirsche vom Hals.

Dabei merkte ich, wie er unter der Berührung zusammenzuckte, wie sich sein Körper für den Bruchteil einer Sekunde zu spannen schien und wie er erst, als er spürte, daß ihm keine Gefahr drohte, gelöst und erleichtert ins Blattwerk zurücksank. Deszcz, raunte er und streckte die Hände dem Regen entgegen. Re-gen.

Ich nickte.

Inzwischen hatten sich die Tücher vollgesogen. Ich wrang sie aus und breitete sie erneut in die Nässe. Dann beugte ich mich über die Wunde. Das Pflaumenmus, durch die Hitze krustig geworden, begann aufzuweichen. Wie Blut rann das Wasser den Schenkel herab.

Staschek drehte sich zum Leinenbeutel. Kartoffel, murmelte er. Daß er Hunger hatte, nahm ich als gutes Zeichen. Wer ißt, kommt wieder auf die Beine. Das hatte die Großmutter gesagt, wenn der Puppenkönig oder ich, krank im Bett, nach einer Schnitte verlangten.

Ich half ihm, das Tuch zu öffnen, und rückte ihn so, daß er sich mit dem Rücken an einen Stamm lehnen konnte. Dann setzte ich mich zu ihm. Wir aßen.

Es war ein köstliches Mahl. Zu trinken holten wir uns aus der Luft, wir brauchten nur den Kopf zu heben und den Mund aufzumachen. Zwischendurch schlürfte jeder ein Ei, und zum Nachtisch gab es Schokolade und Zigaretten. Jetzt fehlten nur noch Seife und ein frisches Hemd.

Hat deine Babka weiße Haare? fragte ich.

Staschek blies den Rauch aus und nickte.

Und Schuhe zum Schnüren, schwarze?

Niedziela, sagte er. Sonntags. Plötzlich sah er mich groß an, ich hatte nicht mehr das Gefühl, als schaute er durch mich hindurch. Dlaczego? fragte er. Warum willst du das wissen?

Ich zwang mich zu einem Lächeln. Omas sehen überall so aus, sagte ich. Ich hatte auf einmal Angst weiterzufragen. Was, so überlegte ich, wenn vor dem Dorf drei Pappeln standen, drei Wächter? Ich schwieg.

Der Regen fiel dicht und schwer. Die Luft roch, wie sie manchmal in den Bergen gerochen hatte: nach Gras und nach Wasser. Mit jedem Atemzug holte ich Kraft in mich hinein. Ich reckte mich, daß es in den Schultern knackte, und stand auf. Kannst du laufen? fragte ich.

Er nickte und zog sich den Gurt durch die Hose, danach erhob er sich. Er kam sehr schnell auf die Beine, doch als er aufrecht stand, sah ich, daß er für den Bruchteil einer Sekunde schwankte und Halt suchte. Ich sprang gleich zu ihm, er schob mir den Arm auf die Schulter, stieß sich mit der Rechten von einem Baumstamm ab, und wir versuchten, ein paar Schritte zu gehen. Vorsicht, riet ich. Ich merkte, wie er das Gewicht auf das gesunde Bein verlagerte und meine Schulter als Stütze benutzte. Es geht, rief er. Doch ich wußte, wir würden nicht weit kommen.

Warte, sagte ich und räumte unsere Habseligkeiten zusammen, die Kartoffeln, den Muskrug, den Ast. Das alles schnürte ich zu einem Bündel und zog es hinter mir her. Dabei versuchte ich, Staschek mit Zameks

Sprüchen aufzumuntern. Klotz am Bein, Klavier vorm Bauch, ach, wie lang ist die Chaussee. Links 'ne Pappel, rechts 'ne Pappel, in der Mitt' 'n Pferdeappel ... beim Aussprechen des Wortes Pappel zuckte ich zusammen. Auch gelang es mir nicht, den Sprechrhythmus mit dem Rhythmus unserer Schritte in Einklang zu bringen. Wir humpelten, wir schlichen, wir krochen.

Die Luft war blau vom Regen.

Als es nicht mehr weiterging, bettete ich Staschek wieder auf sein Lager. Diesmal erlebte er alles bei vollem Bewußtsein. Er sah mir zu, wie ich ihm den Gürtel unter die Arme schnallte und wie ich das Bündel mit unserem Krimskrams befestigte. Du ruhst dich jetzt ein bißchen aus, sagte ich. Denkst einfach, du liegst auf einem Schlitten und fährst durch den Wald. Sein Gesicht war scheckig, Schweiß rann ihm von den Knochen, doch er versuchte ein Lächeln. Er bewegte sogar die Lippen. Links 'ne Pappel, rechts 'ne Pappel ... Plötzlich verflog das Lächeln, die Augen wurden rund, er sah mich an. Laß mich nicht liegen, bat er. Laß mich nicht liegen, Mensch Meier.

Ich zieh dich bis nach Hause, Staschek. Seltsame Vorstellung: Wir zwei im Schnee vor den Pappeln.

Da erfuhr ich, daß es für ihn den Weg nach Hause nicht mehr gab. Sein Dorf gehörte jetzt zur Ukraine. Nach Kriegsende waren nicht nur die Namen von Städten und Landschaften verändert, sondern auch der Verlauf von Grenzen.

Dann kommst du halt zu mir, rief ich. Auf die Himmelsstiege!

Er sah zur Seite, er sagte kein Wort, er bekreuzigte sich.

Wir erwachten gleichzeitig. Nicht die Rufe der Vögel hatten uns geweckt, nicht die Sonne, die durch den Nebel brach, sondern ein Konzert von Fröschen. Wir sahen uns an. Es war, als suchte jeder beim anderen Bestätigung: Da quakten Frösche. Es schienen Hunderte zu sein. Ein einziger, kaum unterbrochener, langer grauer Ton hing über der Landschaft. War ein See in der Nähe? Ein Teich?

Wir lauschten.

Allmählich teilte sich das Geräusch, wir hörten Murren, Knarren und Ächzen. Manchmal wurde alles von einem verhaltenen Klappern überlagert, und manchmal klang es wie vielstimmiges Klagen. Wir brauchten unsere Marschrichtung nur beizubehalten, dann mußten wir auf den Ausgangspunkt der Rufe stoßen. Wo Wasser war, so sagten wir uns, würden Menschen nicht weit sein. Der Wald schien sich zu öffnen, Schneisen lagen unter der Sonne.

Staschek humpelte neben mir her, er hatte es mit einemmal eilig und keuchte. Zwar waren die Flecke aus seinem Gesicht gewichen, doch die Haut sah eingefallen und grau aus. Vorsichtshalber hatte ich erneut den Ast mitgenommen, ich schleifte ihn hinter mir her und versuchte, Staschek, der sich mit der Linken auf meine Schulter stützte, an zu schnellem Laufen zu hindern. Plötzlich blieb er stehen und sagte: Riechst du was? Er hob den Schädel, wandte sich dem Wind zu.

Es roch nach Rauch.

Wir sahen uns an. Rauch, das bedeutete die Nähe von Menschen! Holzfäller konnten das sein oder Bauern, Soldaten der regulären Armee oder Leute vom Schlage Parandowskis. Wir beratschlagten, was zu tun war.

Ich riet Staschek, bei den Sachen zu warten. Inzwischen wollte ich mich vorsichtig dem Rauch nähern und auskundschaften, mit wem wir es zu tun hatten. Nach einigem Zögern stimmte er zu. Sie braten Fisch, flüsterte er. Tatsächlich: Durch den Wald zog ein dünner, kaum wahrnehmbarer Fischgeruch.

Ich stopfte mir zwei Kartoffeln in die Tasche und machte mich auf den Weg. Das Gras, hart und hoch, reichte mir an manchen Stellen bis zur Hüfte. Über mir kreiste ein großer Vogel. Wenn er die Flügel schlug, ging ein Rauschen durch die Luft.

Nach einer Weile bemerkte ich hinter den Stämmen einen blauen Streifen. Es sah aus, als wäre der Himmel zu Boden gefallen: Wasser. Mir pochte das Herz. Unter glühender Sonne hatte ich mich nach einem solchen Anblick gesehnt. Er war mir im Traum erschienen, unerreichbar. Und nun sah ich einen ganzen See vor mir, blau unter blauem Himmel, von Schilf umschlossen. Ein Wunder war geschehen.

Am Ufer entdeckte ich eine Hütte. Sie trug ein Schilfdach und war aus Holz gebaut. Ich erkannte winzige Fenster, ein Gärtchen davor und auf den Staketen Töpfe und Kleidungsstücke. Aus einem Erdhaufen stieg Rauch.

Der große Vogel stand immer noch über mir. Ich lag in einem Holunderstrauch und beobachtete das Anwesen. Das Quaken der Frösche war jetzt ganz nahe. Hühner sonnten sich, auf einem Holzstapel dehnte sich eine Katze. Die Bewohner schienen vom See zu leben. Wie Garben standen Schilfrohrbündel zum Trocknen im Gras, und neben dem Steg, der aufs Wasser hinaus führte, lag ein Ruderboot, halb an Land gezogen.

Ich wartete darauf, daß jemand sich zeigte, doch es rührte sich nichts. Tiefe Stille herrschte. Nur das Schwappen der Wellen war zu hören und die Rufe der Frösche. Dennoch sagte mir mein Gefühl, daß die Bewohner zu Hause waren. Sämtliche Fenster standen offen. Im Wind, der vom Wasser her über das Schilf strich, bewegten sich die Vorhänge. Jeden Augenblick mußte die Tür aufgehen.

Ich verschlang vor Aufregung die beiden Kartoffeln. Manchmal sprang ein Fisch, dann entstand ein klatschendes Geräusch, und ich sah, wie dort, wo er aus dem Wasser geschnellt war, Wellen sich kreisförmig ausbreiteten. Als ich mir vornahm, noch ein Stück auf das Haus zuzukriechen, hörte ich aus dem Wald das Ächzen und Knarren eines Gespanns. Bald schon sah ich ein Fuhrwerk auf die Hütte zuschaukeln.

Der Kutscher und ein hochaufgeschossener, hagerer Mann liefen neben dem Pferd her. Der Hagere war ein Geistlicher. Ich sah, daß der Wagen mit schwarzen Tüchern verhängt war. Ein Leichenwagen.

Auf die Wasserfläche senkten sich Vögel. Das Pferd hob die Nüstern, schnaubte. Da brachte der Kutscher das Fuhrwerk zum Stehen. Brrr, machte er. Auf der Ladefläche erkannte ich eine gebeizte Holzkiste, den Sarg.

Inzwischen war ein dritter Mann, wohl der Bewohner der Hütte, vor die Tür getreten. Auch er war in Schwarz gekleidet, trug einen Zylinder und Stiefel mit weiten Schäften. Er schien schon alt zu sein, der Bart hing ihm bis auf die Brust.

Die Männer begrüßten sich, dann zerrten sie die Kiste vom Fuhrwerk und schleppten sie ins Haus. Die Hühner waren aufgeflattert und suchten sich neue Plätze. Das Pferd scharrte mit den Hufen. Nun werden die Männer die Leiche in den Sarg betten, dachte ich. Vielleicht hatte der Alte seine Frau verloren. Ein Leben lang, so stellte ich mir vor, hatten sie Seite an Seite in ihrer Einsamkeit gelebt, hatten Fische gefangen und geräuchert, Schilf geschnitten, Beeren gesammelt und Heu gemacht. Und nun, auf einmal, war der eine ohne den anderen gegangen.

Der Vogel mit den großen Flügeln stand über dem Haus, und ich sah, wie die Männer nach einer Weile den Sarg heraustrugen. Als sie ihn auf den Wagen bugsiert hatten, wischten sie sich den Schweiß von den Gesichtern. Es war, als wollten sie der Toten Zeit lassen, von diesem Stück Erde Abschied zu nehmen. Der Alte zog eine Flasche aus der Tasche, sie ging reihum.

Hü! Nun setzte sich das Gefährt in Bewegung. Der Kutscher stiefelte vornweg, hielt das Zaumzeug, dann folgte das Fuhrwerk mit dem Sarg, am Schluß liefen der Alte und der Geistliche. Der Alte hatte den Zylinder in die Hand genommen.

Ich wartete, bis der seltsame Zug zwischen den Stämmen verschwunden war. Dann machte ich mich auf den Weg zu Staschek. Der Vogel hielt sich noch eine Weile über mir, schließlich blieb er zurück, nur das Quaken der Frösche begleitete mich noch.

Da fiel mir ein, daß ich in diesen Tagen Geburtstag hatte. Ich besaß keinen Kalender, doch ich redete mir ein, daß heute, da ich den See und die Hütte gesehen hatte, mein Geburtstag sein mußte. Mein siebzehnter.

Staschek empfing mich stehend. Er hatte mein Kommen gehört und sich aufgerappelt.

Eine Hütte, rief ich schon von weitem. Und Hühner. Und ein alter Mann.

Rybak, murmelte Staschek, als er das Haus und das Boot sah. Ein Fischer.

Die Fenster waren noch geöffnet, die Katze lag auf dem Holzstapel, und auch die Hühner sonnten sich noch. Nur der große Vogel war fortgeflogen.

Wir beschlossen, im Schutz des Holunderstrauchs auf die Heimkehr des Alten zu warten. Nach dem Regen war die Luft von einer schönen Durchsichtigkeit, das Lied der Frösche lud geradezu dazu ein, sich ins Gras zu legen und in die Sonne zu blinzeln. Vor allem aber war es wohl die Aussicht auf die Begegnung mit einem Menschen, die uns, zum erstenmal seit Tagen und Wochen, so etwas wie ein Gefühl von Geborgenheit gab. Wir hatten wieder Anschluß an die Welt gefunden.

Krieg und Sperrgebiet lagen hinter uns. Wir durften getrost die letzten Kartoffeln und den Rest Pflaumenmus aufteilen. Der Alte würde uns bewirten. Einsames Fischer, sagte Staschek. Dobry czlowiek, gutes Mensch. Ich sah, daß sein Gesicht erneut jenen Glanz annahm, den Fieber bei ihm hervorrief. Dennoch machte ich mir keine Sorge, ich hoffte auf die Hilfe des Alten.

Nach dem Essen streckten wir uns ins Gras und rauchten. Jetzt besaßen wir nur noch drei Zigaretten, für jeden eine. Den Alten schlossen wir bereits in unsere Überlegungen ein.

Es begann zu dämmern, da sahen wir ihn kommen. Er marschierte barfuß, mit hochgekrempelten Hosenbeinen, den Zylinder im Nacken, die Jacke aufgeknöpft, in jeder Hand einen Stiefel.

Auch die Katze schien sein Kommen bemerkt zu haben, sie machte den Buckel krumm, streckte sich und sprang ihm entgegen. Er nahm sie mit in sein Haus.

Da erhoben wir uns. Ich mußte Staschek stützen, er legte den Arm um meine Schulter, und wir humpelten auf die Hütte zu. Fischgeruch schlug uns entgegen. Staschek murmelte etwas, das ich nicht verstand. Es klang wie eine Beschwörung. Aufgeregt flatterten die Hühner durcheinander. Die Tür war geöffnet, wir traten über die Schwelle.

Das Haus schien aus einem einzigen Raum zu bestehen. In der Ecke, unterm Bild der Gottesmutter, kniete der Alte, den Rücken uns zugewandt. Neben ihm, auf dem Fußboden, lag eine halbleere Schnapsflasche.

Wir hielten inne, Staschek bekreuzigte sich. Da fuhr der Alte herum.

Gelobt sei Jesus Christus, sagte Staschek.

Der Mann erhob sich. Noch im Aufrichten langte er nach der Flasche. Gelobt sei Jesus Christus, antwortete er unsicher. Sein Blick war voller Verwunderung. Doch ich spürte auch Abwehr in ihm und Angst.

Staschek begann zu reden.

Der Alte, immer noch barfuß, immer noch in Schwarz, mit hochgeschlagenen Hosen, hörte geduldig zu. Dabei ging sein Blick zwischen Staschek und mir hin und her, immer wieder. Ich verstand kein Wort. An den Bewegungen, die Staschek machte, glaubte ich zu erkennen, daß er dem Alten davon berichtete, wie ich, ein Deutscher, ihm, einem Polen, geholfen hätte, der Gefangennahme zu entgehen und auf die Beine zu kommen. Der Name Parandowski fiel. Er breitete die Arme aus und ahmte das Surren des Doppeldeckers nach.

Da zog ihn der Alte zum Fenster. Er nahm einen Schluck, schob die Ketten mit den Pilzen, die dort zum Trocknen hingen, zur Seite und betrachtete die Wunde. Einschuß und Austritt. Schließlich legte er Staschek die Hand auf die Stirn, murmelte etwas und bedeutete ihm, sich auf die Bank zu setzen.

Ich fand inzwischen Zeit, mich im Innern der Hütte umzusehen. Neben dem Ofen, der seitlich zu einem Herd auslief, stand ein breites Bett mit hochaufgeschichteten Kissen. Daneben erhob sich ein mächtiger Schrank. An der Wand gegenüber hatten Eckbank und Tisch ihren Platz. Das war schon fast die ganze Einrichtung. Die Dielen waren mit Sand gescheuert, ein Reisigbesen lehnte neben der Tür.

Der Alte reichte Staschek die Flasche. Mich beachtete er nicht. Staschek trank. Ich wunderte mich, wie groß der Schluck ausfiel, den er nahm. Er schien den Schnaps in sich hineinzusaugen und darauf zu warten, daß der Alkohol in jeden Winkel seines Körpers drang, denn er lehnte den Kopf an die Holzwand und schloß die Augen.

Der Alte raunte ihm etwas zu, bückte sich und öffnete eine Falltür.

Ich sah, wie er in dem Loch verschwand. Staschek hatte die Flasche vor sich auf den Tisch gestellt. Für einen Augenblick durchfuhr mich das Verlangen, nach ihr zu greifen, um das, was Staschek erlebte, ebenfalls zu erleben. Staschek schien etwas von meinem Wunsch zu merken, denn er schob mir die Flasche zu. Na zdrowie.

Ich schüttelte den Kopf und tat, als interessierte mich das nicht. In Wirklichkeit aber brannte ich vor Neugier. Schweiß rann über Stascheks Gesicht, die Stirn rötete sich wieder. Dobry czlowiek, wiederholte er. Gutes Mensch.

Zuerst kam die Katze aus dem Keller zurück, dann kroch der Alte aus dem Loch. Er brachte einen Tontopf mit und eine dickbauchige Flasche. In solchen Flaschen hatten der Puppenkönig und seine Frau Brennspiritus aufbewahrt.

Der Alte redete, und ich merkte, daß Staschek erschrak. Du sollst mich festhalten, murmelte er.

Ich?

Er übersetzte, was der Alte ihm auftrug. Mein Bein sollst du halten. Damit ich ihm nicht in den Bauch trete, wenn er das Kugelloch saubermacht.

Damit legte er sich auf die Bank. Der Alte schob den Tisch beiseite und zog sich die Jacke aus. Wir sollen uns nicht wundern, sagte Staschek. Er hat heute seine Frau beerdigt.

Beileid, raunte ich.

Der Alte beugte sich mit zwei Tüchern und der dickbauchigen Flasche über die Wunde. Es roch auf einmal sehr nach Schnaps. Ich umfaßte Stascheks Bein unterhalb des Knies und sah, wie der Alte Alkohol auf eines der Tücher goß und die Wunde zu reinigen begann. Staschek verzerrte das Gesicht, das Bein fing zu zucken an, ich drückte es auf das Holz, da schnellte das andere in die Höhe, ich warf mich auf beide Beine und hielt sie nieder, ein Zucken und Zittern drang von seinem Körper in meinen, er stöhnte, und auch ich stöhnte, jetzt langte der Alte in den Tontopf, schmierte fettiges Zeug auf die Wunde, das Zucken und Zittern verebbte, Staschek röchelte nur noch, ich spürte keinen Widerstand mehr und ließ von ihm ab.

Er lag da, mit geschlossenen Augen.

Da sah mich der Alte zum erstenmal an. Ich wich seinem Blick nicht aus. Die Augen schimmerten grün, in seinem Bart hing Schweiß. Er hielt mir die Flasche hin. Ich setzte an und trank.

Es war, als schluckte ich Feuer. Hitze breitete sich in mir aus und etwas, das ich nicht kannte, Licht und Farben und ein Gefühl wie: Jetzt träumst du.

Der Alte ging an den Herd und machte Feuer an. Dann stellte er einen Topf mit Wasser auf die Flammen. Herbata, sagte er. Tee.

Bündel mit getrockneten Kräutern hingen an der Seitenwand des Schranks. Er zerbrach ein paar Stiele, zerrieb sie zwischen den Fingern und warf die Brösel in eine Blechkanne. Na goraczce, erklärte er.

Ich verstand kein Wort.

Inzwischen war die Katze auf die Bank gesprungen, wo sie Staschek beschnupperte. Der Alte scheuchte sie fort und machte sich daran, die Wunde zu verbinden. Er winkte mich zu sich. Ich mußte Stascheks Bein halten, damit sich das Tuch um den Oberschenkel wickeln ließ. Staschek lag mit offenen Augen da, doch er sah uns nicht. Er gab auch keinen Laut von sich. Der Alte schien meine Verwunderung zu bemerken. Delirium, raunte er.

Ich starrte ihn an.

Da lachte er, nahm die Flasche und trank.
Der nächste Schluck gehörte mir.

Später holte der Alte eine Leiter aus dem Garten. Er hatte sie selber gemacht, Holme und Sprossen bestanden aus ungeschälten Ästen. Es gab nicht nur eine Falltür in den Keller, sondern auch eine Klappe, die auf den Boden führte. Das war ein niedriger, dunkler Raum, in dem die Hitze einem fast den Atem nahm. Man konnte nicht aufrecht stehen, Schilfbündel, von Spinnweben durchsetzt, senkten sich auf Körbe und Kisten. Ich drückte sie mit den Armen zur Seite. Der Alte zeigte mir, wie man mit wenigen Handgriffen die Leiter auf den Boden zog und die Luke von innen verschloß. Er redete umständlich auf mich ein, ich verstand nur zwei Worte. Parandowski und Milicja. Wie es aussah, fürchtete er, jemand könnte uns in seiner Hütte überraschen.

Es gab kein Fenster hier oben. Nur dort, wo Wind und Wetter das Schilf gelichtet hatten, sickerte etwas vom Widerschein der untergehenden Sonne herein. Die Frösche quakten, als säßen sie auf dem Dach.

Der Alte hatte uns ein paar Decken hingebreitet, doch ich verspürte keine Müdigkeit. Staschek, der den Tee gegen das Fieber getrunken hatte, mußte sich in einen alten Schafpelz wickeln. Als ich ihn zudeckte, merkte ich, daß ihm die Zähne klapperten. Zum Abendbrot hatte es Quark und Fisch und Brot gegeben, doch er hatte nichts angerührt. Erst als ich ihm die letzten Zigaretten aus der Tasche zog, war er für kurze Zeit munter geworden. Im Rauch, der überm Tisch hing, hatte ich mich nach dem Datum erkundigt.

Es war der vierundzwanzigste Juli, mein Geburtstag.

Daran mußte ich denken, jetzt, da ich hörte, wie der Alte noch einmal die Leiter heraufgestiegen kam. Er steckte den Kopf durch die Luke, spähte nach Staschek und schob mir eine halbvolle Schnapsflasche hin. Dobranoc, raunte er.

Gute Nacht.

Die Luke blieb geöffnet. Im Schilf schrien Frösche. Vor meinen Augen wuchs die Flasche ins Riesenhafte. Nur einen Schluck, dachte ich. Einen Schluck vorm Einschlafen. Der Rest sollte für Staschek bleiben. Vielleicht, daß er munter wurde. Daß er raus mußte. Vorsichtig zog ich den Korken. Die Flasche glänzte im Dämmerlicht, ich trank. Und wieder das Feuer, wieder das Licht hinter den Augen, die Leichtigkeit, die mich fortzutragen schien.

Meinen sechzehnten Geburtstag hatte ich auf der Himmelsstiege gefeiert. Bei Großmutters Streuselkuchen. Sechzehn Jahre, mein Gott, ich war mir wie ein Erwachsener vorgekommen. Gesine, die ihre Ferien in den Bergen verbrachte, hatte der alten Frau beim Backen geholfen und mir einen schön gerahmten Scherenschnitt geschenkt: einen Schlitten mit Pferden davor.

Gleich nach dem Frühstück waren wir hinauf in die Kammer gestiegen, um eine Stelle für das Bild zu suchen. Hinter der Tür hatte ich Gesine geküßt. Dabei war sie, zurückweichend vor mir, auf das Bett gesunken, und ich hatte mich auf sie gelegt.

Du.

Mehr sagte sie nicht. Sie stieß die Hände gegen meine Brust. Du.

Unten, im Flur, polterte der unregelmäßige Schritt des Puppenkönigs. Gesine wehrte sich. Nicht hier.

Wo sonst?

Im Schlitten.

Unser Wunderschlitten.

Pferde. Wehende Mähnen. Der Flug nach Amerika. Durch Wolken und Schneewehen. Unter uns Pappeln.

Die toten Kinder im Schnee. Gesine, komm. Nimm einen Schluck. Diesen einen nur. Ich weiß jetzt, wie die weiße Rosa das macht. Wir fliegen.

Siebzehn Jahre.

Ich lade euch alle ein, rief ich. Und ich legte die Hände wie ein Sprachrohr um den Mund. Da sah ich sie kommen, die Himmelsstiege herauf. Ganz vorn Gesine und ihre Mutter, die Mutter in Schwarz gekleidet, die Tochter in Weiß. In den Händen hielt Gesine einen großen Strauß Königskerzen, kaum schleppen konnte sie den. Und Spindler kam auf seiner Kuh geritten, die Kuh war geschmückt: Um Stirn und Ohren trug sie einen Kranz aus Margeriten. Milch fürs Madel, rief der Alte. Das war sein Geburtstagsgeschenk. Und Willi brachte seine Holunderflöte. Ich probierte sie gleich aus, aber Gesine konnte das viel besser. Sie lehnte am Kirschbaum und spielte etwas, das ich nie gehört hatte. Allen anderen schien es ähnlich zu ergehen, denn sie hielten inne und lauschten. Der Puppenkönig, seine Flasche in der Hand, blieb staunend in der Tür stehen, die Großmutter setzte rasch den Teller mit den Kuchenstücken, den Strefeln, ab, und Spindlers Helene schwappte sogar der Kaffee aus der geblümten Kanne. Es war ein schöner Augenblick. Wie angelockt vom Spiel schwebte die weiße Rosa heran, einem Engel gleich, mit ausgebreiteten Armen, die Haare geöffnet, und alle fingen zu klatschen an. In den Beifall hinein holperte über Maulwurfshügel und Huflattichstauden ein schwarzes Auto, ein Hanomag, ihm entstieg mein Vater im Frack des Zauberers, den Zylinder auf dem Kopf. Die Kinder der Himmelsstiege standen mit nackten Beinen im Gras und begrüßten den Zauberer mit Geschrei. Mein Vater stellte sich in Positur, riß den Zylinder vom Scheitel, verbeugte sich mit geübter Geste und zog ein violettes Tuch aus der Brusttasche, die Kinder machten Ah, er breitete das Tuch über den Zylinder, den er waagerecht vor seiner Brust hielt, da verstummten die Rufe, kein Laut war mehr zu hören, erstarrt stand die weiße Rosa am Himmel, mein Vater machte mit der freien Hand eine Bewegung zum Zylinder hin, doch ehe er noch das Tuch berühren konnte, schrie ich auf, der Schrei erstickte, ein Brei aus Schnaps und Quark und Brot quoll mir in den Mund, ich bemerkte einen weißlich schimmernden Ring, drehte den Kopf dorthin, über den Ring, das Herz raste in meiner Brust, meinem Kopf, meinen Augen, ich erbrach mich.

Plötzlich wuchs ein Gesicht aus der Tiefe, ich erkannte den Alten, er kam die Leiter heraufgekeucht, brummte etwas, das ich nicht verstand, einen Fluch oder ein Schimpfwort, und besah sich die Bescherung. Ich hatte Decke und Balken vollgekotzt. Das enge Geviert stank wie eine Destille.

Ich weiß nicht, wie ich vom Boden heruntergekommen bin. Ich weiß nur, daß ich im kalten Wasser der Pumpe zu mir kam. Der Alte hatte mich unter das Holzrohr geworfen, ich hörte den Schwengel quietschen, Wasser stürzte auf mich, ich wollte wegkriechen, doch ich hatte nicht die Kraft dazu. Da verstummte das Quietschen, der Schatten des Alten entfernte sich. Ausgeträumt war der Traum von der Himmelsstiege. Die Wirklichkeit hatte mich wieder. Ich blieb liegen, wo ich lag.

VII

Am anderen Morgen erwachte ich, als mich der Alte mit dem Fuß zur Seite schob. Er stand an der Pumpe und wusch sich. Wie er merkte, daß ich die Augen aufschlug und ihn anstarrte, lachte er.

Da erinnerte ich mich. Verlegen kroch ich aus meinen Sachen und hielt sie unter die Pumpe. Der Alte redete in seiner Sprache, ich zuckte mit den Schultern, nix verstehen. Dann breitete ich die Sachen zum Trocknen über den Gartenzaun. Wie ich mich umdrehte, sah ich Staschek in der Tür stehen. Ich hatte nichts an. Der Alte sucht dir eine koszula, sagte er.

Koszula?

Ein Hemd.

Und wie gehts dir? Ich trat zu ihm.

Er winkte ab. Wir sollen bleiben, sagte er. Bis wir ... Er reckte die Brust, spannte die Muskeln. Bis wir wieder bei Kräften sind, sollte das heißen.

In diesem Moment erschien der Alte mit einem Leinenhemd. Ich zog es über, es reichte mir bis an die Knie. Pani, rief Staschek. Der Alte grinste.

Scheißschnaps, brummte ich.

Die nächsten Tage verbrachten wir im Halbschlaf. Erst jetzt, so schien es, wirkten sich die Strapazen der letzten Wochen aus. Der Alte stopfte uns mit Fisch und Quark voll, mit Eiern und Honig. Und er machte zu meiner Verwunderung keinen Unterschied mehr zwischen Staschek und mir. Seinen Schnaps trank er heimlich, nur der Geruch verriet ihn.

Staschek war übel dran, er konnte sich nicht lange auf den Beinen halten, zehn Minuten, kaum mehr, dann haute es ihn um. Sobald er jedoch aufschreckte, redete er vom Weitermarsch. Da holte der Alte einen Spiegel aus dem Schrank, einen goldgefaßten, und hielt ihn vor uns hin. Ich fragte mich, woher er das Prachtstück hatte, doch ich kam nicht dazu, darüber nachzudenken, denn ich erschrak. Mein Schädel, nur noch Haut und Knochen, war von Stoppeln überwuchert, die Augen, aufgerissen vor Entsetzen, lagen in Höhlen. Mir war, als sähe mich ein Fremder an.

In diesem Zustand, so meinte der Alte, würden wir nur bis zur nächsten Tür kommen. Und die war nicht weit. Das Dorf, auf dessen Friedhof die Frau des Alten ruhte, lag vier Kilometer vom See entfernt. Es hatte den Krieg, wie wir erfuhren, heil überstanden; erst später, während einer Razzia, waren Kugelgarben in Mauern und Dächer gefahren. Es besaß eine Kirche, eine Kneipe und einen Kolonialwarenladen. Und schon nach sieben Kilometern, abermals in südwestlicher Richtung, folgte ein weiteres Dorf. Bis zur nächsten Stadt brauchte man zu Fuß vier Stunden.

Das war schon ein erregendes Gefühl: Wir irrten nicht mehr durch den Wald, wir hatten Anschluß an die Welt gefunden, an Straßennetz und Postrouten; nicht mehr sehr lange, und wir würden Ladenklingeln hören, den Pfiff einer Lokomotive oder das Läuten von Kirchenglocken.

Folgte man der Richtung, die uns der Alte mit seinen Worten wies, so gelangte man über Bug und Weichsel quer durch Polen hinunter nach Schlesien. Und ganz am Ende, im südlichsten Zipfel davon, zwischen Waldenburg und Glatz, wußte ich das Eulengebirge mit dem Oberdorf und der Himmelsstiege, dem Guckei und der Pfennigbaude. War es bisher die allgemeine Sehnsucht nach Heimkehr gewesen, die meine Gedanken mit diesem Stück Erde verband, so spürte ich jetzt, da die Dinge um mich ihren Bezug zur Welt wieder herzustellen begannen, mehr und mehr das Verlangen, ganz genau und im einzelnen zu erfahren, wie es gegenwärtig dort aussah, wer aus dem Krieg nach Hause gekommen war und wer nicht und wie der Puppenkönig mit allem zurechtkam. Ich sah den Kirschbaum und stellte mir vor, daß Spindlers Helena die Früchte in Gläser steckte und für uns einweckte. Plötzlich erschrak ich. Spindler war nicht mehr dazu gekommen, Wieses vom Tod ihres Jungen zu berichten. Würde nun ich den Weg zu ihnen gehen müssen? Und würde ich jemals vergessen können, daß mir der Wiesebauer die Milch verweigert hatte? Ruschkes Notizbuch fiel mir ein. Ob es noch unter den Stufen der Krokerbühne lag? Und das Sägewerk? War der Platz im Contor für mich freigeblieben? Der Stuhl, auf dem ich gesessen und von dem aus ich Hanka mit dem Franzosen im Hausgarten gesehen hatte? Oder gab es das alles gar nicht mehr? Hatten die Gefangenen den Kühnels die Bude überm Kopf angezündet? Waren am Guckei gar Granatwerfer in Stellung gegangen und hatten die Himmelsstiege kurz und klein geschlagen?

Diese Möglichkeit, bisher als Abbild eines anderen, fernen Lebens empfunden, war mit einem Mal bedrängend und bedrohlich geworden, ganz und gar Teil meiner Existenz. Staschek schien es ähnlich zu ergehen, denn er sann darüber nach, einen Brief nach Rawicz zu schicken. Die Post ging doch noch?

Der Alte nickte. Er versprach, sich beim nächsten Friedhofsbesuch im Dorf zu erkundigen. Morgen oder übermorgen, murmelte er. Die Zeit bestand für ihn nicht aus Tagen oder Stunden, sondern aus Sommer und Winter, aus Ostern und Weihnachten. Einer wie er lebte und dachte in den Laichzeiten der Fische.

Wie er so vor uns stand, verschwitzt, neben dem Räucherofen, glich er aufs Haar dem Holzfäller, den ich in

Gedanken gesehen hatte. Er trug die gleichen Stiefel, und er hatte denselben Bart. Sein Gesicht, zerfurcht, von Wind und Wetter gezeichnet, erinnerte mich an Wurzelgeflecht und Rinde. Überhaupt, so fand ich, hatte er, obwohl nicht groß, eher klein, etwas Baumhaftes, Stämmiges.

Schon in aller Herrgottsfrühe ruderte er hinaus und legte sein Netz. Wo das Schilf sich zum See hin öffnete, ragten Pfähle aus dem Wasser. An denen waren die Enden des Netzes befestigt. Jeden Abend raffte er sie zusammen und zog das Netz ans Ufer.

Ich betrachtete seine Hände. Furchig waren sie und zerrissen wie trockene Erde. Wenn er sprach, hielt er sie in halber Höhe, nur die Bewegung der Finger unterstützte ihn beim Reden. Ich verstand kaum ein Wort, Staschek übersetzte nur das Nötigste. Das übrige mußte ich mir denken. Zu meinem Erstaunen begriff ich manches, ohne die Worte zu kennen. Auch hatte ich in den Tagen mit Staschek ein paar Vokabeln gelernt, dzien dobry, Guten Morgen, oder zniszczony: kaputt. Karp verstand ich ohnehin: Karpfen.

In der steinernen Kammer des Erdhaufens durften wir die Fische bewundern, die der Alte fing. Sie hingen dort im Rauch, kleine und große, Staschek nannte mir ihre Namen, doch nur die polnischen, und die verstand ich nicht. Außerdem sahen alle fast gleich aus, braun vor Hitze, ausgedörrt, fast versengt und mit zusammengeschrumpelter Haut.

Staschek schrieb tatsächlich einen Brief, er richtete ihn an die Adresse der Mutter in Rawicz. Der Alte fand sogar ein Kuvert; seine Frau hatte darin ein paar Geldscheine verwahrt, die er nun in einen Topf steckte. Das Kuvert war abgegriffen und mehrmals geknickt, doch wenn man es glättete, konnte man es noch gebrauchen.

Staschek hockte am Tisch und kritzelte mit eigentümlich angestrengter Miene die Zeilen auf die Rückseite eines Kalenderblatts. Sein Gesicht sah aus, als quälten ihn Schmerzen, doch ich wußte, daß es die Anstrengung war, die ihn entstellte, vielleicht auch so etwas wie Vorahnung. Immerhin stand seine Zukunft auf dem Spiel. Von der Antwort hing ab, wohin der Weg ihn führen würde.

Hin und wieder kamen Leute aus dem Dorf, um Fische zu kaufen. Entweder verschwanden wir dann unterm Dach, oder wir verbargen uns im nahen Gesträuch. Der Alte hielt es für das beste, wenn niemand erfuhr, daß er Besuch hatte. Schließlich besaßen wir keine Papiere. Wir hätten sonstwas behaupten können. Den Posthalter hatte er ins Vertrauen gezogen. Das war ein Kaschube, so alt wie er, dem Schnaps verfallen und auf billige Fische aus.

Staschek schlief sich gesund. Da es tagsüber unterm Schilfdach vor Hitze kaum auszuhalten war, hatten wir ihm ein Lager im Freien zurechtgemacht. Zwischen zwei Holzstapeln hatte ich eine Wand aus Scheiten errichtet, hinter der ihn nur die Vögel sehen konnten. Er ruhte auf einer Schicht Heu, über die der Alte eine Pferdedecke gebreitet hatte. Urlop, sagte der. Na urlop. Das klang wie Urlaub, und das bedeutete es auch.

Jeden Tag lernte ich ein paar Wörter mehr. Ojciec hieß Vater und Vaterland ojczyzna. Lodka war das Boot, und wyleczyc bedeutete heilen.

Immer wieder sah der Alte nach Stascheks Wunde. Langsam begann sie zu trocknen. Wo das Fleisch aufgeworfen war, an den Rändern, wechselte die Haut ihre Farbe. Bisweilen, so gestand Staschek, verspürte er Lust, die Fingernägel tief ins Fleisch zu schlagen. Tausend Ameisen schienen in seinem Oberschenkel zu wohnen. Da nickte der Alte zufrieden.

Im Morgengrauen, wenn Vögel und Frösche um die Wette riefen, ruderte ich mit ihm auf den See. Wir befestigten das Netz an den Pfählen, und er redete auf mich ein. Ich nickte ihm zu, obwohl ich kaum etwas verstand. Wer weiß, was er mir sagte. Vielleicht erzählte er mir von seiner Frau, vielleicht nannte er mich in aller Freundschaft einen Idioten, vielleicht auch redete er nur mit sich selber. Dabei kam es mir vor, als kehrte ein Wort häufiger wieder als andere: Schlonsk.*

Der Vogel stand über uns, als ich Staschek fragte, was Slonsk bedeutete. Staschek sah mich verwundert an und sagte: Schlesien.

Ich saß jetzt oft bei ihm. Der Alte hatte mir ein Messer in die Hand gedrückt und gezeigt, wie man mit kurzen Bewegungen Holzscheite zu Splittern zerkleinerte. Die Splitter, nicht viel größer als Schneeflocken, brauchte er für den Räucherofen. Er trug mir auf, nur bestimmtes Holz zu verwenden, Scheite ohne Augen, wie er sich ausdrückte, ohne Astlöcher also.

Ich schnippelte ganze Berge, aus denen ein Geruch zu mir aufstieg, der mich an die Abende auf der Himmelsstiege erinnerte. Und was machst du, fragte ich Staschek, wenn aus Rawicz Antwort kommt, wenn deine Eltern sich melden?

Dann wir machen uns auf die Strümpfe und los.

Ich mußte lachen. Auf die Socken, verbesserte ich ihn.

Der Gedanke, Staschek zu verlieren, versetzte mir einen Stich. Zum Glück hatten wir noch ein weites Stück Weg gemeinsam. Rawicz lag ungefähr an der Linie, die vom See des Alten über Bug, Weichsel und Oder bis ins Eulengebirge wies. Von Rawicz zur Grenze war es nur

* In der Schreibweise des polnischen Wortes Śląsk folgt der Autor der Phonetik.

ein Katzensprung, zur Himmelsstiege nicht weiter als hundert Kilometer. Was bedeutete das schon in einer Zeit, da Eisenbahnen und Autos fuhren. Außerdem: Frieden war, da spielten Grenzen keine Rolle. Ich erinnerte mich, wie ganze Familien aus dem Oberdorf an den Feiertagen hinüber nach Adersbach und Weckelsdorf gepilgert waren, ins Tschechische, Schlagsahne essen, Schmettan, wie es in den Dörfern hieß, und Bier trinken. In Gedanken sah ich Staschek zu uns auf Besuch kommen. Ich würde ihm die Hohe Eule zeigen, das Guckei und die Pfennigbaude. Schöpsenfleisch sollte er probieren und Streuselkuchen, und die Taschen wollte ich ihm vollstopfen mit biemschen Manneln.

Sein Zustand schien sich zu bessern. Nur abends meldete sich das Fieber noch, dann verfinsterten sich die Sommersprossen, die Stirn wurde scheckig, er sah an uns vorbei. Jetzt aber blickte er in den Himmel und murmelte: Schlonsk.

Manchmal, wenn wir in unserer Holzburg saßen, erzählte er von seinem Dorf. Ich begann, etwas von der Weite zu ahnen, aus der er gekommen war, von den Stürmen, unter denen die Hütten sich ducken, vom Eis, das in den Flüssen kracht. Ich sah mit ihm dem Zug der Graugänse nach, und wir trieben Kühe auf die Weide. Wolken flogen niedrig über uns hinweg. Birken wuchsen und Ebereschen.

Und Pappeln, sagte ich.

Er nickte.

Danach blieb es eine Weile still. Erzähl mir von deinem Vater, sagte ich.

Staschek hatte ihn so in Erinnerung behalten, wie er ihn zum letzten Mal gesehen hatte: in Hemd und Hose, ungekämmt, und mit einem Blick, der Abschied nahm für immer. Im letzten Moment hatte der Eisenbahner noch nach der Dienstmütze greifen können; die hielt er verzweifelt in der Hand, und die hob er hoch, als der LKW sich entfernte.

Ein Bild, das Staschek nicht vergessen wird. Dahinter versanken die Erinnerungen an die Zeit, da der Vater betrunken nach Hause gekommen war. Einmal hatten ihn seine Kumpane in einer Schubkarre, mit Wasser übergossen, bis vor die Tür geschleift. Als die Mutter sich weigerte, ihm zu Diensten zu sein, war er mit dem Ochsenziemer über sie hergefallen. Juz po wszystkim, murmelte Staschek. Alles ist vorbei. Dann aber sah er mich an. Die Erinnerung hatte alte Wunden aufgerissen. Ich spürte, was in ihm vorging. Er sah das Bild wieder, den LKW, der ins Gegenlicht fuhr, den Vater, den Bruder, die Mutter zwischen den fremden Männern, die Eisenbahnermütze. Und deiner? fragte er, fast böse. Was macht dein Vater?

Hab nichts mit ihm zu schaffen, brummte ich. Er hat eine andere Frau. Fährt rum. Heute hier, morgen da. So was wie Artist.

Staschecks Augen wurden schmal. Frack und Hut und weißes Kaninchen aus Hut, was?

Das traf mich wie ein Schlag. Nein! rief ich. Puppenspieler. Weißt du nicht, was das ist?

In seinem Gesicht zuckte es. Nach einem Moment der Verwunderung schrie er zurück, ich verstand nur zwei Worte: Ojciec und syn. Vater und Sohn.

Wir starrten uns an. Staschek knirschte einen Fluch. Schließlich nahm er den Blick von mir, griff nach dem Messer und begann, ein Holzstück zu bearbeiten. Immer wieder stieß er Flüche aus. Flüche gegen die Deutschen, gegen meinen Vater, gegen mich.

Ach, leck mich doch am Arsch, sagte ich und stand auf. Wenn ich dich nicht hinter mir her gezogen hätte, wärst du längst verreckt.

Er sprang auf, das Messer glitt zu Boden. Und mein Vater? brüllte er. Moj ojciec? Mein Bruder? Meine Mama? Alle noch razem, zusammen, wenn ihr nicht gekommen und rattattatam! Er hielt das Holzscheit wie eine Maschinenpistole auf mich gerichtet und tat so, als jagte er mir eine Salve in den Leib. Dabei blitzten seine Augen, das Gesicht war von Wut verzerrt. Rattattatam.

Für einen Augenblick hatte ich Angst, er könnte das Messer nehmen und auf mich losgehen. Schlimme Sekunden waren das.

Plötzlich wankte er, die Arme sanken herab. Er hatte sich zuviel zugemutet. Mit den Händen Halt suchend, sackte er zusammen. Ich sah, wie er sich im Stürzen die Finger an den Scheiten blutig riß, doch ich bewegte mich nicht. Ich ließ ihn liegen.

Erst nach einer Weile kam ich zu mir. Staschek starrte mich aus aufgerissenen Augen an. Ich kauerte mich neben ihn. Schweißtropfen rollten von seiner Stirn. Blöder Hund, knurrte ich.

Czy to ty? murmelte er. Bist du es?

Er schien aus einer anderen Welt zurückzukehren, aus einem zweiten Leben. In diesem Moment wurde mir erneut bewußt, daß wir noch vor kurzem aufeinander geschossen hätten, ohne Erbarmen. Der Krieg macht uns alle zu Tieren, hatte Ruschkes Bruder gesagt.

Wieder stand der Vogel über uns. Als er nach einer Weile die Flügel bewegte, ging ein Zittern durch die Luft.

Czy to ty?

Ich nickte.

Am anderen Tag, als der Alte und ich vom See zurückkamen, hielt uns Staschek eine hölzerne Figur entgegen. Er hatte sie mit dem Messer aus einem Scheit geformt.

Eine Nonne oder eine alte Frau. Der Rücken der Frau war gekrümmt, sie trug ein Tuch oder einen Umhang, die Hände hatte sie auf den Bauch gelegt. Das Gesicht war grobschlächtig geraten, der Mund, ein schmaler Querstrich nur, drückte Bitterkeit aus, Kummer. Babka, rief Staschek. Moja babka!

Augenscheinlich hatte ihn das Ergebnis seiner Anstrengung selber überrascht, er redete wie im Fieber, euphorisch, und wir stimmten ihm zu: Das war eine wunderbare Babka. Alles hatte sein Maß, nichts war zu viel an ihr, nichts zu wenig. Wir wurden nicht fertig, sie zu preisen, Staschek genoß es sichtlich, und der Alte holte eine Flasche aus dem Haus. Manche der Dorfbewohner, die ihre Fische bei ihm kauften, zahlten nicht mit Geld, sondern mit Naturalien, Mehl oder Zucker oder Schnaps. Auf diese Weise ging das Teufelszeug nicht aus. Er hielt die Flasche hoch und rief: Wir feiern Geburtstag! Urodziny!

Staschek und ich blickten uns an.

Der Alte grinste. Den Geburtstag eines Künstlers, krähte er.

Die Flasche ging reihum. Der Alte brachte Brot und Speck, wir aßen und tranken, und ich spürte wieder jene Leichtigkeit, aus der, wie ich wußte, früher oder später der Absturz kam. Vielleicht, daß ich ihn hinausschob, wenn ich nur kleine Schlucke nahm, wenn ich Speck in mich hineinschlang, Brot. Jeder Bissen, jeder Schluck aber stachelten meine Lust zu trinken aufs neue an.

Staschek, in seinem Übermut, wollte sich plötzlich im Spiegel sehen. Großväterchen, rief er, hol uns deinen schönen Spiegel!

Das ließ sich der Alte nicht zweimal sagen. Er brachte das Prachtstück angeschleppt und lehnte es an die Wand unserer Holzburg. Der Rahmen, verziert und verschnörkelt, wie ich es nur aus Filmen kannte, war breiter als meine Hand. Auf der Spitze, einem Geflecht aus goldenen Rosen, saß eine goldene Krone.

Woher hast du das Ding? wollte Staschek wissen, doch der Alte grinste nur, hob die Flasche an den Mund und trank. Es war ihm anzusehen, wie stolz er auf seinen Besitz war. Vielleicht entführte ihn der Spiegel in eine andere Welt, und er sah sich in ihm als Kolumbus oder als Seeräuber, vielleicht auch als Märchenprinz. Andere lasen Bücher oder gingen ins Kino, kann sein, der Alte setzte sich vor den Spiegel.

Wir indessen sahen uns trinken, und Staschek fuhr sich über das stachlige Barthaar und sagte: Es wird Zeit, daß wir uns rasieren, Brüderchen.

Auch mir waren Stoppeln gewachsen. Wenn ich mit der Hand übers Kinn strich, hörte ich ein kratzendes Geräusch, doch mein Anblick flößte mir keine Furcht mehr ein. Der Kopf hatte das Kantige verloren, Haare begannen es zu runden.

Staschek langte nach der Flasche. Nun rück schon raus mit der Wahrheit, Väterchen. Wem hast du deinen Spiegel geklaut?

Der Alte griff sich in den Bart. Die Äuglein glänzten. Der gehört einer Baroneß, verkündete er. Gleich darauf verbesserte er sich. Er gehörte ihr. Auf die Vergangenheitsform legte er Wert. Minely te czasy. Die Zeiten sind vorbei. Und er erzählte, wie er zu seinem Spiegel gekommen war. Ich begriff schon eine ganze Menge, das heißt, ich ahnte mehr, als ich dem Wort nach verstand, den Rest übersetzte Staschek. Wald, Feld und See, so erfuhr ich, hatten einer adligen Familie gehört, auch die Hütte, das Boot und die Netze. Für seine Arbeit war der Alte vom Inspektor bezahlt worden. Regelmäßig kam ein Fuhrwerk mit Eisblöcken und holte frischen Fisch. Eines Tages aber wartete der Alte vergeblich auf die Fuhre. Mit dem Heranrücken der Roten Armee war die alte Ordnung zerfallen. Der Baron und seine Familie hatten bei Nacht und Nebel das Weite gesucht. Dadurch blieb nicht nur das Fuhrwerk aus, auch der restliche Lohn wurde nicht gezahlt. Kein Wunder also, daß die Leute aus den Dörfern über den Gutssitz herfielen und fortschleppten, was sie auf ihren Schultern tragen konnten. Plünderer schlossen sich an, Fremde und Abenteurer.

Der Alte erfuhr zu spät von der Möglichkeit, auf diese Weise ausstehenden Lohn zu kassieren. Als er im Schloß erschien, fand er Truhen und Schübe leer. Selbst die Bilder an den Wänden waren demoliert, sinnlos schwankten Kronleuchter im Wind. Nur im Zimmer der Tochter, über einer Kommode, strahlte ein goldener Spiegel im schönsten Glanz. Der Alte lud sich das gute Stück aufs Kreuz und marschierte damit an den See. In seiner Hütte stellte er den Spiegel auf die Holzbank und setzte sich mit seiner Frau den halben Tag davor. Nie wird er die Stunde vergessen, da er zum erstenmal den Rahmen im Licht der untergehenden Sonne aufleuchten sah. Spieglein, Spieglein an der Wand, murmelte er.

Was denn, du sprichst deutsch?

Er sah mich an, ohne zu erschrecken; sein Blick schien durch mich hindurchzugehen. Nie rozumiem, sagte er. Nix verstehen.

In diesem Moment hatte ich zum erstenmal das Gefühl, daß er log. Er lehnte an seinem Holzstoß, blickte in den Himmel und lauschte den Rufen der Frösche. Nach einer Weile begann er zu singen. Von einem goldenen Fisch sang er. Vom Mond überm Wasser und einem leeren Netz. Wie ein Seufzer klang das. Staschek's Augen wurden groß dabei. Wierzba, wierzba, sang der Alte, moja wierzba, meine Weide.

Plötzlich hielt er inne, die Katze auf dem Stapel machte einen krummen Buckel. In der Ferne war helles Trommeln zu hören. Trappeln wie das Aufschlagen von Hufen. Sein Gesicht wurde bleich, Staschek zuckte zusammen. Miliz? Ich blickte die beiden an. Staschek schüttelte den Kopf. Welche von Parandowskis Leuten, raunte der Alte. Reiter. Er hatte sich erhoben, spähte über den Stapel. Staschek und ich machten uns klein. Das Trommeln der Hufe kam von dort, wo der Weg das Ufer verließ und in den Wald mündete.

Vier Reiter, flüsterte der Alte. Czterech. Und er sagte noch etwas, das ich nicht verstand. Dann verließ er das Versteck, die Flasche in der Hand.

Wir hörten ihn singen. Er tat, als hätte er die Reiter nicht bemerkt. Moja wierzba, meine Weide.

Das Netz holt er, zischte Staschek.

Da sprengten die Reiter heran. Eines der Pferde wieherte. He, stary! rief eine Stimme.

Chwileczke, antwortete der Alte. Einen Moment nur. Wie zum Trocknen breitete er das Netz über unseren Schlupfwinkel. Eingang und Himmel waren verdeckt.

Wir wagten kaum zu atmen. Staschek sah aus wie Braunbier und Spucke. Ich glaube, er hatte in dieser Minute den Tod vor Augen. Den Tod als Deserteur. Als Verräter.

Wir hörten, daß vom Fischfang die Rede war. Die Stimmen entfernten sich. Wahrscheinlich gingen die Männer mit dem Alten zum Räucherofen. Jemand klatschte den Pferden aufs Fell. Die Tiere waren unruhig und schnaubten. Spokojnie, spokojnie, hörten wir den Alten sagen. Immer schön ruhig. Cukier?

Die Katze spazierte übers Netz. Und wenn sie einbrach? Mir war, als müßte das Herz platzen. Alle Leichtigkeit, die ich vor Sekunden noch empfunden hatte, war wie weggedrückt. Ich kauerte in den Spänen und hatte Angst, daß jemand auf die Idee kam, hinter das Netz zu sehen.

Der Alte sang wieder, seine Stimme kippte manchmal um, und die Männer riefen: Na zdrowie! Also tranken sie. Dazu war ein dumpfes, rhythmisches Geräusch zu hören, das vom Räucherofen kam. Wahrscheinlich räumten sie die Kammer aus und warfen die Fische in irgendwelche Behältnisse, Säcke oder Tücher.

Solange sie damit beschäftigt waren, drohte uns keine Gefahr. Doch wenn ihnen Zeit blieb, mit dem Alten einen Schwatz zu machen, wenn sie Lust verspürten, noch ein bißchen herumzustromern, gar eine weitere Flasche zu köpfen, dann konnte es passieren, daß irgendein Zufall, die Katze oder ein scheuendes Pferd, uns verriet.

Da lagen wir nun, zusammengekauert, um unser Leben bangend, vor einem goldenen Spiegel. Spieglein, Spieglein an der Wand, wer ist der Schönste im ganzen Land? Das war schon eine komische Situation. Mensch Meier.

Plötzlich verstummte das rhythmische Geräusch, wir hörten, wie die Männer etwas zu den Pferden schleiften. Sie lachten dabei. Wie es schien, besuchten sie den Alten nicht zum erstenmal. Jetzt erkundigten sie sich nach seiner Frau, und der Alte erzählte, was geschehen war. Das Herz, sagte er. Es hat nicht mehr mitgemacht. Eine Weile herrschte Stille. Dann entfernten sich die Schritte. Wahrscheinlich gingen die Männer auf das Haus zu.

Staschek streckte sich. Das Liegen im verkrampften Zustand tat auf die Dauer weh. Er nahm die Figur in die Hand und betrachtete sie. Dann redete er auf sie ein. Er flüsterte, ich verstand nur wenige Worte, denn er sprach polnisch. Er schien die Figur um Beistand zu bitten. Nach einer Weile wandte er sich an mich. Ich hab dir noch nichts von meinem jüngsten Bruder erzählt, raunte er. Ich blickte ihn verwundert an. Jetzt fand er die Ruhe, von seinem Bruder zu sprechen?

Krank, flüsterte er. Taub und stumm. So. Er ahmte den Bruder nach, lallte, zeigte auf die Ohren, schüttelte den Kopf. Ich fand sein Verhalten seltsam.

Du. Er zeigte auf mich. Du mein Bruder. Du … Er lallte wieder. Verstehen?

Auf einmal begriff ich. Ich sollte, wenn jemand uns entdeckte, Staschecks taubstummer Bruder sein. Sein Bruder? Ein Gefühl der Rührung überkam mich. Staschek war Pole, ich Deutscher, und er sprach von mir als seinem Bruder. Staschek, Bruder, brat. Ich lallte, ich bewegte Lippen und Zunge, doch ich hielt die Worte zurück.

Im Unterdorf hatte es einen Taubstummen gegeben. Ich wußte genau, welche Laute der stammelte, wie er das Gesicht dabei verzog, daß es aussah, als grinste er. Paul Cebulski, der dicke Paul Cebulski. In diesem Augenblick sah ich ihn ganz deutlich vor mir. Brat, Bruder, bracia.

Endlich traten die Männer aus dem Haus. Wir hörten, wie sie zu den Pferden gingen. Der Alte rief etwas, sie sprengten davon.

Eine Weile blieben wir reglos liegen. Schritte schlurften heran, der Alte trat zu uns. Er hielt etwas in der erhobenen Rechten. Voller Staunen sahen wir, daß es ein Bündel Geldscheine war. Er ließ sie in unsere Burg regnen, nagelneue, blitzende Scheine. Ich soll mir dafür den Eiffelturm kaufen, knurrte er. Wahrscheinlich hielt er sie für wertlos. Bedrucktes Papier, sonst nichts.

Staschek griff nach den Scheinen, betrachtete sie von allen Seiten, hielt sie gegen das Licht. Die sind echt, rief er. Prawdziwe, nie falszowane.

Nie falszowane? Der Alte blickte Staschek erschrocken an. Dann nahm er einen der Scheine, ließ das Papier durch die Finger gleiten und schüttelte ungläubig den Kopf. Polnische Banknoten, neue? So viel Geld hatte er nie in den Händen gehabt. Heilige Mutter Gottes, murmelte er und bekreuzigte sich.

Wir waren plötzlich reiche Leute. Der Alte ließ keinen Zweifel darüber aufkommen, daß die Scheine uns allen gehörten, auch mir. Vier Stunden Fußweg in die Stadt. Wir brauchten Schuhe, Hemden, Hosen. Jeden Tag konnte Post aus Rawicz kommen. So, wie wir aussahen, glichen wir Vogelscheuchen. Neue Sachen mußten her. Wir dachten an Dinge, die uns vorher nie in den Sinn gekommen wären. Das alles hatte das Geld gemacht. Unsere Neugier auf Läden und Regale war geweckt. Ich sah mich in der Kolonialwarenhandlung des Unterdorfs vor den Glasbehältern mit den bunten Bonbons. Staschek schien es ähnlich zu gehen. Wir malten uns aus, wie wir durch die Straßen schlendern würden. Ich war sein taubstummer Bruder. Die Suche nach den Eltern hatte uns in diese Gegend verschlagen. Irgendwo war uns gesagt worden, der Vater, von den Deutschen verschleppt, hätte nach dem Krieg als Eisenbahner hier Arbeit gefunden. Das wollte Staschek sagen, ich sollte nur unverständliche Laute von mir geben. Den halben Abend übten wir. Und wenn sie verlangen, ich soll aufschreiben, was ich nicht sagen kann?

Staschek wußte Rat. Du bist plemplem, sagte er. Du kannst nicht einmal deinen Namen schreiben. Und wenn sie dir einen Stift in die Hand drücken, dann malst du Männchen und Häuser.

Kreis und Komma, Punkt und Strich, fertig ist das Mondgesicht. Ich kritzelte in Gedanken Gesichter auf weißes Papier. Mondgesichter.

Draußen schrien die Frösche. Der Alte lief in der Stube herum. Wir hatten vorsichtshalber die Leiter hochgezogen und die Luke zugemacht. Vielleicht betrachtete er sich im Spiegel, vielleicht zählte er das Geld, vielleicht trank er die Flasche leer.

Ich kauf mir ein neues Messer, murmelte Staschek. Ein richtiges Schnitzmesser.

VIII

Als die Türme der Stadt aus dem Dunst traten, schlug mir das Herz im Halse. Der Anblick hatte etwas Unwirkliches. Mit den Türmen, so kam es mir vor, sandte uns eine ferne Zivilisation ihren Gruß. Eine Welt, in der es Eisbuden und Kirchen gab, Bahnhöfe und Kinos. Damit mußte ich erst fertig werden.

Das erste Stück waren wir gelaufen, zunächst durch den Wald, dann auf Feldwegen bis zur Chaussee. Dort hatten wir uns den Bauch mit Äpfeln vollgeschlagen, sie fingen an, gelb zu werden, der August hatte begonnen. Später war ein klappriger Lieferwagen, beladen mit rostigen Eisenringen, neben uns stehengeblieben, der Fahrer hatte gefragt, wohin wir wollten, und als wir sagten, daß wir auf dem Wege nach Wielka Laka wären, schlug er uns vor, auf die Ladung zu klettern. Er fuhr sehr langsam, machte um jedes Loch einen Bogen, doch das störte uns nicht, wir hatten ja Zeit, und ich war froh, daß Staschek sein Bein schonen konnte. Wer weiß, was passieren würde, dachte ich, wenn er die ganze Strecke lief.

Der Fahrtwind tat uns gut. Die Luft roch nach Roggen. Ein paarmal mußten wir Erntefuhren überholen. Von den Fudern winkten Mädchen zu uns herab. Das ging mir unter die Haut wie der Anblick der Türme. Durch den Wald irrend, allein mit mir selber, hatte ich nicht mehr daran geglaubt, daß es so etwas gab. Matka Boska, stöhnte Staschek. Heilige Mutter Gottes. Wir winkten zurück.

Da fiel mir die Frage ein, die ich ihm hatte stellen wollen: Hast du ein Mädchen?

Kiedys mialem, sagte er. Früher. Und ich erfuhr, auf der Ladefläche eines dreirädrigen DKW hockend, zwischen klirrenden Eisenringen, die kurze Geschichte von Staschek und dem Mädchen Danuta. Danuta hatte sich eine Zeitlang bei Parandowskis Leuten aufgehalten. Das war in der Zeit, als die Männer in den Sümpfen lagen und das Ende des Krieges noch weit schien. Danuta hatte zu einem Transport gehört, der junge Polinnen zur Arbeit nach Deutschland bringen sollte. Unterwegs, zwischen Bialystok und Ostrow, war ihr die Flucht aus dem fahrenden Zug gelungen. Sie hatte sich bis zum Wald durchschlagen können und war auf eine Patrouille der Partisanen gestoßen. Staschek erinnerte sich noch, wie eines Abends ein Mädchen vor ihm stand, am ganzen Körper zitternd, mit Augen, groß wie Walnüsse.

Nach einem Angriff der Deutschen, als das Lager Hals über Kopf geräumt werden mußte, auf dem Rückzug durch die Sümpfe, war sie vom Weg abgekommen. Staschek hatte ihre verzweifelten Rufe gehört, doch als er endlich, bis zu den Hüften im Morast, die Stelle erreichte, von der die Rufe gekommen waren, fand er Danuta nicht mehr. Wie von Sinnen, grub er mit bloßen Händen nach ihr, und er wäre wie sie versunken, hätten die Männer ihn nicht mit Gewalt zurückgeholt. Aufgewacht war er auf einer Trage; die anderen hatten ihn erst bewußtlos schlagen müssen.

Ich schwieg. Ich hatte auf einmal das Gefühl, daß es klüger gewesen wäre, nicht zu fragen. Und du? wollte er wissen. Hast du jemanden?

Ich erzählte ihm von Gesine, von unserem Schlitten und von Gesines Vater. Sie haben ihn gehenkt, sagte ich.

Er sah mich ungläubig an. Deutsche hatten einen Deutschen gehenkt?

Die Akazien am Straßenrand sahen grau aus, Staub lag auf den Blättern. Wielka Laka wartete auf Regen.

Die ersten Häuser, die an die Chaussee rückten, wirkten schläfrig, graue, einstöckige Gebäude. Auf den Stufen hockten Frauen mit Kopftüchern. Irgendwo war Musik zu hören. Die Vorfreude, vor Minuten noch heftig, war einem Gefühl der Bangigkeit gewichen. Das haben die Geschichten gemacht, sagte ich mir, die Erinnerungen. Wir kommen nicht los davon. Sie sind ein Stück von uns selber, wir brauchen sie.

Je mehr wir uns der Kirche näherten, desto enger rückten die Häuser zusammen. Wir schaukelten an Geschäften vorbei, ich erkannte Konservenbüchsen und Krawatten in den Auslagen, Hochzeitsanzüge und Leiterwagen und wartete darauf, daß die Erregung sich wieder einstellte, die Lust, durch eine der Türen zu gehen und Dzien dobry zu sagen.

Gar nichts wirst du sagen, erinnerte mich Staschek. Wenn du den Mund aufmachst, merkt jeder, daß du ein Deutscher bist, und dann ... Er ließ offen, was dann geschehen würde. Ich konnte es mir vorstellen. Mit einem Niemiec machten sie kurzen Prozeß. Also hielt ich den Mund. Cala nadzieja w Bogu.

Vor einer Kneipe hielt der Wagen. Da war sie also, die Stadt. Drei, vier Schritte, und wir standen vor einer Theke, konnten Bigos bestellen oder Zigaretten, Bier oder Wodka oder alles zusammen. Langsam kletterten wir von der Ladefläche. Eine Frau kam aus der Tür neben der Kneipe, sie trug Lockenwickler in den Haaren und schüttelte den Inhalt eines Eimers auf die Straße. Staschek lud den Chauffeur ein, mit uns in die Gaststätte zu gehen und einen Schluck zu trinken, doch der Mann winkte ab, er lachte. Die halten mich schließlich für einen Seemann, rief er. Ihr stinkt nämlich wie Fischdampfer.

Staschek verzog das Gesicht. Ich aber grinste. Vielleicht, so dachte ich, sollten wir aus der Not eine

Tugend machen und sagen, daß wir von der Küste kommen. Seefahrer auf Urlaub. Unsere Seesäcke? Die haben uns irgendwelche Strolche geklaut. Und was da alles drin war! Seide und Rum und Schokolade. Brüsseler Spitzen. Ja, wenn wir wollten, wir könnten schon Geschichten erzählen! Von den Deerns aus Spitzbergen. Von Heringsschwärmen und Eisbären. Vom Sonnenuntergang vor Labrador. Doch ich schwieg. Ich machte nur Lalamamam und Uh und rollte mit den Augen.

Ein armer Hund, hörte ich Staschek erklären. Der Chauffeur hörte zu lachen auf, blickte mich mitleidig an. Er hatte es plötzlich eilig. Biedny pies, wiederholte Staschek. Dann sahen wir die Karre übers Pflaster holpern.

Jetzt grinste auch Staschek. Ich erzählte ihm von meiner Idee, uns als Matrosen auszugeben. Nur zum Spaß, sagte ich.

Zwei Bier, zwei Wodka, und die alte Lage war wieder hergestellt. Lalamamam. Uh. Tak to jest. Das ist halt so. Mensch Meier.

Von nun an lag die Stadt uns zu Füßen. Wir tauchten in eine schillernde Wolke; wie zum Jahrmarkt war uns zumute, wie im tiefsten Frieden; wir kauften Hosen und Hemden, die stammten aus alten Wehrmachtsbeständen oder wer weiß woher, Polen waren schon immer findige Leute, und wir trugen neue Schuhe und naschten Eis. Das schmeckte nach Himbeeren und erinnerte mich an die Geburtstage in Kühnels Haus. Dort hatte es Eistorte gegeben, mehrschichtig, mit Konfekt darauf und einem Gebirge aus Schmetten.

Staschek fand, daß unsere struppigen Gesichter und die neuen Sachen nicht zusammenpaßten. Darum gingen wir zu einem Fryzjer und ließen uns rasieren. Haare waren nicht zu schneiden; nur im Nacken, so meinte der Mann, müßte etwas ausgebessert werden. Ich verstand fast alles, was Staschek und der Fryzjer miteinander sprachen. Die Wochen am See hatten einen halben Polen aus mir gemacht. Staschek, der sich als mein Bruder ausgab, spielte seine Rolle mit Eifer. Dem Mann erzählte er tatsächlich, wir wären zur See gefahren. Auf einem Fischkutter. Bis zur Schwedenküste und zurück. Als Heimathafen gab er einen Ort an, dessen Namen ich nie gehört hatte. Nördlich von Gdynia läge das, behauptete er. Gdynia war Gdingen. Staschek schwatzte munter drauflos. Ich hatte den Eindruck, er wollte sich einüben, und ich sollte mich an meine Rolle gewöhnen. Eigentlich stammten wir ja aus der Gegend von Lwów, erklärte er, aber da könnten wir nicht hin, das gehörte jetzt zur Ukraine.

Was uns denn in diese Gegend verschlagen hätte, wollte der Mann wissen.

Die Suche nach den Eltern. Der Vater sollte hier irgendwo arbeiten.

Als wir gingen, sah mich aus dem Spiegel ein Milchgesicht an. Staschek gab dem Fryzjer ein Trinkgeld. Der verbeugte sich und brachte uns an die Tür. Moi państ-wo, murmelte er.

Wir drehten uns nicht um. Wir gingen über das Kopfsteinpflaster und schubsten uns mit den Ellbogen. Państwo. Wir waren Herrschaften geworden.

Wieder drang Musik zu uns. Der Wind trug sie auf den Marktplatz. Mit dem Puppenkönig war ich einmal auf dem Rummel in Peterswaldau gewesen. Dort hatten die Lieder aus den Lautsprechern der Karussells und der Buden genauso geklungen. Kein Wunder, daß es mich in diese Richtung zog. Doch Staschek wollte zuvor in die Kirche. Seit Monaten, vielleicht seit Jahren war er nicht mehr in einer Kirche gewesen. Einen

Moment lang schien er zu überlegen, ob er mich, einen Deutschen, mitnehmen durfte, dann aber faßte er mich am Oberarm und schob mich durchs Tor. Es roch ganz eigenartig in der kalten Dunkelheit. So ähnlich hatte es gerochen, wenn zu Fronleichnam die Prozession der Katholiken durchs Unterdorf zog und die Ministranten ihre Weihrauchgefäße schwenkten.

Staschek trat zu einem Becken an der Wand, tauchte die Finger hinein und bekreuzigte sich. Von der Tür her fiel Licht auf sein Gesicht, darum konnte ich ihn beobachten. Er wirkte wie verwandelt, die Züge schienen geglättet, in den Augen glänzte so etwas wie kindliches Staunen.

Ein sonderbares Licht lag über allem. Das farbige Glas der Fenster brach die Helligkeit, die von draußen hereinsickerte, auf den Stufen flackerten Kerzen. Staschek schob mich mit sanfter Gewalt in eine der Bankreihen und bedeutete mir, mich zu setzen. Ich kam seiner Aufforderung nach und sah, wie er allein zum Altar ging. Dort kniete er nieder und betete.

Über ihm leuchtete das Bild der Schwarzen Madonna. Ungezählte Male hatte ich es gesehen, an Straßenrändern, in der verlassenen Siedlung, im Haus des Alten, geschmückt mit Birkengrün und Feldblumen. Schwarze Mutter Gottes. Czarna Madonna.

Im Dämmer des Kirchenschiffs schien die Madonna zu lächeln. Das Murmeln der Betenden hüllte mich ein, und ich dachte, daß es schön sein müßte, in dieser Bank zu sitzen und die Orgel zu hören. Während mein Blick in die Höhe ging, die Reihen der Pfeifen hinauf, entdeckte ich eine Schwalbe. Sie huschte von einer Empore zur anderen. Im Fenster, neben dem Altar, hatte sie ihr Nest gebaut.

Staschek erhob sich und ging zur Längswand. Dort, dem Schwalbennest ähnlich, hatte ein hölzerner Anbau seinen Platz. Der Beichtstuhl, dachte ich. Erneut sank Staschek in die Knie.

Ich beobachtete ihn voller Staunen. Gleichzeitig aber hatte ich das Gefühl, etwas Verbotenes zu tun. Staschek, das spürte ich, hatte in dieser Minute ein Recht darauf, allein gelassen zu werden. Nicht einmal mit meinen Blicken durfte ich ihm folgen.

Die Schwalbe schoß in ihr Nest. Hinter den Fensterscheiben schienen sich Zweige zu bewegen, ich konnte nur die schattenhaften Umrisse erkennen und schloß die Augen. Was würde Staschek jetzt sagen? Ich habe einen Deutschen mitgebracht, würde er das sagen? Dieser Niemiec sitzt dort, er weiß nicht einmal, wie man ein Kreuz schlägt. Wahrscheinlich aber würde er etwas ganz anderes sagen. Czarna Madonna, würde er sagen. Ich kann mich nicht lossagen von der Sünde des Hasses. Liebe deine Feinde, heißt es. Aber ich möchte den Mann, der mir die Eltern und den Bruder genommen hat, töten. In meinen Gedanken sehe ich mich auf ihn schießen, ziele über Kimme und Korn. Auf die Deutschen habe ich geschossen, Hochwürden, später auf meine Landsleute. Das würde er sagen.

Unterm Flug der Schwalbe zitterten die Kerzen. Und plötzlich stand er neben mir. Seltsam, ich vermied es, ihm ins Gesicht zu sehen. Erst als wir auf die Straße traten, ins gleißende Licht, und die Musik wieder zu hören war, blickte ich auf und sagte: Ich hab eine Schwalbe gesehn. In der Kirche.

Schwalbe heißt Jaskolka.

Jaskolka, wiederholte ich.

Du sprichst immer nur einzelne Wörter. Ganze Sätze mußt du sagen.

Staschek hatte recht. Ich verstand die Sätze zwar, doch es fiel mir schwer, welche zu bilden. Jaskolka hießt Schwalbe, ptak hießt Vogel und jestem: ich bin. Jestem czarny ptak, sagte ich.

Da lachte er auf.

Ich bin ein schwarzer Vogel.

Das gefiel mir plötzlich. Ein schwarzer und ein weißer Vogel. Wir erhoben uns in den Himmel. Wald und See, die toten Soldaten, den Kübelwagen und die fremden Reiter ließen wir zurück, wir flogen durch Wolken von Zuckerwatte; aus Lautsprechern wehte Musik zu uns, übereinander und nebeneinander, wir schwebten auf Karussellpferden, Babkas winkten mit Kannen voller Sahne und Himbeeren, und Staschek zeigte mit dem Finger auf mich und rief: Ein schwarzer Vogel.

Ich war wie benommen, ich taumelte. Das kam nicht vom Flug auf der Schaukel, nicht vom Kreisen des Karussells, das kam aus meinem Innern, es war das Gefühl, das alles nur zu träumen. Wenige Wegstunden entfernt wußte ich den Wald, dort lagen die Toten neben dem Kübelwagen, dort hatte ich den Doppeldecker gesehen, die verlassene Siedlung. Mir war, als hätte ich eine unsichtbare Wand durchstoßen. Die eine Welt erschien mir so unwirklich wie die andere. Und ich, zur Hälfte in der einen, zur Hälfte in der anderen, sah mich mit einem Spielzeuggewehr auf den Drahtstengel einer Rose zielen. Ein schwarzer Vogel.

Die beiden Mädchen, die uns am Schießstand beobachteten, lachten. Ich hätte Staschek gern ergänzt und gerufen: Ein schwarzer und ein weißer Vogel. Doch ich hielt mich an die Abmachung und schwieg.

Staschek war vor mir an der Reihe gewesen und hatte die Rose einem der Mädchen geschenkt. Was also blieb mir anderes übrig, als meine Rose der anderen zu geben. Die hieß Eliza. Ich hätte das nie gemacht, wäre nicht Staschek gewesen. Eliza entsprach ganz und gar nicht dem Bild, das ich mir von jemandem machte, dem ich Rosen schenkte. Sie bewegte sich eigenartig in den Hüften, und ihr Gesicht sah aus, als müßte sie ständig ein Kichern unterdrücken. Staschek spreizte die Flügel, er umgurrte die andere und prahlte mit unseren Erlebnissen auf hoher See. Die andere hieß Zofia.

Natürlich wären wir auch in Afrika gewesen, sagte er. Ein Landgang in Afrika sei wohl das Schönste, das man sich denken könne.

Wegen der schwarzen Mädchen, kicherte Eliza.

Die beiden waren uns zugeflogen wie Vögel. Unsere Kleidung hatte sie angelockt. Zwei Lords in Wielka Laka, das gab es nicht alle Tage. Davon würden die Leute noch im Winter reden. Darum tschilpten und schnatterten sie um uns herum, und Eliza schraubte sich aus ihren Hüften, daß es aussah, als wollte sie zum Zirkus.

Staschek führte uns in ein Zelt mit weißen und roten Girlanden. Dort gab es Bier und Schnaps und Zigaretten. Zofia setzte sich zu Staschek und Eliza zu mir, und Staschek trumpfte auf. Das schlimmste Erlebnis, so verkündete er, hätten wir im November gehabt. Unser Schiff wäre plötzlich von Eis umschlossen gewesen. Das Funkgerät kaputt und nichts zu beißen. Weit und breit kein Eskimo. Nur Eisbären, ganze Rudel. Das könnt ihr euch nicht vorstellen, posaunte er. Die Biester rückten immer näher und sperrten die Rachen auf. So … Er versuchte, es vorzumachen. Dabei sah ich wieder seine Zähne blitzen. Er stieß einen schaurigen Schrei aus. Die Leute drehten sich nach uns um. Schließlich, so fuhr er fort, hätte der Käptn die einzige Waffe gebracht, die an Bord aufzutreiben war, eine Leuchtfeuerpistole. Mit diesem Ding und mit blanken Messern hätten wir uns zur Wehr gesetzt. Das wär ein furchtbares Gemetzel gewesen. Den Smutje hätten die wilden Tiere vor unseren Augen in Fetzen gerissen. Dabei wär mir, seinem armen Bruder, die Sprache weggeblieben. Seht ihn euch an, sagte er. Er kriegt seitdem kein Wort mehr raus.

Die beiden machten große Augen. Eliza fuhr mir mit den Fingern über den Arm. Staschek hoffte wohl, daß ich Lalamamam machte und Uh, doch ich hielt den Mund.

Die beiden wohnten in den Hinterstuben eines ehemaligen Milchladens. Ein paar der Kacheln waren geplatzt und von der Wand gefallen, die Splitter knirschten unter unseren Schritten. Wenn man aus dem Fenster blickte, sah man auf Holzstapel und verrostete Kannen. Die Buden, so meinten die Mädchen, hätten bis zum Winter Zofias Großmutter gehört. Die wär zu Weihnachten gestorben. Den Großvater hätten im Jahr zuvor die Deutschen geholt.

Auf dem Tisch, vor einem durchgesessenen Kanapee, stapelte sich schmutziges Geschirr. Staschek schob es beiseite und stellte die Flasche hin. Zofia brachte Gläser, er schenkte ein.

Ich hatte derweil Zeit, mich umzuschauen. Der Raum, in dem wir uns befanden, diente den beiden als Küche. Eine Tür, halb aus Glas, führte in einen weiteren Raum, wahrscheinlich ins Wohnzimmer. Auf dem Herd türmten sich Töpfe und Schüsseln. Überall, in Tassen und Untertassen, entdeckte ich Zigarettenasche und Kippen, die Mundstücke rot von Lippenstift. Eliza schien zu spüren, was ich von diesem Anblick hielt, denn sie beeilte sich, das Geschirr in den Ausguß zu stellen. Guckt euch nicht um, rief sie. Wir sitzen auf gepackten Koffern. Die Männer haben geschrieben. Wir sollen kommen.

Staschek warf mir einen Blick zu. Die Männer? fragte er. Ihr seid verheiratet?

Sie lachten. Zofia hob als erste das Glas. Die Männer, so erfuhren wir, wären vorausgefahren, Quartier machen. Drei Wochen wären sie schon weg. Eliza sprach mit großen Augen von Alaska.

Alaska? Ich spürte das Eigenartige der plötzlich entstandenen Situation. Staschek lachte wie irre und versuchte, die beiden am Weiterreden zu hindern. Er beugte sich über Zofia, murmelte etwas von Gold und Glück und Scheiß auf morgen und griff nach ihrer Schulter.

Eliza aber plapperte weiter. Staschek, schon über Zofia, keuchte: Stopf ihr doch das Maul. Zofia faßte das als Spaß auf und kicherte. Eliza ließ sich ohnehin nicht aufhalten. Wunderdinge passierten dort, sagte sie. Die Leute gingen mit Wünschelruten durch die Gärten. Unter Apfelbäumen und Stachelbeersträuchern hätten die Deutschen Schätze vergraben, Gold und Silber.

Da fuhr Staschek hoch und herrschte sie an: Der versteht doch nichts, hör auf! Uns störst du nur. Zofia zog ihn zu sich, und Eliza, erschrocken und beleidigt, stand auf, nahm meine Hand und ging mit mir durch die Glastür. Ihr Gesicht sah nicht mehr aus, als wollte sie kichern.

Sie nahm meinen Kopf in die Hände und flüsterte: Armer Kerl. Dein Bruder ist besoffen.

Wir standen in einer engen, fensterlosen Kammer. Das Bett war nicht gemacht. Über der offenen Schranktür hingen Röcke, Blusen und Strümpfe.

Jelen, flüsterte sie. Moj jelen.

Dann begann sie sich auszuziehen. Im Dämmerlicht erkannte ich den Grund für das seltsame Drehen der Hüfte. Eine tiefe Narbe zog sich vom Oberschenkel bis zu den Rippen. Diese Narbe berührte ich zuerst. Eliza strich mir über den Kopf und sagte: Ich würde dir gerne erzählen, wie das gekommen ist. Aber du kannst mich ja nicht hören.

Ich lächelte.

Sei mein Hirsch, raunte sie.

Ich hätte in dieser Sekunde gern mein Schweigen aufgegeben und erfahren, was es mit der Wunde und mit

Alaska und den Deutschen auf sich hatte, wo dieses Alaska lag und welche Schätze dort vergraben waren. Doch ich durfte mich nicht zu erkennen geben. Ich hätte uns in Gefahr gebracht. Staschеks Augen sah ich, hörte seine Worte, und eine furchtbare Ahnung stieg in mir hoch. Was war, wenn es das Land der Deutschen nicht mehr gab? Wenn die Sieger seine Bewohner in alle Winde verstreut hatten und Staschek nur nicht wollte, daß ich schon jetzt davon erfuhr?

Mir trat der Schweiß aus den Poren. Ich fragte mich auf einmal, aus welchen Gründen sonst Leute ihr Hab und Gut unter einem Apfelbaum oder einer Stachelbeerhecke verscharrten und wo dieses Alaska, in das die Männer sich aufgemacht hatten, zu finden war, wenn nicht in Deutschland? Heilige Mutter Gottes. Was sollte aus mir werden?

In dieser kurzen Sekunde, diesem Augenblick, blitzte etwas auf in mir, das ich nicht kannte. Wut auf meinen Großvater. Mit seinem Eiapopeia auf den Frieden rund um die Himmelsstiege, auf Kräuter und Beeren und die Gesänge der weißen Rosa hatte er mir den Blick auf die wirkliche Welt verstellt. Siebzehn war ich, ich lag mit einer Fremden im Bett, aber ich wußte nicht, was aus meinem Vater geworden war, ich hatte keine Ahnung, warum Deutsche Deutsche henkten und Polen auf Polen schossen, ich stürzte von einem Entsetzen ins andere, und Eliza, unter mir, sah mich aus ihren Glubschaugen an und seufzte immer wieder: Du, mein Hirsch, mein Hirsch, mein Hirsch.

Czarna Madonna.

Am Morgen durfte ich endlich den Mund aufmachen. Die beiden waren zur Arbeit gegangen, in die Molkerei um die Ecke, und Staschek saß am Tisch und zählte das Geld.

Erst jetzt sah ich das Bild zweier alter Leute über dem Kanapee: bäuerliche Gesichter, feierlich streng, im Braunton alter Fotografien, er mit Vorhemd und Fliege, sie mit einer Brosche. Wo liegt dieses Alaska? wollte ich wissen.

Alaska? Staschek schaute auf. In Amerika, sagte er. Und er sagte es angestrengt beiläufig, den Kopf schon wieder über Zlote und Grosze gebeugt. Es reicht nicht, murmelte er.

Tu nicht so, fuhr ich ihn an. Du weißt genau, welches Alaska ich meine. Wo Menschen ihren Kram unter Bäume vergraben?

Er starrte mich an. In seinem Gesicht zuckte es. Wir müssen aufbrechen, sagte er. Der Zaster reicht gerade für ein Mitbringsel.

Weich mir nicht aus. Ich will wissen, was die beiden gemeint haben!

Nicht so laut. Er blickte zum Fenster.

Ich ließ mich nicht beirren. Ich schrei die ganze Stadt zusammen, rief ich, wenn du mir nicht sagst, was los ist! Ich will jetzt wissen, ob es das noch gibt: Deutschland.

Ihm schien ein Stein vom Herzen zu fallen. Es gibt, sagte er. Ganz ruhig sagte er das. Es gibt. Niemcy sa. Dabei stand er auf, stopfte sich das Geld in die Tasche und sagte: Zu Mittag sind wir am See.

Die Eile, die er plötzlich zeigte, vor allem aber die Erleichterung, mit der er auf meine Frage nach Deutschland reagiert hatte, machten mich stutzig. Deutschland. Wenn ich ehrlich war, was interessierte mich Deutschland? Ich meinte die Himmelsstiege, das Eulengebirge. Ich meinte Schlesien. Und Schlonsk? fragte ich.

Jetzt hatte ich ihn gestellt. Sein Blick ging zur Seite. Schlonsk, sagte er, und er sah mich nicht an dabei. Schlonsk gehört wieder zu Polen.

Ich mußte Luft holen. Wieder zu was?

Zu Polen.

Nun brachte ich kein Wort mehr heraus. Ich mußte mich setzen. Staschek griff nach der Flasche, sie war leer. Mach schon, murmelte er. Wir müssen gehn.

Ich konnte nicht gehen. Ich konnte nicht einmal aufstehen, ich saß auf dem Stuhl, und alles um mich her, Tisch und Geschirr und Fenster, versank wie in einem Strudel. Ich kriegte gerade noch die Tischkante zu fassen, umkrallte sie und hielt das Ganze fest. Dann hörte ich eine Stimme. Staschek sagte: Du lebst. Das ist das Wichtigste. Chwala Bogu.

Als ich aufstand, bekreuzigte er sich. Er schob mich vor sich her, zerbrochene Kacheln klirrten unter unseren Füßen, wir traten ins Freie.

Vom nahen Kirchturm dröhnten die Glocken.

Wir gingen durch Straßen, durch die wir schon gestern gegangen waren, über den Marktplatz, vorbei am Fryzjer, an den Läden und an der Kneipe, doch ich sah nichts, ich setzte einen Fuß vor den anderen und dachte nur das eine: Schlesien ist polnisch geworden.

Ein polnischer Bürgermeister würde ins Unterdorf einziehen, die Pfennigbaude würde Schronisko pod groszem heißen, und die weiße Rosa müßte polnische Lieder singen. In Deutschland hatten die Polen ein ›P‹ tragen müssen. Vielleicht mußten sich die Deutschen in Polen ein ›D‹ an die Brust heften oder ein ›N‹, Niemiec? Du lebst, hatte Staschek gesagt, das ist das Wichtigste. Du lebst? Als Fremdarbeiter, Staschek, als Gefangener? War ich aus der einen Gefangenschaft geflohen, um in eine andere zu geraten?

Es heißt, die Deutschen müssen raus, sagte er. Alle Deutschen müssen raus.

Mir stockte der Atem. Raus aus dem Eulengebirge? Weg von der Himmelsstiege? Ich sah die Trecks, die verzweifelten Züge der Planwagen, hörte das Geklapper der Eimer. Aus dem Schnee kamen die Züge, Frauen und Kinder. Und Zamek war da, an der Friedhofsmauer im Schnee stand er, ließ ein Loch in den Boden sprengen, und wir warfen die kleinen Toten hinein, die Russen, die Polen. Der Alte aus Breslau lag neben mir und redete von seiner Tschepine. A Viertel mit grußen Häusern aus Glas und aus Lichte mach mer aus der. Daderdrin wohnen die armen Schlucker, sulche wie mir se sein. Den Puppenkönig sah ich hoch zu Pferde auf dem kaisertreuen Foto an der Wand. Die Qual, die Angst, der Ungestüm, das steigert sich bis zum Krampfe. Es zittert mein Fuß vor Ungeduld, daß er deutschen Boden stampfe. Sollte das alles vorbei sein? Hatte der Abschied begonnen? Ich wollte nicht daran glauben.

An diesem Morgen, auf der Chaussee bei Wielka Laka, erfuhr ich die Geschichte von Jerzy, Staschecks taubstummem Bruder. Der war ein Kind gewesen wie alle anderen, hatte gesungen und war herumgetollt, und als sie in Rawicz an der Hochzeitstafel saßen, hatte er ein Gedicht aufgesagt. Das war am letzten Augusttag des Jahres neununddreißig gewesen. Später hatte er mit seinen Freunden, den Kindern aus der Nachbarschaft, gespielt, Räuber und Gendarm oder Gefangener und Soldat, und da die anderen Deutsche waren, er aber Pole, hatte er der Räuber sein müssen, der Gefangene, der Gejagte. Die kleinen Deutschen machten sich einen Spaß daraus, den Polen über Wiesen zu hetzen, durch Gärten, über Zäune und Bäche, und einmal, da schickten sie ihm den Hund hinterher. Der kleine Jerzy in seiner Angst suchte Zuflucht auf einer Pappel. Der Hund, mit hängender Zunge, sprang an den Stamm, fletschte die Zähne. Höher! befahlen die Verfolger. Kriech höher! Jerzy hing in den Zweigen. Wir pfeifen den

Hund erst zurück, wenn du ganz oben bist, riefen sie. Da kletterte er bis zur Spitze. Jetzt war nur noch der Himmel über ihm. Und wie er nach unten blickte, in die Gesichter der Verfolger, einen Herzschlag lang, riß er die Augen weit auf, in diesem Moment muß etwas geschehen sein, worüber er keine Auskunft mehr geben kann. Er stürzte in den Aufschrei hinein und schlug mit dem Kopf auf den Boden. Blut schoß ihm aus Mund und Ohren.

Von diesem Tag an ist er stumm geblieben, sagte Staschek.

Ich weiß nicht, wie lange wir auf der Chaussee gegangen waren, das Dorf, zu dem der See gehörte, hatten wir noch nicht erreicht, da wuchs aus dem Straßengraben, aus Huflattich und Schafgarbe, eine Gestalt. Wir erschraken, wir glaubten an einen Fremden, dann aber erkannten wir den Alten. Er wirkte aufgeregt. Wie es aussah, hatte er hier auf uns gewartet. Er hielt etwas in der Hand, ein Stück Papier.

Staschek versagten die Beine. Nachricht aus Rawicz? Matka Boska, murmelte er.

Da stand der Alte auch schon vor uns. Post, keuchte er.

Es war der Brief, den Staschek nach Rawicz geschickt hatte. Das Schreiben hatte die Adressatin nicht erreicht. Unzustellbar, stand auf dem Kuvert. Empfänger unbekannt verzogen.

Staschek starrte das bestempelte Stück Papier von allen Seiten an. Unzustellbar, was hieß das? War niemand auffindbar? Weder die Mutter noch der Vater noch einer der Brüder?

Da ist noch was, raunte der Alte. Miliz war da.

Miliz?

Zwei Mann, erklärte der Alte. Deshalb hab ich hier

auf euch gewartet. Ich wußte, hier müßt ihr vorbei. Er war ganz aufgeregt. Ihr dürft nämlich nicht zurückkommen. Die beiden wollten wissen, wer der Absender ist. Er zeigte auf das Kuvert. Da hab ich gesagt: Der ist fort. Der hat nicht länger auf die Post warten wollen. Gestern, hab ich gesagt, gestern ist der fort.

Da wußten wir, daß er die ganze Nacht und den halben Tag auf der Lauer gelegen hatte. Und wir hatten ihm nichts mitgebracht, nicht einmal eine Flasche. Staschek war für die letzten Groschen was zum Frühstück holen gegangen.

Und sie haben nur nach mir gefragt?

Ja.

Nach mir oder nach dem Absender?

Der Alte sah ihn verwirrt an. Staschek oder der Absender, das war doch dasselbe.

Das ist nicht dasselbe, sagte Staschek. Erinnere dich genau. Nach wem haben sie gefragt?

Nach dem, der das geschrieben hat.

Wörtlich?

Der Alte nickte. Seinem Gesicht war anzumerken, daß er die Frage nicht begriff. Staschek indessen schien fürs erste beruhigt. Die Männer hatten nicht nach dem ehemaligen Angehörigen der Landesarmee, sondern nach dem Absender geforscht, einem Fremden, der sich in der Hütte des Alten aufhielt, ohne daß jemand im Dorf ihn kannte.

Dennoch war es angebracht, dem Rat zu folgen und nicht mehr an den See zurückzukehren, sondern an Ort und Stelle kehrtzumachen. Do Rawicza, raunte Staschek. Und als er mich sah: Na Ślązsk.

Der Alte winkte uns in den Straßengraben. Dort, unter Huflattichblättern, lagen Tuchwickel, wie sie früher die Handwerksburschen getragen hatten und mit denen man alte Weiber auf den Markt gehen sah. In die

Wickel hatte der Alte gedörrten Fisch, Käse und Brot gepackt. Auf dem Tuch lag die Babka aus Holz.

Er musterte uns von oben bis unten. Wenn ich geahnt hätte, daß ihr euch so ausstaffiert, sagte er, hätt ich noch was dazugelegt. Bestimmt habt ihr keinen Grosz mehr.

Doch, doch, log Staschek.

In unserem Aufzug schämten wir uns. Ich sah das Gesicht des Alten, die Haut, gezeichnet vom Wind, von der Hitze des Räucherofens, und redete mir ein, daß wir nach Pomade röchen. Staschek nahm die Figur aus Holz und schenkte sie dem Alten.

Da umarmte ihn der. Die beiden küßten sich, erst rechts, dann links. Dank, vielen Dank. Die Mutter Maria sei mit euch. Czarna Madonna.

Auch ich kam an die Reihe. Ich spürte den Bart des Alten auf meiner Haut. Bardzo dziękuje, stieß ich hervor. Immer wieder: Bardzo dziękuje. Dank.

Dann nahmen wir die Bündel und wandten uns ab. Der Abschied von dem Alten ging mir nahe. Nach ein paar Schritten drehten wir uns um und sahen ihn am Straßenrand stehen, die Babka in der Hand. Noch einmal begegneten sich unsere Blicke, noch einmal winkten wir uns zu, dann schritten wir weit aus, und Staschek sagte: Wir machen einen Bogen um die Stadt.

IX

Schon die ganze Zeit war es mir vorgekommen, als liefen wir den Weg, den ich im Frühsommer im Zug der Gefangenen gegangen war, in umgekehrter Richtung. Die Dörfer, so schien es, waren dieselben. Nur, daß ich diesmal alles von der anderen Seite sah. Dieselben Brunnen, dieselben Ruinen, dieselben zerschossenen Panzer. Und immer wieder, auf Steinsockeln, an Mauern: die Schwarze Madonna.

Die Erntezeit war fast vorüber, Bauern holten das Korn von den Feldern, riesige Fuder, die zwischen den Chausseebäumen schwankten. Nur der Hafer stand noch auf dem Halm und da und dort ein Schlag mit Weizen. Bilder wie im Lesebuch: Männer mit blitzender Sense, Frauen beim Garbenbinden, tief gebeugt. Am Feldrain Tücher, Kannen und Körbe. Und manchmal, hochaufgerichtet, die Figur eines Mannes, die Sense schärfend.

Ein paarmal hatten wir mitangepackt, Halme gebündelt, Garben zu Puppen aufgestellt oder Fuhren beladen. Unsere Arme waren zerstochen und zerschabt, wir schluckten Staub und Spreu. Einer hockte auf dem Fuder und stapelte die Garben, die der andere im hohen Schwung mit der Gabel zu ihm hinaufwuchtete. Brot, Speck und Tee waren der Lohn. Da ließen wir uns nicht lange bitten, der Proviant des Alten war aufgebraucht, wir besaßen keine Grosze. Staschek erzählte kauend von unserer Suche nach den Eltern, und ich saß im Gras, machte Lalamamam und Uh und rollte mit den Augen. Dafür gab es dann ein Stück Speck zusätzlich und einen Kanten auf den Weg. Dziękuje, murmelte Staschek. Bardzo dziękuje.

Auf diese Weise brachten wir am Tag nicht mehr als fünfzehn oder zwanzig Kilometer hinter uns. Das war wenig, gemessen an dem Stück, das vor uns lag. Doch hinterm Bug, auf Warschau und Radom zu, so hörten wir, sollten Züge fahren. Bis dahin wollten wir etwas Geld auftreiben, um uns Fahrkarten zu lösen und uns wie Reisende in Friedenszeiten in ein Abteil zu setzen und ans Ziel bringen zu lassen.

Wie dieses Ziel am Ende aussehen würde, wußte keiner von uns. Staschek wollte sich in Rawicz nach dem Verbleib seiner Leute erkundigen, vielleicht, daß jemand von den Nachbarn eine Ahnung hatte, was aus der Familie geworden war. Mich indessen zog es zur Himmelsstiege, ins Haus des Puppenkönigs. Solange ich mich nicht selber überzeugt hatte, und zwar an Ort und Stelle, was an den Nachrichten vom polnischen Schlesien stimmte und was nicht, wollte ich nicht glauben, daß ich keinen Bewohner des Oberdorfs mehr antreffen würde.

Mein Großvater hat ein steifes Bein, sagte ich, und eine kaputte Hand.

Staschek schwieg.

Plötzlich stand ein Rotarmist vor uns auf der Chaussee, fuchtelte mit den Armen und rief etwas, das ich nicht verstand. Wir liefen genau auf ihn zu. Weiter, flüsterte Staschek. Mir blieb fast das Herz stehen, doch ich setzte den Weg fort. Der Soldat schien aus dem Boden gewachsen zu sein. Sein Gesicht war ölverschmiert. Er wollte den Weg wissen. Den Weg zu einer Brücke.

Staschek blieb vor ihm stehen, und ich tat es ihm gleich. Jetzt erst sah ich, daß in einer Seitenstraße, gedeckt durch Buschwerk, ein Panzer wartete. Der Turm war geöffnet, in der Luke hockte ein Soldat in schwarzer Montur.

Staschek zeigte in die Richtung, in die unser Weg wies. Da vorn, irgendwo, mußte der Bug sein. Und wo ein Fluß war, mußte es eine Brücke geben. Prosto, sagte er. Geradeaus.

Das Ungetüm in der Seitenstraße fing zu brummen und zu knattern an, Qualmwolken fuhren aus ihm heraus und zerplatzten. Der in der schwarzen Montur rief dem anderen etwas zu. Der andere lachte und gab uns mit einer Handbewegung zu verstehen, daß wir auf den Panzer klettern sollten. Wie es aussah, wollten die beiden sichergehen, daß wir sie nicht in die falsche Richtung schickten.

Staschek warf mir einen Blick zu. Also los, sollte der Blick sagen, probieren wirs.

Der Soldat zeigte, wie man auf die hintere Plattform kroch. Das Ding vibrierte, daß einem die Zähne surrten. Mein Gott, dachte ich. Das hätten wir uns nicht im Traum vorgestellt: auf einem russischen Panzer durchs Land zu rollen.

Der Schwarze rief etwas in den Turm, einen Befehl wohl, denn das Gefährt ruckte an und wälzte sich klirrend auf die Chaussee. Dabei lachten die beiden, daß in ihren Gesichtern die Augen wie Signale blitzten. Prosto, riefen sie. Und sie begannen, ein Lied zu singen, in dem dieses Prosto oder etwas, das so ähnlich klang, immer wieder vorkam. Staschek, so schien es, hatte mit seiner Antwort den Kehrreim eines Liedes zitiert.

Der Soldat, der bei uns geblieben war, wiegte sich in den Schultern, er strahlte über das ganze Gesicht, und ich wunderte mich, wie schnell so ein Panzer fahren kann. Der Kommandant stand im Turm und reckte die Schultern wie ein Feldherr.

So brausten wir dahin, so donnerten wir, Staubwolken aufwirbelnd, durch die Landschaft. Die beiden brüllten ihr Lied, und Staschek grinste. Ich versuchte, einen Blick von ihm aufzufangen, doch er sah mich nicht an, er hielt sein Gesicht in den Fahrtwind und grinste. Ich konnte seine Ruhe nicht begreifen. Was, wenn gar kein Fluß, gar keine Brücke kam? An eine solche Möglichkeit schien er überhaupt nicht zu denken. Er sah, daß wir in Richtung Süden rollten, auf die Sonne zu, und das genügte ihm. Dort, das wußte er, mußte früher oder später der Bug kommen.

Ich erinnerte mich. Als Gefangener war ich über eine Pontonbrücke marschiert, durch ein Spalier von Wächtern. Eine Polin hatte den Alten aus Breslau angespuckt, doch der hatte nichts gesagt, hatte nicht einmal den Mund verzogen. Längst würde er in seinem Casablanca sein, dem fremden geheimnisvollen Land, aus dem die Soldaten mit den ölverschmierten Gesichtern gekommen waren. Zamek hatte behauptet, sie würden uns umbringen, wir kämen nicht weit, jedenfalls nicht als Gefangene, ins nächste Bergwerk vielleicht oder ins Arbeitslager, dort würden wir zu Tode geschunden, die Fremden würden aus uns herausholen, was herauszuholen war, und uns dann verscharren. Nun aber nahmen sie Staschek und mich auf ihrem Panzer mit, und sie sangen, und der an unserer Seite stieß sich mit dem Zeigefinger auf die Brust und rief: Kiew. Danach zeigte er auf Staschek. Auch der sollte sagen, woher er kam. Sandomierz, log Staschek. Jetzt zeigte der Soldat auf mich. Moj brat, rief Staschek rasch. Mein Bruder.

Der Soldat nickte und wiederholte: Kiew.

Kiew kaputt? wollte Staschek wissen.

Kaputt, sagte der Soldat.

Da mußte ich an die Ärztin denken, die mir im Lazarett auf den Bauch gedrückt hatte, die Kiewsche. Das war im Frühjahr gewesen, jetzt ging der Sommer zu Ende. Die Erde hatte sich weitergedreht, ich lebte. Ich rollte mit einem Panzer der Sieger auf einer polnischen Chaussee in Richtung Süden. Dort, vierhundert Kilometer weiter, wußte ich Schlesien.

Was ich seit dem Frühjahr erlebt hatte, schien in einer Welt zu spielen, in der die Himmelsstiege, das Reich des Puppenkönigs, nur als Verzierung, als zerbrechlicher Wunschtraum existierte. Wer wußte schon, was davon übriggeblieben war. Und wieder regte sich Widerstand gegen den Alten. Gleichzeitig spürte ich, daß die Erinnerung der einzige Halt war, an den ich mich klammerte. Ich besaß nichts anderes. Vielleicht, so dachte ich, braucht jeder von uns so etwas. Hatte nicht auch der Mann aus Groß-Rosen von einem Breslau geträumt, das es gar nicht gab?

Da begann der Ukrainer erneut zu singen. Er schien den Lärm, das Dröhnen des Motors und das Rasseln der Panzerketten nicht wahrzunehmen. Mit leiser Stimme, nur für sich, sang er, und was er sang, klang traurig. Noch im Frühjahr hätte ich auf ihn geschossen.

In einem Dorf mit zerfallenen, mühsam zusammengeflickten Häusern machten wir halt. Der Kommandant suchte sich die armseligste Hütte aus und dirigierte den Panzer dorthin. Dann sprang er ins Gras und befahl uns abzusteigen. Zwei weitere Soldaten zeigten sich im Turm. Zu unserer Überraschung hielt der eine, vielleicht der Funker, ein Ferkel im Arm. Das quiekte und wand sich, doch er ließ es nicht los und schwang sich mit seiner Beute aus dem Koloß.

Eine Greisin, das Kopftuch tief in der Stirn, machte uns die Tür auf. Die Soldaten zeigten ihr das Schwein und nannten sie Babuschka. Babuschka sollte das Ferkel braten. Wie um die Bitte zu unterstreichen, zog der Kommandant eine Flasche aus der Bluse. Die war grün wie die Flaschen des Fischers am See. Wodka.

Schon die Aussicht auf einen guten Schluck machte die Männer übermütig, sie lachten und redeten durcheinander, und der Funker hielt das Tier wie ein Karnickel an den Ohren, es bäumte sich, zuckte und schrie. Matka Boska Częstochowska, murmelte die Frau. Dabei sah ich, daß sie zahnlos war.

Inzwischen hatten sich von den Nachbarhütten Neugierige genähert, Kinder und alte Männer. Die verscheuchte unsere Babuschka wie man Hühner verscheucht, mit schwingenden Armen und lautem Gezisch. Dann winkte sie uns ins Haus.

Wir zwängten uns durch ein Gewirr von Körben und Rechen und Leitern und betraten einen niedrigen Raum. Von der Bank unterm Fenster erhob sich ein Greis. Der hatte keine Haare mehr auf dem Kopf, dafür trug er einen Schnauzbart wie ein Ulanenoberst.

Die Alte redete auf ihn ein, erklärte, weshalb die Soldaten gekommen wären. Das Ferkel, noch immer in den Armen des Funkers, quiekte zur Bestätigung. Der Kommandant hatte die Hand an die Mütze gelegt. Der Alte aber reagierte nicht auf diesen Gruß, er schlurfte zum Schrank, zog ein blitzendes Messer aus der Lade und verließ mit dem Funker die Stube.

Der Kommandant riß den Korken aus der Flasche, Gläser für alle hätte sie nicht, meinte die Frau. Da machte der Ukrainer den Schrank auf und holte alle Gefäße heraus, die sich zum Trinken eigneten, Tassen, Gläser, Krüge.

Die Alte beäugte ihn voller Mißtrauen, dann aber, als lautes Quieken aus dem Flur drang, ging sie zum Herd und machte Feuer an. Sofort kauerte der Ukrainer bei ihr und nahm ihr die Arbeit ab. Staschek schabte mit dem Küchenmesser Späne von den Scheiten, und der Kommandant fand Zeit, sich an mich zu wenden. Mir zersprang fast das Herz. Er fragte mich nach meinem Alter. Ich riß die Augen auf, blickte ihn hilflos an. Da rief Staschek vom Ofen her: Der kann nicht reden, panie oficerze, der hört auch nichts. Mein Bruder ist das, sechzehn Jahre alt.

Taubstumm? erkundigte sich der Kommandant.

Staschek nickte. Als Kind vom Baum gestürzt, sagte er. Mitten auf den Kopf.

Ich gab mir Mühe, so breit zu lächeln, wie ich nur konnte. Lalamamam, machte ich. Und: Uh.

Und er darf auch nichts trinken, fügte Staschek hinzu.

Da zog der Offizier den Arm zurück, den er schon nach der Flasche ausgestreckt hatte.

Das Lächeln tat mir weh. Lalamamam, druckste ich. Uh. Lieber hätte ich Scheiße gesagt.

Noch lieber aber hätte ich alle Verstellung aufgegeben und dem Offizier meine Fragen gestellt. Bitte sehr, da stehe ich. Ein Deutscher. Sagen Sie mir, warum ich Angst habe, mein Vater könnte der Mann sein, den ich im Traum gesehen habe. Sagen Sie mir, warum Jupp, der Breslauer, nach Brest marschieren mußte und was für eine Stimme das war, die aus Christophs Detektor gerufen hat. Sagen Sie mir alles. Warum Polen auf Polen schießen und was aus der Himmelsstiege geworden ist. Warum die Ärztin in der Krokermühle deutsch gesprochen hat und warum ich, ein Deutscher, das nicht darf. Schenken Sie mir reinen Wein ein.

Die Alte blickte zu uns herüber. In der Nähe des Ofens, in der aufkommenden Hitze, hatte ihr Gesicht sich rot gefärbt. Jetzt sah sie fast schön aus. Alle Großmütter, so dachte ich, sehen schön aus. Skaranie Boskie, hörte ich sie murmeln, und sie nahm die Pfanne und schlug ihr Kreuz darüber.

Darf dein Bruder rauchen? fragte jetzt der Kommandant.

Staschek sagte: Ja.

Da schob mir der Offizier eine aufgeklappte Schachtel über den Tisch. Zigaretten mit seltsam langen Mundstücken aus Pappe. Solche Zigaretten hatte ich schon bei dem Kaukasier und dem Bebrillten gesehen. Ich wußte, daß man das Mundstück doppelt zusammendrücken mußte. Der Offizier machte es vor. Es war ganz einfach. Schließlich kam der Ukrainer mit einem flammenden Holzspan, wir rauchten.

Es war, als breitete sich der herbe Rauch im ganzen Körper aus, ein kaum wahrnehmbares Vibrieren rann mit dem Blut in die Glieder, stieg wie ein Summen in den Kopf, daß mir zumute wurde wie nach zwei, drei Gläsern aus der grünen Flasche. Nun red schon, wollte ich sagen, doch ich sah Staschek und schluckte die Worte hinunter. Es roch auf einmal nach Thymian und Wacholder. Unsere Babuschka bereitete die Pfanne für das Spanferkel vor. Die anderen tranken, ich sog mit dem Rauch den Schnapsgeruch in mich hinein und dachte: Deutscher, Pole oder Russe, das alles ist scheißegal. Hauptsache, man kann Thymian riechen und Wodka und Wacholder. Und ich sah schon das Spanferkel auf dem durchtränkten Tisch, das saftige, braune Fleisch, in das ich mit dem Messer stieß, und dachte: Alle Babuschkas und Omas, alle Großmütter der Welt sind gute Frauen.

Staschek, der mich im Unterzeug in seinen Keller hatte kommen sehen, warnte mich: Brüderchen, murmelte er. Wenn du mich hören könntest, würde ich dir sagen, daß du nicht so viel fressen sollst. Denk an deinen lädierten Magen. Ich grinste und trank dem Ukrainer den Wodka aus der Tasse. Nur diesen Bissen noch, brat, diesen einzigen Bissen. Die knusprige Haut krachte zwischen meinen Zähnen, Fett rann mir übers Kinn. Da stopfte mir Staschek eine Handvoll Weißbrot in den Mund. Lalamamam. Uh.

Als er die Stube verließ, um Wasser abzuschlagen, folgte ich ihm. Friß nicht so viel, fuhr er mich an. Du kriegst die Scheißerei. Und dann erzählte er mir, was er von dem Schnauzbart erfahren hatte. Sieben Kilometer noch bis zum Fluß, raunte er. Und unterwegs Kontrollen. Am besten, wir haun ab.

Jetzt gleich?

Er nickte.

Ich widersprach nicht.

In diesem Moment huschte die Alte aus dem Haus. Sie hielt etwas unter ihrem Rock versteckt. Fleisch fürs Töchterlein, sagte Staschek. Sie verschwand in einem Schuppen. Vielleicht schafft sie was zur Seite, flüsterte ich.

Staschek lachte.

Pst, machte ich.

Der Panzer stand drohend im Gras, Kinder turnten auf ihm herum. Im Haus sangen die Soldaten.

Da machten wir uns auf und davon.

Ein leichter Nieselregen hatte eingesetzt. Die ersten Blätter trieben über die Straße. Und wieder sagte mir mein Gefühl, daß ich hier schon einmal gegangen war. Ich wandte mich um, betrachtete die Gegend. Was ich sah, kam mir bekannt vor. Der hölzerne Kirchturm. Das zerfallene Scheunendach. Die Kirschbäume. Das war keine jener rätselhaften Erinnerungen, die der Philosoph meinte. Auf dieser Straße war ich tatsächlich gegangen, und zwar im Sommer erst, an der Seite des Alten aus Breslau. Wir waren auf das Dorf zu marschiert, nach Norden. Und die Hunde hatten gebellt wie heute.

Staschek grinste. Er zog ein Küchenmesser unter dem Hemd hervor, drehte es nach allen Seiten. Beim Spanschneiden hatte er es eingesteckt. Jetzt brachte er sogar ein Stück Holz zum Vorschein. Lipa, behauptete er. Lindenholz. Und seine Augen glänzten.

Der Regen wurde dichter. Autos überholten uns, ein zerschrammter BMW, Laster. Der Fluß schien nicht mehr weit zu sein. Sieben Kilometer, das war in einer reichlichen Stunde zu schaffen. Vor allem aber: Zu Fuß konnten wir am ehesten den Kontrollen ausweichen.

Vor uns schaukelte ein Fuhrwerk, beladen mit Hausrat. Eine Frau zog eine Kuh hinter sich her. Ich erinnerte mich: Damals hatten sich auf beiden Seiten des Flusses Fahrzeuge und Menschen gedrängt, Soldaten hatten den Verkehr geregelt. Das war schon ein verdammt eigenartiges Gefühl: auf derselben Straße zu gehen, in umgekehrter Richtung, als freier Mann. Und: An der Seite eines Freundes. Staschek, murmelte ich.

Er sah mich an.

Przyjaciel. Mehr brachte ich nicht heraus. Przyjaciel, Freund.

Er sah mich immer noch an. Das plötzliche Aufwallen meines Gefühls schien ihn zu verwirren. Was ist? wollte er wissen.

Nichts, log ich. Gar nichts.

Da lachte er. Przyjaciel.

Hatte ich etwas Falsches gesagt?

Bist schon ein ziemlicher Kindskopp, meinte er. Und er wiederholte den ersten Satz, den ich auf polnisch gesagt hatte: Jestem czarny ptak. Ich bin ein schwarzer Vogel.

Ein schwarzer und ein weißer. Aus dem Nest gefallen waren wir beide. Dieser Gedanke, plötzlich als Bild vor meinen Augen, gefiel mir. Das muß ich von meinem Großvater haben, dachte ich, die Gabe, etwas zu sehen, was andere nicht sehen. Zwei Vögel, die aus dem Nest gestürzt waren. Ich hätte sie malen können, sie lagen vor mir auf der Straße, wundgeschlagen, mit gespreizten Flügeln. Auch Staschek und ich gingen auf der Straße, Schulter an Schulter, durch den Regen. Doch ich brachte nicht den Mut auf, das, was ich sah, zu sagen. Ich hatte Angst, Staschek würde mich auslachen. Was ein anderer, Ruschke in seiner Bücherburg, gepriesen hatte, das Erfinden von Geschichten, das Entdecken von Bildern, faßte er, Staschek, womöglich als Kinderei auf. Um so größer war mein Erstaunen, als er sagte: Weißt du was, ich hör dir gerne zu. Und er lachte und wiederholte: Jestem czarny ptak. Mensch Meier.

Jetzt war ich der Verwirrte. Eine Weile gingen wir nebeneinander her, ohne ein Wort zu sagen. Der Regen wurde immer stärker. Mit uns schienen ganze Familien unterwegs zu sein, immer wieder stießen wir auf Fuhrwerke. Und dann, mit einem Male, sahen wir den Bug. Grau unterm grauen Himmel, so lag er vor uns, ein weitgeschwungenes Band, das irgendwo im Dunst anfing und irgendwo im Dunst wieder verlorenging. Die Wolken zogen niedrig darüber hinweg, daß es aussah, als berührten sie die Ufer.

Plötzlich faßte Staschek nach meinem Arm. An der Brücke standen Soldaten, um sie herum: Gruppen von Menschen. Man konnte deutlich erkennen, daß die Soldaten von jedem, der auf die andere Seite wollte, Papiere verlangten. Kontrola, flüsterte er.

Unsere Blicke schweiften über das Gelände. Hier kamen wir nicht über den Fluß. Die Ufer waren von überall her einzusehen, nur vereinzelt rückten Bäume und Buschwerk bis zum Wasser vor. Unauffällig machten wir kehrt. Wer uns sah, sollte denken, wir kämen von der anderen Seite. Ohne Papiere waren wir. Staschek besaß lediglich den Brief, den er als unbestellbar zurückerhalten hatte. Einen Augenblick lang stellten wir uns vor, was geschehen wäre, hätte uns der Panzer bis zur Brücke mitgenommen. Nun blieb uns wenigstens der Ausweg, ans andere Ufer zu schwimmen. Wieczorem, raunte Staschek. Am Abend. Ich nickte.

Hinter einer Eschengruppe bogen wir in einen Feldweg ein. Gut, daß es regnete und niemand auf uns achtete. Wir gingen, bis wir die Brücke nicht mehr sahen. Dann suchten wir eine Stelle, an der sich der Fluß am leichtesten überqueren ließ. Wir fanden sie bald. Das Wasser hatte Sand in eine kleine Bucht geschwemmt. An den Rändern wucherte Gesträuch, Haselnüsse und Schneebeeren.

Dort ließen wir uns nieder. Der Boden war feucht, die Hemden klebten uns an den Schultern. Jetzt in Zofias Milchladen sein, seufzte Staschek. Und er reckte sich in den Schultern und schnalzte mit der Zunge, hüllte sich in die Erinnerung.

Durch den Regenschleier waren am anderen Ufer Strohschober zu erkennen. Hast du mit deiner Gesine schon einmal im Stroh gelegen? fragte er.

Nein.

Immer nur im Schlitten?

Ja.

Ich wußte nicht, wo Gesines letzter Brief geblieben war. Wahrscheinlich in der Jacke, die Spindler in der Krokermühle gewaschen hatte. Den Text kannte ich auswendig. Hundertmal hatte ich ihn in Gedanken aufgesagt. Gesine spielte gern mit meinem Namen. Du, mein König, schrieb sie. Diese Zeilen kommen aus Berlin. Die Stadt ist ganz kaputt. Da vergeht einem alles. Am liebsten würde ich die Augen zumachen und mit dir in unseren Schlitten steigen. Durch den Schnee, fort. In ein Land, wo es keine kaputten Häuser gibt. Mutti hat Vati nicht besuchen dürfen. Darum werden wir morgen wieder nach Hause fahren. Auf herzu gab es immerfort Halt auf freier Strecke. Bomber zogen über uns hin. Der Himmel war ganz schwarz von ihnen. Ich bin ja so froh, daß Breslau noch steht. Nach den Herbstferien haben wir keine Schule mehr gehabt. Wenn Du zu Hause wärst, könnte ich jetzt zu Euch in die Berge kommen. Dann brauchte ich von unserem Schlitten nicht nur zu träumen. Drei Schimmel würden wir vorspannen. Ach, du, mein Lieber.

Es dämmerte früher als sonst. Der Regen fiel ohne Unterbrechung. Staschek zog sich als erster aus. Ein seltsamer Anblick: der Körper ganz weiß, Gesicht und Arme dunkelbraun. Wir schnürten unsere Sachen zu einem Bündel. Das wollten wir beim Schwimmen überm Kopf halten.

Aus der Nähe sah das Wasser gelb aus, fast schweflig. Wir tauchten hinein. Kalt strömte es uns entgegen. Ich schwamm seitlich, die Linke mit dem Bündel hoch erhoben. Staschecks Körper vor mir schimmerte in der Dunkelheit wie Phospor.

Das Wasser schwappte und gluckste, schlug hart gegen meine Schultern. Einzelne Wellen spritzten bis zu den Sachen. Finster und schweigend lag das andere Ufer vor uns. Mit jeder Bewegung meiner Rechten rückte es näher.

Staschek kletterte als erster an Land, er schnaubte und schüttelte Nässe von sich ab. Als ich neben ihm stand, sah ich, daß die Kugelnarbe blau und schwarz geworden war. Kalter Wind fuhr uns an. Jetzt ein Handtuch, dachte ich, ein trockenes Hemd, trockene Hosen und Schuhe. Wir krochen in die feuchten Sachen.

Scheiße, brummte Staschek.

Hinter der Uferböschung begann das Feld mit den Schobern. Weit und breit kein Mensch, kein Haus, kein Dorf. Wir gingen die Böschung hinauf, liefen über die Stoppeln. Vielleicht, daß die Bewegung uns warm machte. Und wenn wir in einen der Schober krochen? Wir hätten uns erst ein Loch graben müssen. Außerdem: Das Ufer war zu nahe. Nein, wir keuchten weiter. Stoppeln krachten unter unseren Füßen. Irgendwo würden wir schon rauskommen.

Links 'n Stroh und rechts 'n Stroh, in der Mitte hüpft ein Floh.

Zwei Flöhe. Zwei Vögel.

Quatsch.

Plötzlich hielten wir inne. Vor uns, gegen den Regenhimmel, erhob sich etwas Dunkles. Die Umrisse einer Scheune. Aussicht auf Trockenheit, auf Schutz. Langsam gingen wir auf den Schatten zu. Ins Tor war eine Tür gelassen, wir drückten sie auf. Das Holz knarrte. Danach herrschte Stille. Vorsichtig traten wir in die Dunkelheit. Es roch nach Sommer, nach Hitze.

Mensch Meier, murmelte Staschek. Er riß sich die nassen Sachen vom Leib. Durch die Löcher in der Wand sickerte Helligkeit, in ihr blitzte das Messer in seiner Hand.

Auch ich zog mich aus. Wir lachten, waren ausgelassen wie Kinder. Die Hosen hängten wir an einen Balken, die Hemden breiteten wir als Unterlage aus. Dazu krochen wir in den dunkelsten Winkel. Das Stroh hielt die Hitze des Sommers gespeichert. Auf den Lippen schmeckte ich Spreu.

Merkst du, wie es sticht?

Die Halme stießen durch das Hemd, zerschabten die Haut.

Das alles vergißt du, wenn du eine Panienka neben dir hast. Staschek streckte sich, doch plötzlich richtete er sich halb auf. Deine Gesine geht noch in die Schule?

Ja.

Paßt denn das zusammen: ein Bürohengst und eine Studierte?

Ich bleib nicht in Kühnels Contor.

Er schwieg.

Mein Großvater hat die Geschichten für seine Puppen selber erfunden, sagte ich. Auch ich denk mir Geschichten aus. Ruschke sagt, ich kann das.

Im gleichen Moment blitzte eine Idee in mir auf. Die Idee hatte etwas Abenteuerliches, mir stockte fast der Atem. Und wenn ich das Notizbuch aus der Krokermühle nicht Ruschke gab, sondern für mich behielt? Wenn ich das, was in ihm aufbewahrt war, mit dem, was ich selber erlebte, zusammenmischte und aus beidem eine Geschichte machte, wie Ruschke aus allem möglichen seine Geschichten machte? Seine Bücher?

Die Haare sträubten sich mir, ich schien zu phantasieren. Was würde Gesine zu so etwas sagen? Hatte ich Fieber?

Da schreckte ein Geräusch uns auf. Es war, als rutschte eine Schütte Stroh aus ihrer Lage. Wir hielten den Atem an, lauschten. Stille. Dann aber, auf einmal, knarrte die Tür. Wir sahen im offenen Viereck einen Schatten, nur für den Bruchteil einer Sekunde, dann war er verschwunden. Ein Fremder! Er hatte uns belauscht. Er hatte gehört, wie wir uns deutsch miteinander unterhielten! Czarna Madonna. Nichts wie weg, rief Staschek. Zwie wamy!

Im Handumdrehen warfen wir uns die Hemden über, schlüpften in die Hosen. Der Fremde würde ins nächste Dorf laufen und die Miliz alarmieren. Deutsche in der Scheune! Niemiec! Ich sah sie schon anrücken, Junge und Alte, Männer und Frauen. Mit Dreschflegeln, mit Peitschen.

Wir stolperten ins Freie. Im Norden lag der Fluß. Also rannten wir in die entgegengesetzte Richtung. Das nasse Zeug klatschte am Körper. Wir liefen über das Stoppelfeld, kreuzten einen Weg und tauchten in den Haferschlag, der dahinter begann. Da riß ich Staschek zurück. Nein, rief ich. Die Spuren! Wir machten kehrt, keuchten bis zum nächsten Stoppelfeld, nur fort von hier, nur weg, der Regen peitschte uns, Staschek verlor sein Messer, er blieb stehen, hob es auf, und ich stellte mir vor, was geschehen würde, wenn sie Hunde auf uns hetzten.

Vor uns tauchten ein paar Lichter auf, das Dorf. Also änderten wir unsere Richtung, liefen in die Dunkelheit, über der, fast schon am Horizont, ein schwacher Lichtbogen stand, der Widerschein einer Stadt. Nach einiger Zeit schlugen dort, wo wir das Dorf vermuteten, Hunde an. Ihr Gebell verfolgte uns noch eine Weile, dann blieb es zurück. Wir rannten um unser Leben. Der Bogen wurde größer und heller. Und plötzlich, aus der Dunkelheit, wuchs ein Bahndamm vor uns auf.

Wir blieben stehen, der Atem ging kurz. Kolej, stieß Staschek hervor.

Im schwachen Licht des Regens schimmerte ein Gleispaar. Gar nicht weit entfernt flackerten Funzeln. Ein Bahnhof.

Vorsichtig pirschten wir uns näher. Vor uns spiegelten die nassen Dächer eines Güterzugs. Die Lokomotive schien unter Dampf zu stehen. Zischend schoß eine Wolke in die Dunkelheit. Irgendwo schepperte Metall.

Staschek und ich wechselten einen Blick. Dann sprangen wir auf den Schotter, er knirschte unter unseren Füßen, gleich darauf hatten wir uns auf die Ladefläche eines offenen Waggons geschwungen. Stapel von Autoreifen waren dort festgezurrt, mannshoch. Im Winkel zwischen Reifen und Außenwand ließen wir uns nieder. Wir sprachen kein Wort. Wir lehnten unsere Köpfe ans Holz und warteten, daß es von einem Ruck erschüttert wurde.

Der Regen hatte aufgehört, durch ein Wolkenloch sah ich Sterne glitzern. Schritte kamen näher und knirschten an uns vorbei, jemand rief etwas, eine zweite

Stimme antwortete, da ging der Ruck durch die Waggons, die Räder setzten sich in Bewegung.

Als die Lichter in der Dunkelheit zurückblieben, lachten wir und hauten uns auf die Schenkel. Mensch Meier! rief Staschek wie erlöst.

Danach aber schwiegen wir, die Erschöpfung verschloß uns den Mund, Staschek bekreuzigte sich.

In dieser Nacht schrieb ich einen Gedankenbrief. Schon nach den ersten Zeilen wußte ich, daß ich die Sätze im Kopf behalten würde. Liebe Gesine, schrieb ich, Du weißt, ich hab Dir viele Geschichten erzählt. Du wolltest immer neue hören, und manchmal, da sind sie mir zugeflogen wie Vögel, die sich einem auf die Schulter setzen oder auf die Hand. Ich hab sie gar nicht zu fangen brauchen. Ähnlich ergeht es mir jetzt. Am liebsten würde ich im Schlitten sitzen oder unter dem Kirschbaum und neue Geschichten sagen. Die meisten habe ich selber erlebt. Ich kann sogar ein bißchen Polnisch. Der erste Satz, den ich zusammengebracht habe, heißt: Jestem czarny ptak. Ich bin ein schwarzer Vogel. Und Czarna Madonna heißt Schwarze Madonna. Ach, Gesine. Vielleicht werde ich eines Morgens nicht mehr zu Kühnels ins Contor gehen. Ich will mein Leben ändern. Ich fliege zu Dir. Ich mach die Flügel ganz breit.

X

Die erste größere Station, die ich sah, war Siedlce, wir donnerten unter spärlichen Lichtern hinweg, an ein paar Fenstern vorbei, und Staschek, gestreift von ihrem Schimmer, machte große Augen. Später muß ich eingeschlafen sein, denn ich kam erst zu mir, als Staschek nach meinen Schultern faßte. Komm, hörte ich ihn rufen.

Der Zug hielt unter einer Brücke. Der Himmel über der Brücke war von einem blassen Rot. Vögel riefen. Es war kalt.

Wir glitten von der Ladefläche, der Schotter knirschte. Nach zwei, drei Schritten standen wir im Gras. Es wird hell, sagte Staschek, und er erklärte mir, weshalb er mich geweckt hatte. Unter der Brücke war ihm plötzlich bewußt geworden, daß uns bei Tageslicht jeder hätte sehen können, er brauchte nur von einer Brücke oder aus einem Fenster zu blicken. Da war es Zeit, den Platz zu räumen. Nach seinen Berechnungen mußten wir in der Gegend von Radom sein.

Ich wußte nicht, wo das lag, und er erklärte es mir. Demnach hatten wir die Weichsel in der Nacht überquert.

Mir taten die Knochen weh. Mit unseren grauen Gesichtern, ungekämmt und unrasiert, sahen wir aus wie Strauchdiebe. Ich fror, der Sommer ging zu Ende. Und Hunger hatte ich auch. Mein schöner Brief fiel mir ein. Ich fliege. Ich mach die Flügel breit.

Da hatte es Staschek leichter. Der setzte sich keine Flausen in den Kopf. Der rechnete: Wir waren dort und dort. Bis zum Ziel blieben noch soundsoviel Kilometer.

Also mußten wir weiter. Der wußte nichts von Ruschkes Bücherburg und vom Wasserfall dahinter. Der hatte auch keinen Großvater, der mit seinen Puppen über die Dörfer gezogen war. Der wußte anderes. Einen taubstummen Bruder hatte der. Und einen Vater, der beim Abtransport die Eisenbahnermütze gehoben hatte. Plötzlich fürchtete ich, er könnte das Messer nicht mitgenommen haben, um Babkas zu schnitzen, sondern um sich zu rächen. Zwei, drei Jahre trennten uns. In dieser Zeit hatte er mehr durchmachen müssen als ich in meinem ganzen Leben.

Über die Felder schwammen Nebelschwaden. Wir stiegen nicht zur Brücke hinauf, sondern blieben auf dem Weg. Es dauerte eine ganze Weile, bis der Zug herandonnerte. Als der Wagen mit den Reifen an uns vorbeiflog, holten wir tief Luft. Dann aber schritten wir aus.

Sag mal, begann ich nach einer Weile, was hätten die Leute mit mir gemacht, wenn sie uns in der Scheune gefunden hätten?

Staschek zuckte mit den Schultern. Ins Dorf getrieben. Der Miliz übergeben. Oder ...

Oder?

Erschlagen.

Der Weg führte die Schienen entlang. Ein paar Büsche. Signalanlagen. Rechts und links Felder. Und manchmal, am Horizont, die Silhouette eines Dorfs. Staschek spürte wohl, daß ich jetzt einen Zuspruch brauchte, denn er sagte: Es kommt immer ganz darauf an. Worauf es ankam, verriet er mir nicht. Es kam eben immer ganz darauf an. Das war schon alles an Trost. Und ich war ihm dankbar dafür.

Nach ein paar Kilometern stießen wir auf eine Chaussee. Wie ein grüner Strich durchschnitt sie das Gelände. Dort, wo sie die Schienen kreuzte, sahen wir ein Bahnwärterhäuschen. Ich wollte, daß wir einen Bogen darum machten, doch Staschek zog mich hin. Vielleicht finden wir dort was zu essen, meinte er.

Das Haus sah verlassen aus. Zaunlatten fehlten, von den Wänden platzte der Putz. Was uns aber am meisten in die Augen stach, war ein struppiger Zwetschenbaum. Der hing voller Früchte.

Wir suchten nicht lange den Eingang, sondern schoben ein paar Staketen auseinander und betraten den Garten. Der Huflattich reichte uns bis an die Knie. Staschek legte die Hände um den Stamm und versuchte, ihn zu schütteln, doch das gelang nicht, der Baum war zu alt. Da schwang er sich auf den untersten Ast, kletterte noch ein Stück höher und brachte die Krone mit der Last seines Körpers zum Schwanken. Die Zwetschen prasselten herab, schlugen mir auf Kopf und Schultern, platzten beim Aufprall, so reif waren sie, ich brauchte sie nur aufzulesen und in den Mund zu schieben, saftiges, süßes Fruchtfleisch. Staschek pflückte sie aus den Zweigen und spuckte die Kerne herab.

Da hörten wir hinter uns eine Tür gehen. Eine Frau, bekleidet mit Kittelschürze und Eisenbahnerjacke, trat aus dem Haus. Sie überraschte uns durch ihre Schönheit. Eine Mona Lisa in Uniform. Sie sagte kein Wort, sie stemmte die Hände in die Hüften und blickte uns an. Ich machte Lalamamam und Uh, das fiel mir nicht schwer, mit vollem Mund hörte es sich sogar echt an, und Staschek rutschte vom Baum. Pardon, murmelte er, wir dachten ... Er wischte sich den Mund mit dem Handrücken ab. Das Haus sah verlassen aus, und wir dachten ...

Was dachtet ihr?

Mein Bruder und ich dachten, ehe sie verderben ... Er betete unaufgefordert die ganze Litanei herunter. Von der Suche nach dem Vater. Daß uns das Geld ausgegangen wäre, und daß wir gehofft hätten, uns mit den Zwetschen den Bauch vollstopfen zu können.

Die Blicke der Frau gingen von Staschek zu mir und zurück und wieder zu mir.

Lalamamam. Uh.

Kann der nicht reden?

Staschek machte einen Schritt auf sie zu. Ein armer Hund, sagte er. Als Kind auf den Kopf gefallen. Von einer Pappel mitten auf den Kopf.

Da kann ich ja Mutter Maria danken, daß keiner von euch vom Zwetschenbaum gefallen ist. Vom Zwetschenbaum mitten auf den Kopf. Wir fühlten uns durchschaut. Wieder ging ihr Blick von einem zum anderen. Seht ihr das Holz, fragte sie und zeigte auf einen Stapel an der Hauswand. Lauter runde Hölzer lagen dort. Stücke von durchsägten Telefonmasten. Ich geb euch eine Axt. Dafür habt ihr das Essen frei. Sie lächelte. Unsere Antwort wartete sie gar nicht erst ab, sie ging und holte das Beil.

Wir hätten ihr jetzt einen Vogel zeigen und weitergehen können. Doch wir blieben. Nicht die Art, wie sie mit uns umsprang, hielt uns fest, auch nicht ihre Schönheit, nein, da war etwas anderes, etwas, das schwerer wog: Wenn sie uns reden gehört hatte, wußte sie nämlich, daß einer von uns Deutscher war. Dann hatte sie uns in der Hand. Dann mußten wir gute Miene zum bösen Spiel machen. Niemand sagte uns schließlich, ob sie allein war. Vielleicht saß da jemand, der sie vorschickte? Sie gab uns Rätsel auf. Die wuchtige, viel zu große Eisenbahnerjacke entstellte sie. Ohne diese Jacke schien sie eine zierliche Person zu sein, schmal und mit langem Rücken. Ich schätzte sie auf Mitte Dreißig.

Staschek gab nicht zu erkennen, was er dachte. Dobrze, meinte er, nahm die Axt und wandte sich dem Holzhaufen zu.

Die Mona Lisa ging ins Haus zurück. Jetzt erst sah ich, daß sie Stiefel trug. Wehrmachtsstiefel. Lalamamam, machte ich. Uh.

Staschek schielte mich an. Do diabla, knurrte er. Zum Teufel. Und er drosch auf das Holz ein, als müßte er Kraft loswerden.

Die späte Sonne wärmte noch einmal. Weiches, gelbes Licht lag über allem. Darin verwoben: silberne Fäden. Der Herbst.

Sooft wir die Straße hinauf und hinunter blickten, sie blieb leer, auch auf den Feldern zeigte sich kein Mensch. Ehe wir etwas unternehmen konnten, mußten wir herausfinden, ob die Frau allein war oder nicht. Ich überlegte: Wenn Staschek mit seiner Vermutung über die Gegend, in der wir uns befanden, recht hatte, lag die Hälfte des Weges hinter uns. Das bedeutete: Wir konnten noch vor den ersten Nachtfrösten daheim sein. Ich löste ihn ab. Jetzt nahm ich die Axt, jetzt schlug ich auf das Holz ein, und Staschek wuchtete die Klötzer heran. In seinem Gesicht arbeitete es. Immer wieder blickte er zur Straße.

Da zeigte sich die Schöne am Fenster. Sie hatte die Jacke abgelegt und sich geschminkt, ihr Haar fiel auf die Schultern. Mona Lisa im Bahnwärterhäuschen bei Radom. Staschek hielt es nicht länger aus. Warte, stöhnte er. Jetzt geh ich zu ihr. Jetzt laß ich mich von ihr so richtig erpressen. Damit warf er den Klotz hin und marschierte ins Haus.

Ich lauschte. Es blieb ruhig. Kein Wortwechsel, kein Geräusch drang nach draußen. Also war er jetzt ihr Hirsch. Ich holte weit aus. Immer, wenn ein Stück Holz auseinandersprang, strömte mir der Geruch frischer Beize entgegen. Die alten Masten, zersägt und gespalten, gaben frei, was sie seit Jahrzehnten gespeichert hatten. Der Geruch betäubte mich fast.

Später klingelte es. Ich sah, wie die Fremde in ihrer Kittelschürze aus dem Haus trat und die Schranken herunterdrehte. Sie hatte außer der Schürze nichts an, man konnte deutlich die Linien ihres Körpers erkennen. Von meiner Arbeit nahm sie keine Notiz. Als der Zug heranstampfte, winkte sie dem Lokführer zu. Der zeigte sein schwarzes Gesicht, die weißen Zahnreihen darin.

Da hatte ich keine Lust mehr und setzte mich hin. Ich hörte, wie die Tür ins Schloß fiel, und dachte: Was sie die Schranken nur hochzieht, es kommt sowieso kein Aas.

Beim Essen sagte Staschek: Der versteht nix. Den kannst du einen Idioten nennen, er wird dich nur angrinsen und denken, du tust schön mit ihm. Während er das sagte, wischte er sich das Fett vom Kinn. Es gab Kartoffeln, in Speck gebraten, Rühreier und Wodka. Die Eisenbahnerin sah mich an, als glaubte sie dem Mann, der sich als mein Bruder ausgab, nicht eine Silbe. Unterm Fenster stand drohend das Diensttelefon.

In der Bude sah es aus wie in Sodom und Gomorrha. Mona Lisa war eine Schlampe. Nach dem Essen hob sie ihr Glas und sagte: Wißt ihr eigentlich, warum ich die Pflaumen auf dem Baum lass'? Sie lächelte. Dann will ich es euch verraten. Weil sie voller Maden sind. In diesem Jahr gibts keine ohne Maden.

Ich grinste.

Staschek schüttete Schnaps in sich hinein.

Als Mona Lisa den Tiegel vom Tisch nahm, spürte ich den Geruch ihrer verschwitzten Haut. Die Stiefel standen neben der Tür, sie lief barfuß. Der Einuhrfünfzehn kommt bald, sagte sie. Bis dahin könnt ihr euch ausruhen. Dann aber gehts ans Holz, ihr … ihr Brüder. Die Art, wie sie das sagte, wie sie besonders die letzten

Worte betonte, ließ kaum einen Zweifel daran, daß sie wußte, wie es um uns stand.

Der Einuhrfünfzehn kam pünktlich. Wir gingen hinaus.

Es war eine blöde Situation. So lange eine Spur Hoffnung blieb, wir könnten uns täuschen und ihr Verhalten falsch deuten, mußten wir tun, als wären wir die, für die wir uns ausgegeben hatten. Wenn wir uns aber auflehnten, wenn wir abhauten oder ihr den Mund stopften, mußten wir damit rechnen, daß sie über ihr Telefon die Miliz rief. Den Apparat kaputtmachen durften wir nicht. Immerhin war es ein Bahntelefon, ein Unglück war schnell geschehen. Was also blieb uns anderes übrig, als unsere Wut am Holz auszulassen. Zehn Klötzer Staschek, zehn Klötzer ich.

Nach dem Hochdrehen der Schranken kam sie zu uns. Sie setzte sich auf einen Holzklotz und schlug die Beine übereinander. Es wird Herbst, sagte sie. Die Nächte sind schon kalt. Da ist es gut, wenn ich Holz hab. Schön kleingehacktes Holz.

Zehn Klötzer ich, zehn Klötzer Staschek.

Plötzlich hielt ich inne. Unter den Stücken kam eine Zeltplane zum Vorschein. Staschek merkte, daß ich zögerte, und trat heran. Was ist denn das? rief er.

Die Frau war aufgestanden.

Hastig räumten wir das Holz zur Seite und stießen auf eine Kiste, die jemand unter einer alten Wehrmachtsplane verborgen hatte.

Mona Lisa schien genauso erstaunt zu sein wie wir. Die Selbstsicherheit, mit der sie uns überrascht hatte, war auf einmal weg. Ihr Gesicht war blaß geworden, sie schaute nach allen Seiten, die Straße hinauf und hinunter. Matka Boska, flüsterte sie.

Da schlug Staschek den Deckel auf. Fotoapparate. Sauber verpackt in Kartons: fabrikneue deutsche Fotoapparate.

Hundert oder mehr. Vielleicht viel mehr.

Karol, raunte Mona Lisa. Karol hat mir das Holz gebracht.

Wer ist Karol?

Sie antwortete nicht. Eine ganze Fuhre, sagte sie. Plötzlich war sie nicht mehr die selbstbewußte Frau, plötzlich stand ein kleines Mädchen vor uns, mit aufgerissenen Augen, voller Furcht. Hier, flüsterte sie. Sie griff in die Kiste und gab jedem von uns einen Karton. Dann klappte sie den Deckel zu, zog die Plane darüber und begann, das Holz darauf zu stapeln. Klotz um Klotz und mit fliegenden Händen.

Staschek und ich standen da und schauten ihr zu.

Da richtete sie sich auf. Kein Wort, flehte sie uns an, hört ihr, kein Wort. Und da wir nicht reagierten, drohte sie: Ich verrat sonst, wer ihr seid.

Eine Weile blieb es ganz still. Keiner rührte sich vom Fleck.

Gut, sagte Staschek. Aber wir brauchen zwei Fahrkarten. Von der nächsten Station bis nach Rawicz.

Ich besorg euch welche, versprach die Frau. Helft mir, das Holz über das Zeug zu räumen, dann ruf ich den Wojciech an. Der Wojciech gibt euch die Karten. Der Wojciech, so erfuhren wir, arbeitete auf dem Bahnhof der nächsten Stadt.

Staschek ging mit ihr ins Haus. Ich begann, das Holz, gehacktes und nicht gehacktes, auf die Kiste zu legen. Schicht um Schicht. Irgendwo rief ein Kuckuck.

Als Staschek zurückkam, hielt er einen Beutel in der Hand. Wir stopften die Fotoapparate hinein und gingen. Dieses Aas, knurrte Staschek.

Der Mann, der Wojciech hieß, winkte uns in seine Bude. Es war nicht zu erkennen, was er auf dem Bahnhof machte. Er trug eine schwarze Montur, wischte sich die

Hände an einem Lappen ab und fragte: Nach Rawicz also, zweimal?

Zweimal, sagte Staschek.

Der andere stand vor uns, geduckt, wie auf dem Sprung. Ich sah, daß ihm Zähne fehlten und daß er unrasiert war. Zweimal also?

Zweimal, wiederholte Staschek.

Der Mann griff auf das Bord zwischen den Fenstern, doch plötzlich hielt er inne, ließ den Arm sinken und meinte: Die kosten aber was.

Staschek holte tief Luft. Wir haben kein Geld.

Kein Geld? Der Mann spielte den Überraschten. Umsonst ist der Tod, sagte er.

Ich war dabei, als sie mit Ihnen telefoniert hat, rief Staschek. Sie haben versprochen, uns die Karten zu beschaffen.

Hat sie gesagt, ja? Dann wird sie auch gesagt haben, daß ihr Mann verhaftet worden ist?

Wir sahen uns an.

Und daß ihm vorgeworfen wird, Waggons ausgeraubt zu haben? Er genoß unsere Unwissenheit. Eine Weile ging sein Blick zwischen Staschek und mir hin und her. Dann sagte er kurz: Gebt die Dinger her.

Staschek hielt den Beutel fest. Was für Dinger?

Ich weiß, daß ihr zwei Fotoapparate habt. Also gebt sie her.

In diesem Moment ging hinter ihm eine Tür auf, und ein zweiter Mann, ebenfalls in schwarzer Montur, stellte sich auf die Schwelle.

Staschek hatte blitzschnell die Gefahr erkannt. Er warf sich mit voller Wucht auf den ersten, stieß ihn gegen den zweiten, daß der, für den Bruchteil einer Sekunde hilflos, zurücktaumelte, und hielt das Messer in der Hand. So stand er da, in den Knien federnd, bereit, die Klinge jedem in den Leib zu stoßen, der sich uns näherte. Chodu! rief er und wich, mit dem Rücken zum Eingang, Zentimeter um Zentimeter zurück.

Ich spürte mit einemmal den Beutel in meiner Rechten und drückte die Klinke nieder. Der Weg nach draußen, in die Dunkelheit, war frei. Zwei, drei Schritte noch, Auge in Auge mit den beiden, dann rannten wir los. Über Schienen und Schotter. An Waggons vorbei. Die Männer in den schwarzen Monturen verfolgten uns, wir hörten ihre Schritte, das Klirren und Splittern des Schotters. Da vorn, auf dem Bahnsteig, unter den Lichtern, hofften wir auf Rettung im Schutz der Wartenden. Plötzlich aber stockten wir. Aus der Menge lösten sich zwei Gestalten, Polizisten. Wir hörten Pfiffe, die beiden kamen auf uns zu. Nun gab es keine Flucht mehr. Vor uns die Polizisten. Hinter uns die Verfolger. Staschek ließ das Messer fallen, ich warf den Beutel weg. Nur nicht stehenbleiben, nicht erschrecken. Pomoc! rief Staschek. Hilfe! Wir rannten, wir liefen, als säße uns der Teufel im Nacken. Pomoc! Wir liefen den Polizisten direkt in die Arme.

Überfall, keuchte Staschek und blickte hinter sich. Wir sind überfallen worden, zwei Kerle. Sie haben uns alles weggenommen.

Lalamamam. Uh.

Die Polizisten zeigten sich ungerührt. Ihre Ausweise bitte.

Staschek hielt ihnen die Hände offen hin. Alles, sagte er, Geld, Papiere, Fahrkarten, alles haben sie uns weggenommen. Und wieder zeigte er in die Richtung, aus der wir gekommen waren. Schwarz, nur von spärlichen Lichtern erhellt, lag das Gelände hinter uns. Zwei Kerle!

Eisenbahner?

Nein, sagte Staschek.

Er wollte nicht, daß die Polizisten sie fanden. Dabei hätte er nur den Namen des einen zu nennen brauchen.

Wojciech, Herr Kommissar, Wojciech. Dann aber wäre alles herausgekommen, die Sache mit den Fotoapparaten, der Aufenthalt im Bahnwärterhäuschen. Und Mona Lisa, in ihrer Angst, hätte ausgepackt.

Ich spürte den mißtrauischen Blick der Polizisten, und etwas ganz Eigenartiges ging in mir vor. Ich hatte auf einmal keine Furcht mehr. Mir war, als müßte ich meine Rolle nur gut genug spielen, um alles wieder ins Lot zu bringen. Lalamamam, machte ich. Und: Uh.

Was ist denn mit dem?

Mein Bruder, panie wladzo. Taubstumm.

Neugierige drängten heran. Einer der Polizisten scheuchte sie zurück. Es war ihm wohl peinlich, dabei beobachtet zu werden, wie er einen Taubstummen festnahm.

Kommen Sie.

Im Bahnhofsgebäude, gleich neben den Fahrkartenschaltern, existierte so etwas wie ein Büro der Miliz. Ein kahler Raum mit einem Adler an der Wand.

Name. Geburtsort. Datum. Staschek antwortete für mich. Ich hieß Jerzy, geboren war ich im November neunundzwanzig. Der Offizier hinterm Schreibtisch musterte mich. Ich lächelte ihm zu. Ich machte es wie Paul Cebulski aus dem Unterdorf. Lalamamam, machte ich. Und: Uh.

Staschek mußte die beiden beschreiben, die uns überfallen hatten. Er machte sie jünger, behauptete, sie hätten uns mit der Aussicht auf einen guten Schluck vom Bahnsteig gelockt. In der Dunkelheit, zwischen den Waggons, hätten sie die Tasche an sich gerissen. So. Er machte es vor. Als wir uns wehrten, ist der eine mit einem Küchenmesser auf uns losgegangen.

Der Offizier schrieb alles auf. Es war ihm anzumerken, daß er uns nicht über den Weg traute. Die ganze Geschichte kam ihm spanisch vor. Auf einem Panzer der Roten Armee wären wir bis vor die Stadt gerollt? In Bialystok hätten wir den Vater gesucht?

Staschek mußte die Tasche beschreiben. Er schilderte ein altes, abgeschabtes Ding. Der Inhalt: an die zweihundert Zloty, eine geschnitzte Babka, zwei Wollpullover, unsere Ausweise, Fahrkarten nach Rawicz und ein Ende Wurst. Ach so, ja, und Zigaretten. Zigaretten auch. Russische. Marke Kasbek.

Lalamamam. Uh.

Der Offizier griff zum Telefon. Ich hab hier zwei, hörten wir ihn sagen. Ohne Papiere, ja. Er legte auf und sah uns an. Bis zur Feststellung Ihrer Identität, sagte er, werden Sie unsere Gäste sein.

Da war es aus mit meiner Sicherheit. Aus mit dem Traum von der schnellen Heimkehr. Und alles wegen der Scheißzwetschen. Am liebsten wäre ich zurückgekrochen in die Scheune, ganz tief unters Stroh. Doch ich durfte mir nichts anmerken lassen. Ich mußte lächeln wie Paul Cebulski aus dem Unterdorf.

Draußen donnerte ein Zug vorbei. Die Dielen vibrierten. Do Kielc hatte über dem Bahnsteig gestanden. Und: Do Piotrkowa. Das hörte sich an wie Petrikau, und das kam mir bekannt vor. Wir hatten die Fahrkarten schon fast in der Hand gehabt. Zweimal umsteigen noch, und wir wären in Rawicz gewesen. Nun aber lag die Welt, an die wir endlich Anschluß gefunden hatten, erneut in einer anderen Wirklichkeit.

Das Untersuchungsgefängnis war ein alter Festungsbau. Kreischende Eisentüren, meterdicke Wände. Und ein Wächter, der nach Wodka roch. Matka Boska, murmelte Staschek. Er war bleich geworden.

Jetzt kam es darauf an, die Nerven zu behalten. Der Marsch durch den Wald erschien mir als Kinderspiel, gemessen an dem, was uns bevorstand. Ihr seid nicht allein, tröstete uns der Wächter, ein Mann um die Fünfzig, zutraulich, wie es schien, und leutselig. Der Schlüssel in seiner Hand war so lang wie sein Unterarm. Da wartet schon einer auf Gesellschaft, rief er. Und er schloß auf. Vor uns stand ein beleibtes Männchen mit Glatze.

Das Männchen wußte nicht, wie es uns begegnen sollte. Es musterte uns von oben bis unten, und ich lallte: Lalamamam. Da hatte es einen Anknüpfungspunkt für ein Gespräch. Da ist wohl jemand, der nicht reden kann? Der Wärter blieb in der Tür stehen, und Staschek erzählte unsere Geschichte.

Ihr könnt von Glück reden, meinte der Glatzkopf. Vor zwei Tagen haben sie auf dem Bahnhof einen ermurkst. Mit dem Messer, so. Er deutete die entsprechende Handbewegung an.

Mir fuhr der Schreck in die Glieder. Ein Mord auf dem Bahnhof? Das hieß, sie würden nicht eher Ruhe geben, bis heraus war, woher wir kamen und wohin wir wollten.

Und du? brummte Staschek. Warum bist du hier?

Der Glatzkopf warf einen Blick auf den Wärter, dann zuckte er mit den Schultern. Erst als der Wärter gegangen war, rückte er mit der Sprache heraus. Er war Friseur, und er hatte in seinem Laden Waren verkauft, die mit seinem Beruf nichts zu tun hatten, Stiefel und Gamaschen und Knickerbocker, und das nicht einmal für sich, sondern für jemanden, dem er sich verpflichtet fühlte, einen hochgestellten Kunden, wie er sich ausdrückte. Schließlich hätte er nicht ahnen können, daß es sich um Waren aus einer amerikanischen Hilfssendung handelte. Gestern wären Polizisten in sein Haus gedrungen, hätten alles umgedreht und ihn mitgenommen.

Ich beobachtete ihn. Er hatte dichte Augenbrauen und eine herabhängende Unterlippe. Und er machte kurze Trippelschritte, wenn er zwischen den Pritschen auf und ab ging.

Die Zelle war für vier Personen vorgesehen, wir bewohnten sie zu dritt. Vier Pritschen, vier Hocker, eine Blechschüssel. Ein Eimer für den Unrat mit einem Holzdeckel darauf. Und ein Fensterloch voller Spinnweben.

Ach, Brüderchen, seufzte Staschek. Wenn du mich verstehen könntest, würde ich dir sagen, daß wir in einer ganz verdammten Scheiße sitzen. I-den-ti-tät. Wie sollen wir beweisen, wer wir sind? Das Nest, aus dem wir kommen, liegt nicht mehr in Polen. Niemand kann uns sagen, ob unsere Eltern noch leben. Und wo. Heilige Mutter Maria.

Der Dicke bekreuzigte sich. Heilige Mutter Maria.

Auch ich schlug ein Kreuz. Ich hatte genau hingesehen, wie man das macht.

Da fuhr mir der Glatzkopf mit der Hand übers Haar. Ich zuckte unter der Berührung zusammen. Mir war, als müßte ich ihn anspringen, ihn über den Haufen rennen und mich verteidigen. Er spürte wohl etwas von meinem Widerwillen, denn er zog die Hand zurück.

Staschek starrte in die Ferne. Ich setzte mich zu ihm auf die Pritsche. Lalamamam, machte ich. Und ich sagte es, wie ich przyjaciel gesagt hatte: Freund.

Es dauerte nicht lange, da rasselte der Schlüssel, und Staschek wurde zur Vernehmung geholt.

Jetzt geht es los, meinte der Glatzkopf.

Ich hätte gern gewußt, was jetzt losging, doch ich durfte nicht danach fragen. Ich lächelte wie Paul Cebulski.

Es schien dem anderen nichts auszumachen, daß ich nichts von seinen Worten verstand. Er war schon froh, daß er jemanden hatte, an den er sich wenden konnte. Ich warte auf meinen Anwalt, sagte er. Den werden sie doch benachrichtigt haben? Das müssen sie doch tun, nicht wahr? Sie müssen mir doch einen Anwalt schicken. Er sah mich an. Ach, machte er und winkte ab. Du kapierst ja nichts. Armes Schwein, du. Und wie ihr ausseht. Wenn ihr wüßtet, wie beschissen ihr ausseht, wärt ihr zu mir in den Salon gekommen. Einmal Haarschneiden, einmal Rasieren. Aber bitte sehr, panowie. Nehmen Sie Platz. Eiwäsche? Haarwasser? Er machte die entsprechenden Bewegungen, und ich starrte ihn an. Ich dachte, daß es gut wäre, ihn anzustarren. Das habe ich gerade reinbekommen, flötete er. Ein Duft, wenn Sie den mal probieren wollen? Plötzlich hielt er inne und blickte mich traurig an. Scheiße, murmelte er. Die Lippe hing herab, er hatte große, runde Augen, und er sah aus, als würde ihm erst jetzt bewußt, in welcher Lage er sich befand. Da tat er mir leid. Ich legte alle Freundlichkeit, die ich aufbieten konnte, in mein blödes Lächeln.

Er wandte sich ab, seine Schultern zuckten.

Irgendwo schrie eine Sirene. Feierabend oder Schichtwechsel oder Übung der Freiwilligen Feuerwehr.

In diesem Moment hörte ich Schritte auf dem Gang. Und wieder rasselte der Schlüssel. Doch nicht Staschek kam, sondern der Wärter. Der winkte mich zu sich. Komm, Kleiner.

Zögernd erhob ich mich.

Sie wollen mit dir reden, sagte er. Weißderkuckuck, wie. Aber sie wollen. Er hatte mich am Arm genommen und führte mich neben sich her. Mir schlug das Herz im Halse. Und wenn ein Arzt auf mich wartete? Wenn der rauskriegte, daß ich gar nicht taubstumm war? Mir wurde ganz elend. Hätte mir in dieser Sekunde jemand auf den Bauch gedrückt, ich glaube, oben wäre alles rausgeschwappt. Das mit dem Magen wirst du nicht loswerden, sagte ich mir, dein ganzes Leben nicht. Ich wunderte mich, daß ich überhaupt an so etwas denken konnte. Dein ganzes Leben. Die nächsten Stunden wollten überstanden sein, die nächsten Minuten.

Der Mann hinterm Schreibtisch hatte keine Uniform an, er sah sehr jung aus, nicht viel älter als Staschek. Als ich hereingeführt wurde, hob er den Kopf und musterte mich mit unverhohlener Neugier. Bitte, sagte er und wies auf den Stuhl vor seinem Tisch. Ich versuchte ein Lächeln und setzte mich.

Name?

Ich lächelte.

Wie du heißen? Name. Er blickte auf meinen Mund.

Ich bewegte die Lippen, preßte jede Silbe aus mir heraus. La-la-ma-mam.

Da schob er mir eine Schachtel Zigaretten über den Tisch. Ich nahm eines der weißen Stäbchen, beguckte es von allen Seiten. Virginia, sagte der andere. Riech mal.

Im letzten Augenblick widerstand ich der Verlockung. Ein Feuerzeug flammte auf. Der Mann beugte sich zu mir, gab mir Feuer. Ich nickte, zeigte ihm, daß ich mich freute, und zog den Rauch in mich hinein. Es war mir, als löste ich mich samt Stuhl vom Boden. Ich schwebte. Jetzt mußt du warten, bis du wieder landest, sagte ich mir. Den nächsten Zug mußt du hinausschieben, möglichst lange, sonst macht dich der Rauch besoffen. Ich hielt die Zigarette fest in der Hand. Da spürte ich, wie der Stuhl zu Boden sank.

Der Mann hinterm Schreibtisch schrieb etwas auf einen Zettel. Den Zettel reichte er mir. Ich nahm ihn und nickte, als sagte ich Dankeschön. Auf dem Zettel stand das Wort Name mit einem Fragezeichen dahinter. Ich tat so, als hätte ich es nicht gelesen.

Der andere gab mir einen Bleistift. Ich legte die Zigarette in den Aschenbecher, hielt den Zettel in der Linken, den Stift in der Rechten und wartete, was geschehen würde. Mein Gegenüber deutete die Bewegung des Schreibens an. Du, sagte er. Du schreiben.

Ich nickte, legte das Blatt vor mich hin, strich es glatt und begann, Striche und Kreise darauf zu malen. Punkt und Komma, Kreis und Strich, fertig ist das Mondgesicht. Ich lachte, ich freute mich. Lalamamam. Uh.

Der Rauch der Zigarette stieg wie ein blauer Schrägstrich aus dem Aschenbecher.

In der Zelle kam mir der Dicke entgegen, doch er stockte, er wußte, daß es keinen Zweck hatte, mich nach meinem Erlebnis zu fragen, darum blickte er neugierig auf den Wärter. Der machte seinen Schnapsmund auf und brummte: Habs doch gesagt. Dann krachte die Tür ins Schloß, wir waren allein.

Jetzt erst, da ich mich unbeobachtet fühlte, brach die Anstrengung, die mich aufrecht gehalten hatte, zusammen. Ich sank auf die Pritsche, mir klapperten die Zähne.

Junge. Der Dicke beugte sich über mich. Was haben sie mit dir gemacht? Er berührte meine Schultern.

Da konnte ich mich nicht mehr beherrschen. Ich wollte nicht heulen, mir war nicht einmal danach zumute, doch die Tränen brachen aus mir heraus. Wütend darüber, stieß ich ihn zurück, zwang mich zu einem Lachen, wischte mir übers Gesicht, richtete mich auf.

Er sah mich aus traurigen Augen an, und es ging ein Zucken durch ihn, als wollte er mir etwas sagen, er bewegte sogar die Lippen, im gleichen Moment aber wandte er sich ab, ging die zwei Schritte bis unters Fenster und schwieg.

Es drängte mich, ihm eine Freundlichkeit anzutun, ich lallte, und als er sich nach mir umdrehte, malte ich mit dem Finger eine Sonne an die Wand. Lalamamam, machte ich. Uh.

Da setzte er sich zu mir. Er roch nach Parfüm und Schweiß, und er legte sein Gesicht an meine Schläfe. Mein Guter, murmelte er. Was haben sie nur mit dir gemacht.

Zum Glück klirrten die Schlüssel, er sprang auf, und Staschek, bleich und erschöpft, kehrte zurück. Staschek lehnte sich mit dem Rücken an die Wand, schloß die Augen. Nach drei, vier Atemzügen öffnete er sie und sagte: Boze pomoz mi. Gott helfe mir.

Und dann erzählte er. Er wandte sich an unseren Zellengefährten und richtete es so ein, daß ich alles, was er erlebt hatte, genau erfuhr. Das wichtigste Ergebnis: Die Miliz war dabei, sich in Rawicz nach uns zu erkundigen.

Nun konnte uns nur noch Gott helfen.

Auch deinen Bruder haben sie geholt, sagte der Dicke.

Jerzy? Staschek blickte mich erschrocken an.

Ich grinste, streckte den Finger aus und malte Kreise in die Luft, Sonnen. Dazu stammelte ich undeutliche Laute.

Ob er uns verstanden hat? fragte der Dicke.

Er spürt, daß wir von ihm reden, meinte Staschek. Taubstumme haben ein hochentwickeltes Gespür.

Im Gang hallten Schritte, Kübel schepperten. Der Dicke griff nach seinem Blechnapf und stellte sich an die Tür. Wir machten es ihm nach. Die Näpfe lagen in der Waschschüssel, gleich neben der Seife.

Da wurde eine Klappe in der Tür aufgestoßen. Der Dicke schob seinen Napf in die Öffnung, doch ehe der gefüllt wurde, zeigte sich das neugierige Gesicht eines Mannes. Die beiden Brüder? fragte das Gesicht.

Der Dicke trat einen Schritt zur Seite, gab den Blick frei. Das Gesicht musterte uns, dann verschwand es.

Eine Kanne wurde in die Öffnung gehoben, der Dicke hielt seinen Napf hin, jemand kippte Tee hinein. Dann schob eine Hand ein Brett mit Brot, Butter und drei Stücken Wurst in die Zelle. Nun hielten auch wir unsere Näpfe hin, erst Staschek, dann ich.

Ach, Gesine. Ich mach die Flügel nicht breit. Auf einer Pritsche liege ich. Es ist Nacht, und ich habe Angst, daß ich im Schlaf zu reden anfange. Daß ich Geschichten erzähle von einem Hirsch im Milchladen oder einer Schwalbe im Kirchenschiff. Ich fliege nicht. Einen anderen Namen habe ich und die Zunge von Paul Cebulski. Und zwei Meter neben mir starrt ein schwuler Friseur an die Wand. Und ich stopf den dreckigen, stinkenden Deckenzipfel zwischen die Zähne, damit ich nichts verrat.

XI

Durch das schmale Fenster in unserer Zelle konnte man ein Stück des Himmels sehen. Meist hingen Wolken über der Stadt, manchmal aber glänzte ein blasses Blau. Es war kalt geworden, nachts wickelte ich mich in die Decke, und als ich eines Morgens durch lange, hallende Gänge geführt wurde und aus einem der Fenster blickte, stellte ich zu meinem Erstaunen fest, daß die Dächer dünnen Rauhreif trugen.

Staschek war zur Vernehmung geholt worden, er mußte unsere Geschichte wieder und wieder erzählen, der Friseur wartete immer noch auf seinen Anwalt, und ich wurde wie am Tag zuvor in eine Turnhalle gebracht, wo ich gemeinsam mit anderen Gefangenen, Halbwüchsigen zumeist, Bücher, die dort zu einem Gebirge aufgeschüttet waren, in gleichmäßige Stapel schichten mußte. Deutsche Bücher. Weißderkuckuck, woher die kamen. Welche in Leder gebunden und welche in Leinen. Romane, Lehrbücher, Gedichte. Ein eigenartiger Reiz ging von den Büchern aus. Sie alle waren einmal geschrieben worden, mit der Hand auf Papier und in Häusern wie Ruschke eines hatte. Ich durfte nicht zu erkennen geben, daß ich sie lesen konnte, doch ich wartete darauf, daß mir eines in die Hände fiel, das ich kannte, vielleicht die Geschichte von Zeisbrich, der unter sonderbaren Umständen zu seinem Gelde gekommen war, oder ein unbekanntes von Ruschke. Statt dessen geschah etwas anderes. Einer der Stapel kippte um, im Auseinanderfallen erinnerten die Bücher an flatternde Hühner. Als ich ihnen die Flügel zusammenklappte und den Stapel zu ordnen versuchte, stieß mein

Blick auf eine Zeile, die mich zusammenzucken ließ. Die Geschichte vom Guckai, las ich. Guckai mit ai geschrieben.

Sofort schaute ich nach rechts und nach links. Die anderen waren mit ihren Stapeln beschäftigt, niemand achtete auf mich, und unser Wächter stand so, daß er mich nicht sehen konnte. Ich kauerte mich hin und trennte die Geschichte vom Guckai aus dem Band. Er hieß: Sagen und Märchen aus dem schönen Frankenland. Dem schönen Frankenland? Ich schob die Seiten unter mein Hemd. Dann machte ich mich wieder an die Arbeit. Hermann Hesse: Der Steppenwolf. Jonathan Swift: Gullivers Reisen. Paul Keller: Waldwinter. Meine Gedanken aber blieben bei der Geschichte vom Guckai. Was hatte die in Franken zu suchen? Vielleicht war es gar nicht die, die ich kannte, vielleicht hieß sie nur so? Die ungewohnte Schreibweise des Namens ließ ohnehin vermuten, daß es sich um ein anderes Guckei handelte.

In der Zelle wartete der Friseur, dort durfte ich nicht lesen, also gab ich dem Wächter zu verstehen, daß es mich hinter die Tür mit den zwei Nullen trieb. Der nickte und brachte mich hin. Kreischend fiel die Tür ins Schloß. Der Fensterschlitz war vergittert. Durch einen Spalt im Holz sah ich, daß der Wächter an seinen Platz zurückschlenderte. Rasch zog ich die Seiten hervor und begann zu lesen. Schon nach den ersten Sätzen merkte ich, daß es sich um die Geschichte handelte, die ich kannte. Nur, daß von einem adligen Fräulein die Rede war. Und nicht der Vater, sondern einer seiner Knechte erstach den Jungen. Außerdem: Das schöne Fräulein folgte ihm in den Tod. Und noch etwas war anders: Die Bäume starben nicht vor Schmerz, sondern der Burgherr ließ sie roden, er wollte nicht ständig durch ihren Anblick an seine Schuld erinnert werden.

Der See, im Jahr darauf an dieser Stelle entstanden, bekam den Namen Guckai. Und so hieß er noch heute.

Eine fränkische Sage also. Und schwarz auf weiß in einem Buch. Mir war auf einmal, als hätte mir jemand etwas weggenommen. Ich zerknüllte die Seiten und spülte sie weg. Mit ihnen, das spürte ich deutlich, ging mehr unter als bedrucktes Papier. Ein Stück Erinnerung versank, ein Stück Himmelsstiege.

Ich hatte die Geschichte vom Guckei als etwas empfunden, das nur mir gehörte, mir und den Leuten daheim. Und auf einmal mußte ich erfahren, daß sie Eigentum auch anderer war. Wie kam sie aus dem Frankenland ins Eulengebirge? Und wie war aus dem Guckai ein Guckei geworden? Ich spürte, wie sich für einen Augenblick Geschichte vor mir auftat. Mich erfaßte ein Schaudern.

Wo kommen wir her?

Es hatte eine Zeit gegeben, da war die weiße Rosa als Kind über die Wiesen gelaufen. Damals mußte sie ihre Lieder zum erstenmal gehört haben. Auf dem Zobten, so hatte uns Zamek erzählt, konnte man uralte Steine besichtigen, Reste heidnischer Kultstätten. Kamen die Lieder der Alten von dort? Waren sie eine Erinnerung an das, was wir nur erahnen können, was keiner je beschrieben hat? Und das eigene Leben, was hatte es damit auf sich in dieser langen Kette von Leben? Da saß ich nun, und ich durfte niemanden fragen.

Irgendwo pfiff eine Lokomotive. Ich sah den Berg von Büchern. Und ich dachte, daß alle zusammengenommen vielleicht eine Antwort ergaben.

Am Morgen darauf holte mich niemand. Ich blieb mit dem Dicken allein. Das können sie doch nicht machen, schnaufte der. Mit mir doch nicht. Der Anwalt, nach dem er verlangt hatte, war immer noch nicht da. Es kam auch kein Beamter, ihn zu vernehmen. Er war, so schien es, von Gott und der Welt vergessen worden. Manchmal schöpfte er aus diesem Umstand Hoffnung. Kann sein, das Ganze wird ihnen zu brenzlig, meinte er, als er uns rasierte. Schließlich hätte er das Zeug für jemanden verscherbelt, auf den der Staatsanwalt Rücksicht nehmen mußte. Den Namen wollte er nicht nennen, noch nicht. Das heb ich mir auf, sagte er. Damit rück ich raus, wenn es hart auf hart kommt. Und er stand unterm Fenster und blickte nach dem schmalen Stück Himmel. Wie schnell vergeht die Zeit, murmelte er.

Er hatte sich angewöhnt, mit mir zu reden wie mit jedem anderen. Vielleicht unterhielt er sich mit mir sogar lieber als mit einem, der ihm widersprechen konnte. Ach, du mein Scheißerlein, so lautete seine Lieblingsanrede. Er konnte mich aber auch ganz anders nennen: Kröte, Miststück oder Hundesohn. Er knurrte wie ein Fuhrmann, und er flötete wie eine Jungfrau. Seine Stimmung wechselte von einer Minute zur anderen. Dabei behauptete er, die Welt zu durchschauen. Mein Lieber, ich sag dir: Mir macht keiner was vor. Ich kenn das Leben. Zu mir kommen alle, Arme und Reiche, Kleine und Große. Ein Barbier ist für die wie ein Pfaffe. Dem sagen sie alles. Ich brauch gar nicht raus aus meinem Laden, in keine Kneipe und nix. Ich erfahr alles. Und ich mach mir meinen Reim drauf.

Auf das Ausbleiben des Anwalts konnte er sich allerdings keinen Reim machen.

Lalamamam. Uh.

Arschgeige.

So ging das hin und her. Mein Part in solchen Unterhaltungen bestand aus Lautmalereien und Grimassen. Er aber berichtete aus seinem Leben. Er war in der Gegend von Krakau aufgewachsen, das bis achtzehn zu Österreich gehört hatte. Als junger Mann zum Haarschneider des dort stationierten k.u.k. Regiments avanciert, hatte er beizeiten an den Manieren der Herren Offiziere Gefallen gefunden. Wenn er mit strahlenden Äuglein vormachte, wie er die Herrschaften bedient hatte, würzte er den Wiener Dialekt mit slawischem Akzent. Das wirkte komisch. Er nahm an, daß ich über die Bewegungen lachte, die er dabei vollführte, denn er konnte nicht ahnen, daß ich jedes Wort verstand. Kißdehand. Errgäbensterr Diener.

Lalamamam. Uh.

Ach, du mein Scheißerlein. Er setzte sich zu mir, und ich rückte ein Stück zur Seite. Warum denn so ängstlich? fragte er und legte den Arm um meine Schulter. Hitze ging von ihm aus und ein Geruch wie von Veilchen. Ich freß dich doch nicht auf, du Krötlein. Und da ich noch weiter rutschte, bis ans Ende der Pritsche, an die Mauer, wurde er ärgerlich. Mensch, du blöder Hund, kriegst auch einen neuen Pullover. Keuchend griff er mit der Rechten nach meiner Hand. Mit der Linken fingerte er an seiner Hose herum. Sein Gesicht wirkte aufgebläht, er bebte am ganzen Körper. Da stieß ich ihn mit beiden Fäusten zurück. Doch er ließ sich nicht abweisen. Er schob sich auf mich. Ich zog die Knie an und rammte sie ihm mit voller Wucht in den Bauch. Er schrie auf, taumelte nach hinten, verlor das Gleichgewicht, stürzte und schlug mit dem Kopf gegen die Pritschenkante. Ich hörte einen leisen Knall, wie von brechendem Sperrholz, und sah, wie unter seinem Kopf Blut auf den Steinfußboden rann. Mein Gott, ich hatte ihn doch nicht umgebracht? Entsetzt rannte ich zur Tür und trommelte mit den Fäusten dagegen. Lalamamam! Uh!

Es dauerte nicht lange, da hörte ich Schritte. Schlüssel klirrten, die Tür sprang kreischend auf, und der Wärter, der uns am ersten Tage gebracht hatte, stand in einer Schnapswolke vor mir. Czarna Madonna. Als er das Blut sah, machte er die Tür sofort wieder zu. Ich hörte den Pfiff einer Trillerpfeife, Stiefel knallten über die Steine, dann flog die Tür erneut auf, und drei Männer, zwei davon in Uniform, drangen in die Zelle. Einer blieb vor mir stehen, die anderen beugten sich über den Liegenden. Ich preßte unverständliche Laute hervor, zeigte auf die geöffnete Hose des Dicken und versuchte, durch Handbewegungen anzudeuten, was vorgefallen war. Die Männer schienen zu begreifen.

Sie redeten durcheinander, ich verstand in meiner Aufregung kein Wort. Plötzlich war eine Trage da. Ein Mann im weißen Kittel gab Anweisungen. Der Dicke, noch immer bewußtlos, wurde auf die Trage verfrachtet, zuerst mit dem Kopf, dann mit den Beinen. Wie sie ihn an mir vorbeischafften, sah ich, daß ihm Speichel aus den Mundwinkeln rann, schillernde Blasen, die zerplatzten. Sein Gesicht war gelb geworden, und ich dachte: Ein Glück, daß er lebt. Auf einmal tat er mir leid.

Kißdehand.

Jestem czarny ptak.

Als Staschek zurückkam, schloß er mich in die Arme. Er hatte vom Wärter gehört, was passiert war. Brüderchen, rief er mit lauter Stimme. Was hat der Kerl dir angetan? Und leise flüsterte er mir ins Ohr: Kein Wort, hörst du, kein Wort!

Lalamamam, machte ich. Uh.

Er lächelte. Wir waren wirklich wie Brüder. Jeder ahnte die Gedanken des anderen. Was machte es schon, daß ich ein Deutscher war und er ein Pole. Wir hatten längst die Grenzen zwischen uns abgeschafft. Die einfachen Leute gehören zusammen. Das hatte schon der Alte aus Breslau gesagt. Sulche, wie mir se sein.

Ich schielte zum Loch in der Tür. Auch Staschek rechnete damit, daß uns der Wärter belauschte. Ach, Brüderchen, rief er. Hoffentlich gibts keine Scherereien, keine neuen Vernehmungen und Protokolle. Ich grinste und malte mit dem Finger Häuser in die Luft. Das hieß, ich war darauf gefaßt.

Doch es kam alles ganz anders. Noch am Nachmittag wurden wir in ein leeres Zimmer geführt, einzeln vor eine weiße Wand gestellt und fotografiert. Was soll denn das? fragte Staschek.

Paßbilder, erklärte der Fotograf.

Wir sahen uns an. Die Freude, die jäh in uns aufstieg, drohte uns auseinanderzureißen; gewaltsam mußten wir sie niederhalten. Paßbilder? Das bedeutete, wir kriegten Ausweise. Rawicz hatte geantwortet. Jawohl, die beiden sind hier gemeldet gewesen. Geburtsort und Geburtsdatum stimmen. Auch daß der eine, der Jüngere, taubstumm ist, stimmt. Wir strahlten in den Apparat. Der machte Klick, hielt zwei glückliche, unrasierte Gesichter fest.

Wir würden uns nicht mehr verstecken müssen. Jedem, der uns fragte, konnten wir unsere Papiere zeigen. Seht her, das sind wir, Staschek und Jerzy. Zwei Brüder. Zwei weiße Vögel!

Natürlich hatte auch der Wächter von unserem Glück gehört. Er schloß die Tür nicht mehr zu. Er lehnte sich an den Pfosten, rauchte eine Zigarette mit uns und erzählte, daß er sich freute. Und wißt ihr auch, warum? Weil ich mich nicht getäuscht hab. Ich hab euch am Anfang nicht glauben wollen. Das sind keine Brüder, hab ich gedacht. Das sind ganz gerissene Gauner. Aber dann hat mir meine innere Stimme geraten, euch zu vertrauen. Er lachte. Und auch Staschek lachte.

Ich guckte von einem zum anderen und machte ein dummes Gesicht.

Er hat ihn immer sein Scheißerlein genannt, berichtete der Wärter.

Da hörte Staschek zu lachen auf. Lalamamam, machte ich.

Wie gehts ihm? fragte Staschek finster.

Der Wärter winkte ab. Gehirnerschütterung.

Er hat behauptet, er könnte uns Pullover besorgen.

Der Wärter schüttelte den Kopf. Das Zeug ist alles beschlagnahmt.

Wir erfuhren, daß wir es mit dem größten Schieber der Stadt zu tun gehabt hatten. Von seinem Warenlager führten Wege in alle Himmelsrichtungen. Täglich, so hieß es, machten die Untersuchungsorgane neue Entdeckungen.

Die größte steht ihnen wahrscheinlich noch bevor, meinte Staschek.

Der Wärter blickte ihn neugierig an.

Damit rückt er erst raus, wenn es ihm an den Kragen geht, sagte Staschek.

Der große Unbekannte, dachte ich. Das hohe Tier.

Es erging mir ganz eigenartig dabei. Obwohl ich es war, der ihn niedergeschlagen hatte, betrachtete ich sein Schicksal mit ziemlicher Gleichgültigkeit. Was ging mich dieser aufdringliche Barbier an, wenn ich vielleicht schon morgen die Heimkehr nach Schlesien fortsetzen konnte. Mochte nun ein hohes Tier hinter ihm stehen oder nicht. Für hohe Tiere hatte ich ohnehin nichts übrig. Mehr und mehr begann ich zu begreifen, was der Alte aus Breslau gemeint haben könnte. Die hohen Tiere schickten die einfachen Leute für sich ins Feuer. Es war Zeit, daß die einfachen Leute damit Schluß machten.

Doch Staschek's Wort vom polnischen Schlesien fuhr mir wie ein Messer ins Herz. Die Freude über die Aussicht, schon morgen das Gefängnis zu verlassen, noch vor Minuten ein wunderbares Gefühl, brach in sich zusammen. Was nützten mir alle Papiere, wenn es für mich kein Zuhause gab.

Nachts, als wir allein waren, probierte ich, ob es mit dem Sprechen noch ging. Staschek, murmelte ich.

Ja.

Weißt du, wo Franken liegt?

Francja?

Nicht Frankreich. Franken. Unterfranken. Oberfranken.

Er beugte sich zu mir. Seine Miene drückte Unverständnis aus. In der Dunkelheit schimmerten zwei Zahnreihen.

Du hast doch bei der Post gearbeitet, sagte ich.

Do diabla, knurrte er. Zum Teufel. Und er legte sich wieder zurück.

Sagen aus dem schönen Frankenland. Für eine Weile dachte ich daran, im Notfall dorthin zu gehen, woher die Geschichte vom Guckei gekommen war. Vielleicht, daß ich durch sie etwas wiederfand, was ich suchte.

Staschek.

Ja.

Denkst du manchmal an dein Dorf?

Ich denk jetzt daran, daß wir was zum Anziehen brauchen. Die Nächte sind kalt.

Damit drehte er sich auf die andere Seite. Ich hörte es am Knarren der Pritsche. Ich war allein.

Manchmal fiel ein Licht durch den Fensterschlitz, vermutlich von einem Auto, das draußen vorbeifuhr. Ein gelber Streifen strich über die Decke, glitt die Wand herab und erlosch.

Der Mann, der hinter seinem Schreibtisch aufstand und Staschek die Papiere überreichte, war derselbe, dem ich Striche und Kringel auf den Zettel gemalt hatte. Er trug eine Uniform, und er erklärte, daß es sich bei den Papieren um sogenannte Behelfsausweise handelte. In Rawicz würden wir endgültige Dokumente erhalten.

Dziękuje, murmelte Staschek.

Ich machte ein Gesicht wie Paul Cebulski. Doch der Offizier beachtete mich nicht, er wandte sich an Staschek. Und hier: zwei Fahrkarten dritter Klasse, sagte er. Dann gab er uns die Hand. Jetzt sah er auch mich an. Bon voyage.

Merci, antwortete Staschek. Bardzo merci.

Auf der Straße liefen wir das erste Stück, ohne ein Wort herauszubringen. Staschek hielt die Papiere fest in der Hand, wir hatten noch nicht gewagt, einen Blick darauf zu werfen. Es war, als müßten wir uns an die neue Freiheit erst gewöhnen. Wir liefen schnell, die Schritte schmerzten uns in den Hüften, und wir hatten das Gefühl, als drehten sich alle Leute nach uns um.

Hast du gehört? raunte Staschek. Er hat französisch gesprochen.

Ich fand nicht den Mut, den Mund aufzumachen, und nickte. Erst als wir ein Stück vom Gefängnis entfernt waren, blieb ich stehen und flüsterte: Zeig her.

Die Ausweise waren einfache Zettel, Vordrucke, mit Schreibmaschine ausgefüllt. In der Ecke klebte das Paßbild. Als ich mich unter dem Milizstempel sah, mit mühsam zurückgestrichenen Haaren, Schatten im Gesicht, erkannte ich mich kaum wieder. Der Fotograf hatte es mit der Belichtungszeit nicht so genau genommen, ein eigenartiger Hell-Dunkel-Effekt war die Folge. Staschek sah ähnlich aus, auf den Fotos wirkten wir beide krank. Und in Wirklichkeit? Wir hatten vor Aufregung schlecht geschlafen und froren. Die Farbe des Sommers war verblichen. Auch wurde es Zeit, daß wir uns rasierten.

Jerzy, sagte Staschek.

Ja.

Mußt dich jetzt an den Namen gewöhnen.

Wir standen am Rand eines Ruinenfeldes. Wind wirbelte Staub auf, es roch nach Asche. Selbst im Schlaf mußt du aufschrecken, wenn du den Namen hörst, sagte Staschek.

Quatsch, sagte ich. Ein Taubstummer hört auch im Schlaf nichts. Da lachten wir und gingen weiter.

Kälte kroch uns über die Haut. Mitten in der kaputten Stadt wuchsen Läden aus den Trümmern. Paletots, original aus Canada, stand in geschwungenen Buchstaben darauf. Brausepulver, garantiert Waldmeister. Oder ganz einfach: Piwo. Doch wir konnten uns alles nur ansehen, wir hatten keinen Zloty in der Tasche, etwas zu kaufen. Wie bunte Inseln glänzten die Läden in der Trümmerlandschaft.

Jetzt die beiden Fotoapparate, brummte Staschek.

Die Dinger hätten uns eine Menge Geld gebracht. Davon hätten wir uns warme Sachen kaufen können, heißen Tee und Bigos.

Plötzlich blieb Staschek stehen und sagte: Weißt du was? Wir gehen noch einmal hin.

Zu Wojciech?

Ins Bahnwärterhaus. Eine Stunde Fußweg.

Du bist verrückt.

Wir haben das Luder in der Hand. Zwei Apparate. Oder vier? Wir können verlangen, was wir wollen. Er redete sich in Eifer. Erstens hat sie uns verpfiffen, sie wird also ein schlechtes Gewissen haben. Und zweitens ist Karol ihr Mann. Und Karol sitzt. Da wird sie nicht wollen, daß zu allem, was er auf dem Kerbholz hat, auch noch die Apparate kommen.

Staschek war nicht aufzuhalten. Angesichts der vielen Läden und der schönen Dinge, die es in ihnen zu kaufen gab, hatte er sich in den Kopf gesetzt, die Schrankenwärterin erneut zu besuchen. Was kann uns schon passieren, sagte er. Wir haben Ausweise. Unsere Existenz ist behördlich sanktioniert. Hier. Er hielt die Papiere triumphierend hoch. Wir hatten keine Taschen und wußten nicht, wohin mit den Zetteln.

Gib her. Ich griff nach meinem.

Nur, wenn du einverstanden bist.

Da stimmte ich zu. Doch mir war nicht wohl in meiner Haut. Ich konnte das Gefühl nicht loswerden, daß wir unsere Rechnung ohne den Wirt machten. Der Wirt hieß Mona Lisa, die Schrankenwärterin in der Kittelschürze. Doch da war noch etwas anderes. Es störte mich, daß wir unseren Weg nicht auf normale Weise fortsetzten, nicht in die einmal eingeschlagene Richtung, sondern daß wir kehrtmachten und von dem Stück, das wir hinter uns wußten, ein ganzes Ende freiwillig wieder hergaben. Es war, als existierte hinter uns etwas, das wir für wichtiger hielten als unser Ziel.

Ich schob den Zettel unters Hemd, auf die blanke Haut, und marschierte finster neben Staschek her.

Tausend für einen Apparat, hörte ich ihn schwärmen. Tausend und keinen Zloty weniger.

Das Bahnwärterhaus sah anders aus als das letzte Mal. Schon von weitem wirkte es bewohnt: Aus dem Schornstein trieb Rauch, und zwischen Zwetschenbaum und Haus wehte Wäsche zum Trocknen. Außerdem war das Holz frisch gestapelt. Das verwirrte uns, und wir beschlossen, erst einmal Beobachtungsposten zu beziehen und abzuwarten. Später, wenn alles gutging, wollten wir uns trennen. Ich sollte die Umgebung im Auge behalten, Straße und Felder, während Staschek zu Mona Lisa gehen wollte. In einer Mulde, unter Haselnußsträuchern, ließen wir uns nieder. Das erste Laub war gefallen, wir schoben die nebelnassen Blätter zur Seite und fanden einen trockenen Platz. Vormittag war, der nächste Zug kam einuhrfünfzehn, wir hatten also Zeit.

Warte, mein Täubchen, murmelte Staschek. Ich komme Schulden kassieren. Inzwischen sind da ein paar Zinsen aufgelaufen, weißt du, auch Schweigegroschen und Schmerzensgeld, und alles zusammen beläuft sich auf vier Fotoapparate mit der dazugehörigen Beschreibung, verstehst du? Er malte sich ihr Erschrecken aus, und er genoß die Vorstellung. Und noch etwas malte er sich aus: den Gang in einen der bunten Läden, er hörte schon das Schellen der Türglocken, die Frage des Verkäufers: Sie wünschen, mein Herr? Zwei dicke Pullover. Aber bitte sehr, prosze panow. Vielleicht hätten wir hier das richtige, Schafwolle, reine Schafwolle. Und wir würden in die warmen Pullover kriechen, die Kragen hochschlagen bis unters Kinn, und Ile to kosztuje sagen. Was kostet das?

Wolken zogen niedrig über uns hinweg. Weiß hob sich der Rauch aus dem Schornstein von ihnen ab, der Wind riß ihn auseinander, zerteilte ihn. Da sahen wir, wie im Haus die Tür aufging. Doch nicht die Frau trat heraus, sondern ein Mann in Eisenbahneruniform. Der Mann war schon alt, die Jacke hing ihm nicht wie ein Lappen von der Schulter, sie paßte. Wir starrten uns an. Staschek preßte einen Fluch heraus. Der Mann ging zum Holz, lud sich einen Stapel Scheite auf den Arm und kehrte ins Haus zurück. Gleich darauf quollen dicke Wolken aus dem Schornstein. Der Alte machte die Bude warm. Von Mona Lisa keine Spur.

War sie verhaftet worden? Steckte sie mit ihrem Karol unter einer Decke? Oder hatte sie den Alten nur vertreten? Der Bahnwärterdienst ging rund um die Uhr. Das konnte einer allein gar nicht schaffen. Da brauchte er jemanden, der ihm zur Seite stand.

Wir beratschlagten, was zu tun war. Staschek hielt es für das beste, wenn er unter einem Vorwand ins Haus ging und an Ort und Stelle in Erfahrung brachte, was los war. Ich sollte unterdessen an der Hauswand nachschauen, ob die Kiste mit den Fotoapparaten noch an ihrem Platz stand. Er wollte den Mann so lange wie möglich ins Gespräch ziehen. Vielleicht gelang es mir sogar, die Kiste aufzumachen und ein paar Apparate herauszunehmen. Ich sollte mir ruhig Zeit lassen, er würde schon dafür sorgen, daß ich ungestört blieb.

Und wenn die Frau bei ihm war?

Dann wollte er einen solchen Krach machen, daß ich es hörte. In jedem Falle, mit oder ohne Apparate, sollte ich in der Mulde auf ihn warten. Er ging voraus.

Ich blieb, bis er das Haus erreicht hatte, dann machte auch ich mich auf den Weg. Ich lief so, daß ich vom Fenster aus nicht gesehen werden konnte.

Im Haus blieb es still.

Vorsichtig näherte ich mich dem Holz. Alle Stücke waren gehackt worden. In säuberlich geschichteten Reihen lagen die Scheite an der Wand. Da war mir klar, daß meine Suche erfolglos bleiben würde. Das Luder hatte von unserer Festnahme erfahren und Kiste und Zeltplane beiseitegeschafft. Mona Lisa mit Weitsicht.

Und wir, in unserer Einfalt, hatten angenommen, alles so vorzufinden, wie wir es verlassen hatten. Die Schöne womöglich am Fenster mit einem güldenen Kamm im Haar. Wütend riß ich die Scheite vom Stapel. In unserem Verhalten, so sagte ich mir, lebte etwas von der Weltfremdheit meines Großvaters. Leute wie Mona Lisa lachten sich derweil ins Fäustchen. Und auch die Rechnung des Alten aus Breslau konnte nicht stimmen. Gehörten Wojciech und Mona Lisa etwa nicht zu den einfachen Leuten? Gab es am Ende noch andere Unterscheidungen als die zwischen arm und reich? Und Staschek? Er, den ich bisher wegen seiner praktischen Art bewundert hatte, erschien mir mit einem Male hilflos. Am liebsten hätte ich den ganzen Stapel eingerissen. Nirgendwo fand ich, was ich suchte. Keine Zeltplane, keine Kiste. Keine Antwort auf meine Fragen. Bedrückt schlich ich auf meinen Platz zurück.

Als Staschek endlich kam, hätte ich ihn beinahe nicht erkannt. Er trug eine geflickte, alte Joppe, wie sie Bauern den Vogelscheuchen überziehen. Ein bißchen erinnerte er mich in diesem Aufzug an Mona Lisa in ihrer viel zu großen Uniform. Und? fragte er. Wo sind die Apparate?

Keine da.

Er starrte mich an.

Zeltplane, Kiste, alles weg.

Er starrte mich immer noch an. Das Aas, stieß er hervor. Dann haute er sich hin. Nur in Bruchstücken war aus ihm herauszukriegen, was er wußte. Er brauchte Zeit, um mit der Niederlage fertigzuwerden.

Mona Lisa, so erfuhr ich, war die Tochter des Schrankenwärters. Staschek hatte ihm irgendein Märchen erzählt und um einen Schluck Tee gebeten. Brot, Wodka und die zerrissene Joppe waren dabei herausgesprungen. Besser als nichts, brummte er. Wir ziehen das Ding abwechselnd an. Hauptsache, es wärmt.

Wie es schien, hatte der Alte keine Ahnung, was mit der Tochter los war. Er hielt große Stücke auf sie, nannte sie sein Engelchen und dankte Mutter Maria für die Gnade. Mit dem Einuhrfünfzehn sollte das Engelchen kommen.

Ein Keil Wildgänse stieß durch den Nebel. Wir hörten den Flügelschlag noch, als von ihnen schon nichts mehr zu sehen war. Da hockten wir nun, aufgebrochen zum großen Fischzug, doch weiter von unserem Ziel entfernt als noch vor Tagen. Das hast du nun davon, knurrte ich. Eine Scheißidee, hierher zu latschen.

Staschek widersprach nicht. Das beste wird sein, wir fahren gleich mit, sagte er kleinlaut. Er sagte nicht: Wir passen das Engelchen ab, wir präsentieren ihm unsere Rechnung. Er sagte: Wir steigen von der anderen Seite ein.

XII

Als ich, erschreckt durch ein Geräusch, die Augen aufmachte, dauerte es eine ganze Weile, bis ich begriff, wo ich mich befand: auf einer Wiese. Und es waren viele Menschen um mich. Die Menschen hockten auf Koffern und Körben. Und auch Staschek war da, er saß hinter mir, ich spürte seinen Rücken an meinem und dachte: Das ist nicht die Wiese mit den Baumstümpfen, dem Stacheldraht und den Scheinwerfern, das ist eine Schneise in einem Akazienhain mit Maulwurfshügeln und schwärzlicher Schafgarbe. Auf dem Bahndamm stand ein Zug, die Türen waren geöffnet, und die Leute hatten die engen Abteile mit einem Rastplatz im Freien getauscht. Der Zug hielt auf offener Strecke. Staschek schien gemerkt zu haben, daß ich munter geworden war, denn er drehte mir das Gesicht zu und wies mit dem Kinn in die Richtung, in der die Lokomotive stand. Zwischen Baumstämmen und blattlosem Geäst erkannte ich feine blaue Linien am Horizont. Berge. Wir hatten das südliche Polen erreicht.

Im Nu war ich hellwach. Schon seit dem Morgen war mir aufgefallen, daß die Marktflecken, durch die wir kamen, anders aussahen als in der Gegend, die wir hinter uns gelassen hatten. Laubengänge, meterdicke Mauern, Bilder wie Fotos aus dem Böhmischen. Und auch die Luft, so redete ich mir ein, schmeckte anders. Mir klopfte das Herz.

Immer wieder, im Zug und bei den Aufenthalten, hatte ich gehofft, jemand von den Reisenden würde das nahe oder ferne Alaska beschreiben, Elizas und Zofias Wunderland, doch das Ziel der Sehnsüchte, über das die Leute sich ausließen, hatte andere Namen: Taufe und Wiedersehen und Erbschaft. Manche schleppten Kränze mit sich, Gebinde aus Papierblumen. Allerseelen stand vor der Tür, da besuchten die Lebenden die Toten. Auch zu Hause hatte es einen solchen Tag gegeben. Jedes Jahr, kurz vorm ersten Schnee, bot der Friedhof einen phantastischen Anblick. Hunderte von Kerzen illuminierten das Gräberfeld. Als Kinder waren wir abends auf das Plateau unterhalb der Pfennigbaude geklettert. Dort konnte man das Schauspiel von oben betrachten, das Lichtermeer, durch das vom Guckei her der Wind strich, daß es aussah, als wogten leuchtende Wellen.

Da war es wieder, das Bild von der Himmelsstiege mit ihren Hütten. Zwei, drei Tage noch, vielleicht auch vier, und ich würde den Hang hinaufgehen, durch gelbes Gras. Wie ein Traum war das, aus dem man im Schweiß erwacht. Vor diesem Erwachen hatte ich Angst. Ich malte mir die schrecklichsten Bilder aus. Vielleicht, so dachte ich, waren die Häuser abgebrannt, fuhr der Wind durch zerschlagene Fenster. Die Ortschaften, durch die wir kamen, boten einen bejammernswerten Anblick. Manchmal hatten sich die Überlebenden wie Maulwürfe in die Erde gegraben, Wäschestücke hingen zum Trocknen zwischen Mauerresten. Ein halbes Jahr war seit dem Kriegsende vergangen, und immer noch wehte uns Brandgeruch an. Breslau, von dem Staschek behauptete, es hieße jetzt Wroclaw, sollte zu neunzig Prozent in Schutt und Asche liegen, kaputt. Da wollte ich hoffen, auf der Himmelsstiege könnte der Sohn des Zitherspielers wie früher im Kastanienbaum sitzen und auf seiner Holunderflöte blasen?

Do Krzeszow, hörte ich den Alten neben mir sagen.

Krzeszow? fragte eine zweite Stimme. Wo liegt denn das?

Aufs Tschechische zu, meinte der Alte. In den Bergen. Da will keiner hin. Das ist den meisten zu hoch.

Ein Kloster, sagst du, ein Kloster gibts dort?

Ja.

Und weißt du auch, wie dieses Krzeszow unter den Deutschen hieß?

Grüssau.

Ich fuhr zusammen. Grüssau? Das kannte ich doch. Das war nicht weit von zu Hause weg. Zwei, drei Wegstunden zu Fuß. Dort waren Polen? Staschek hatte meine Erregung bemerkt. Ich spürte den Druck seines Rückens. Bleib ruhig, sollte das heißen. Ganz ruhig.

Nachts hörst du dort die Hirsche schrein, behauptete der Alte. Er übertrieb. Bis zum Wald war es ein ganzes Stück. Im September haben sie die halbe Nacht trompetet, lachte er. Ich sag dir, das war vielleicht ein Konzert.

Ich wagte den Blick zur Seite. Der Mann, der nach Grüssau wollte, thronte in einem viel zu großen herrschaftlichen Schafpelz auf einem Weidenkorb und schob sich Wurstscheiben zwischen die Zähne. Wie gedrehte Quasten hingen die Bartzipfel herab. Ich wartete darauf, daß er mehr von Grüssau erzählte, seinem Alaska, in dem es ein Kloster und schreiende Hirsche gab, doch er schwieg, er kaute die Wurst, nahm einen Schluck aus der Flasche und schwieg. Und auch der andere sagte kein Wort, er wollte nicht wissen, woher der Alte den schönen Pelz hatte und was aus den Deutschen in Grüssau geworden war.

Ich hätte ihn gern danach gefragt, doch ich durfte den Mund nicht aufmachen. Vor Unruhe konnte ich nicht länger sitzen bleiben, ich stand auf, tat, als schmerzten mir die Glieder, und ging unter die Bäume. Schon nach wenigen Schritten war Staschek an meiner Seite. Wo willst du denn hin?

Ein Stück laufen.

Die Akazien hatten ihre Blätter verloren. Unter den Füßen raschelte das Laub. Es war wie in einem Film. Krähen flogen auf. Krzeszow, murmelte Staschek.

Grüssau, sagte ich.

Das Gespräch brach ab. Erst nach einer Weile meldete sich Staschek wieder. Er sieht aus wie Pan Twardowski, sagte er.

Ich wußte nicht, wer Pan Twardowski war, und schwieg.

Wortlos gingen wir nebeneinander her. Da ertönte hinter uns, weit hinter uns, der Pfiff der Lokomotive. Erschrocken drehten wir uns um. Ohne es zu merken, hatten wir uns zu weit vom Bahndamm entfernt. Los, rief Staschek. Wir rannten. Alles war auf einmal wie früher. Unsere Schultern berührten sich fast. Wir sahen, wie die Leute in die Abteile drängten. Schon gellte der zweite Pfiff. Eine Frau, vor uns, hob hilflos die Arme, ihr Koffer stand im Gras, und Staschek griff nach ihm; ich nahm die Frau bei der Hand, da polterte ein Rucken durch den Zug, zischend fuhr eine Wolke Rauch in den Himmel, die Räder begannen sich zu drehen, Gestänge schepperte, Türen schlugen zu, wir hätten auf die Trittbretter springen können, doch wir brachten es nicht fertig, die Frau allein zu lassen, und blieben stehen. Und auf einmal lachten wir. Wir sahen, wie der Zug sich entfernte, und lachten. Es war der Trotz, der uns lauthals drauflos lachen ließ, die Wut auf den Lokführer und die ganze beschissene Situation, Grüssau oder Krzeszow, diesen ganzen Mist.

Die Frau starrte uns an, sie war um die Sechzig, trug eine schwarze Kappe und sah aus wie jemand, der nicht oft auf Reisen geht. Kein Wort brachte sie heraus. Wahrscheinlich hielt sie uns für Diebe. Da hörten wir zu lachen auf, Staschek nahm den Koffer, und ich machte ein Gesicht wie Paul Cebulski. Wohin, fragte Staschek, wohin, gute Frau?

Nur zwei Stationen, stammelte sie. Zwei Dörfer weiter.

Pani Urszula stammte aus dieser Gegend. Der Lehrer, dem sie bis zu den Kartoffelferien den Haushalt gemacht hatte, war von der Schulbehörde versetzt worden, in die neuen Gebiete, wie sie sich ausdrückte. Nach Alaska also, dachte ich im stillen. Er sollte dort eine Schule aufbauen, eine polnische, und er hatte sie gebeten, nachzukommen. Nun war sie dabei, sich von ihren Verwandten zu verabschieden. Manche gaben ihr neben guten Wünschen auch noch etwas Handfestes auf den Weg: Schinken und Honig und Eier. Das kann ich sowieso nicht alles mitschleppen, meinte sie. Pan Bronislaw schreibt, sie leiden dort keinen Mangel.

Staschek blickte mich an. Ich kaute den Kuchen, den sie uns vorgesetzt hatte, und verzog keine Miene. Er hatte der Guten unsere Legende erzählt, das ganze Drum und Dran, auch den Gefängnisaufenthalt, und ihr die Behelfsausweise gezeigt. Das hatte sie beruhigt. Wirklich, gestand sie, als ich Sie vor mir sah, so ganz allein auf der Wiese, da wurde mir himmelangst. Jetzt lachte sie. Ich bin ein Hasenfuß, müssen Sie wissen. Im Krieg, unter den Deutschen, bin ich ein paarmal vor Angst fast gestorben. Sie sah an uns vorbei, und sie nickte. Ständig, so erfuhren wir, hätte sie in Furcht gelebt, daß man ihr auf die Schliche kam. Pan Bronislaw war zu Ostern dreiundvierzig von einer Reise nach Tschenstochau nicht zurückgekommen, und da es keine polnischen Lehrer gab, hatte sie, die Haushälterin, die Kinder heimlich unterrichtet, im Lesen und Schreiben und in polnischer Geschichte. Pan Bronislaw war nicht, wie die meisten vermuteten, von den Deutschen umgebracht worden, sondern er war Soldat geworden. Im Februar fünfundvierzig war er in der Uniform eines Hauptmanns der Polnischen Armee in sein Dorf zurückgekehrt. Dort, auf den Stufen des Schulhauses, hatte er Pan Urszula vor allen Leuten eine Heldin genannt. Die Frau mußte lächeln. Eine Heldin, die vor Angst zittert, sagte sie.

Da stand Staschek auf, steif und ernst, ging auf sie zu und küßte ihr die Hand. Das wirkte komisch, und sie fing zu weinen an. Der Krieg und die Deutschen, klagte sie. Der Krieg und die Deutschen haben alles kaputtgemacht.

Danach war es eine Weile still. Man hörte das Ticken des Regulators an der Wand. Pani Urszula bewohnte zwei Kammern unterm Dach der Schule. Erreichbar war die Bleibe nur über eine Stiege an der Außenmauer. Einen Teil des Gebäudes, auch das Treppenhaus, hatten Artilleriegranaten zerstört. Doch ich hatte das Gefühl, daß die Frau an andere Zerstörungen dachte. Sie weinte darüber, daß sie einen Taubstummen und seinen Bruder, zwei arme Schlucker, für Diebe gehalten hatte. Aber essen Sie doch, sagte sie. Greifen Sie doch zu.

Staschek setzte sich wieder. Die Frau goß noch einmal Tee in die Tassen, alte Tassen mit schön geschwungenen Henkeln. Überhaupt sah es in ihrer Wohnung wie in einem Museum aus. Auf dem Nähtisch erhob sich die Figur eines römischen Kriegers aus weißem Porzellan.

Staschek strich mit dem Finger darüber.

Ich kaute.

Das alles nehme ich mit, erklärte die Frau. Pan Bronislaw schreibt zwar, wir fänden dort genug, aber ich möchte in meinen eigenen Sachen wohnen. Sie schien ihre Betroffenheit überwunden zu haben, denn ihre Züge glätteten sich, ihr Gesicht nahm einen anderen Ausdruck an, sie wirkte auf einmal jünger. Polen, sagte sie. Es hat sich endlich seinen Besitz zurückgeholt. Dabei schimmerten ihre Augen. Das wirkte genauso seltsam wie Staschek's Handkuß vorhin. Ich blickte nicht auf, schlürfte Tee und schob mir ein neues Stück Babe in den Mund. Babe, hatte die Frau gesagt. So hatte der Kuchen, den ich aß, auch im Schlesischen geheißen. Ich hätte gern gewußt, wo Pan Bronislaw seine Schule gründete, Staschek schien meine Neugier zu teilen, doch er fragte nicht. Ich glaube, er hatte Angst vor der Antwort.

Auf dem Vertiko stand das Foto eines Mannes. Kurzer Haarschnitt, strenges Gesicht, Schlips, hoher Kragen. Ich stellte mir diesen Mann hinterm Katheder meiner Klasse vor. Und plötzlich erkannte ich in dem Krieger, der als Porzellanfigur auf dem Nähtisch stand, den Jüngling auf dem Bild an der Klassenwand. Das verwirrte mich.

Staschek indessen hatte andere Gedanken. Er fuhr mit dem Handrücken über seine Bartstoppeln und wollte wissen, ob es im Dorf einen Friseur gab. Ohne einen Grosz in der Tasche, arm wie eine Kirchenmaus, fragte er nach einem Friseur.

Gott sei Dank gab es keinen. Aber wenn wir uns rasieren wollten, könnte sie uns Messer und Seife geben, sagte die Frau, auch ein Pinsel stünde herum. Das Zeug wäre übrig von den Besuchen des Schwagers. Sie schaute zur Zimmerdecke und bekreuzigte sich; wir unterließen es, uns zu erkundigen, was aus dem Schwager geworden war.

Ich schielte nach dem Foto. Pan Bronislaw trug keinen Bart.

Vielleicht war mein Blick zu groß ausgefallen. Die Frau nämlich wandte sich an Staschek und meinte verwundert, sie hätte den Eindruck, ich achtete auf jedes Wort.

Staschek nickte. Mein Bruder spürt, wenn von ihm die Rede ist, sagte er. Sehen Sie nur: seine Augen, sein Gesicht. Er kriegt mit, daß wir uns über ihn unterhalten.

Ich tat so, als versuchte ich, etwas von den Worten zu verstehen, blickte erst Staschek, dann die Frau an und machte Lalamamam.

Was meint er?

Lalamamam. Das sagt er immer, wenn er sich freut.

Staschek gab mir zu verstehen, daß wir uns rasieren wollten. Er strich sich übers Kinn und deutete mit ein paar Handbewegungen an, was er meinte.

Ich machte die Augen zu und nickte.

Als die Frau sah, auf welche Weise wir uns verständigten, traten ihr erneut Tränen in die Augen. Sie war eine gute Frau. Er kann also zeigen, daß er sich freut? Sie ließ den Blick nicht von mir.

Wenn er merkt, daß er was kapiert, freut er sich immer, behauptete Staschek.

Ich machte ein Gesicht wie Paul Cebulski. Das bedeutete: Ich kapierte nichts.

Später hörten wir sie in ihrer Kochecke hantieren. Sie hatte Wasser heiß gemacht, wir standen am Fenster neben dem Ausguß und rasierten uns. Unser Blick fiel dabei über Baumkronen auf ein kahles Arsenal mit Baracken. Was ist denn das? wollte Staschek wissen.

Ein Gefangenenlager, erklärte die Frau.

Jetzt erkannten wir die hölzernen Wachtürme, den Stacheldraht. Mir war, als griffe mir jemand in die Brust.

Aber man sieht doch keinen Menschen, rief Staschek.

Am Tag sind sie nicht da. Sie arbeiten. In der Zuckerfabrik. Und beim Straßenbau. Die Frau trat zu uns.

Manchmal, abends, sagte sie, wenn ich die Fenster aufmache, höre ich sie singen.

Ich möcht zu Fuß nach Kölle jon, dachte ich. Mir wurde elend. Ich sah den Alten aus Breslau. In einer Zuckerfabrik sah ich ihn Waggons schieben. Er redete immer noch vom Irrtum, dem er zum Opfer gefallen war, und daß sich eines Tages alles aufklären würde. Und die Frau sagte: Neulich, nachts, müssen welche versucht haben, abzuhauen. Die Schießerei dauerte nicht lange. Dann brachten sie die Toten. Ich konnte nicht hinsehen. Und immerzu das Licht, die ganze Nacht das Licht.

Staschek wischte mir Seifenschaum vom Gesicht. An der Art und Weise, wie er das tat und wie er mich ansah, merkte ich, daß er sich sorgte, ich könnte mich durch meine Reaktion verraten. Deshalb grinste ich ins Fensterglas wie in einen Spiegel und schnitt Grimassen. Indessen versuchte Staschek, dem Gespräch eine andere Richtung zu geben, er lobte das Messer, nannte es Friedensware. Doch die Frau sagte: Sogar durch die Vorhänge kommt das Licht. Als die Blätter noch an den Bäumen hingen, da mochte es ja gehen. Aber jetzt ... Sie stellte sich den Winter vor, weißes Scheinwerferlicht überm Schnee.

Da kamen sie. Wir konnten ihrem Anblick nicht ausweichen. Die Luft war erfüllt vom Geräusch, das ihre Füße verursachten, dem Gemurmel der Schritte. In langer Kolonne, flankiert von Soldaten mit aufgepflanzten Bajonetten, tauchten sie aus der Dämmerung, hagere, zerlumpte Gestalten.

Ich stand wie angewurzelt, Staschek versuchte, mich vom Fenster wegzuziehen, ins Dunkel des Zimmers, doch ich rührte mich nicht vom Fleck, und auch er blieb stehen. So was sieht mein Bruder nicht jeden Tag, hörte ich ihn murmeln. Seine Stimme klang verändert. Zum erstenmal erlebte er polnische Soldaten als Sieger.

Und ich? Ich stand daneben und war einer von denen, die geschlagen, mit gesenkten Köpfen, durchs Tor zogen. Blöder Hund, schalt ich mich. Das sind Fremde. Gefangene eines verlorenen Krieges. Männer, die du gar nicht kennst. Doch da regte sich Widerspruch in mir. Deine Landsleute sind das, sagte eine Stimme. Landsleute? fragte ich. War nicht auch der Wiesebauer mein Landsmann? Und was, zum Teufel, hatte ich mit dem zu tun? Stand mir nicht Staschek näher als alle Wieses zusammen? Und was war mit dem Berliner aus dem Lazarett? Hatten nicht Landsleute ihren Landsmann aus Bayern zu Tode gewürgt? Da unten marschierten solche wie Wiese und der Berliner und solche wie Spindler und der Alte aus Breslau. Ich zwang mich, den Blick von ihnen zu nehmen und mich umzudrehen. Da sah ich die Frau. Uh, machte ich. Lalamamam, uh.

Freut er sich jetzt? fragte sie.

Er ist froh, daß er bei uns ist. Staschek blickte immer noch aus dem Fenster.

Mir tat alles weh. Ich hätte mich am liebsten auf das abgeschabte Kanapee gehauen und geheult.

Nebelnässe tropfte von den Bäumen, wir konnten kaum die Hand vor den Augen erkennen, doch Staschek führte mich mit sicherem Instinkt in eine zerfallene Laube und sagte: Hier wartest du.

Seit Krotoschin, dem letzten Umsteigebahnhof vor Rawicz, hatte er kaum noch gesprochen. Ich wußte, was in ihm vorging, und stellte keine Fragen. Er ließ den Beutel, den uns Pani Urszula geschnürt hatte, auf den Boden fallen, sah mich noch einmal an und ging. Nach zwei, drei Atemzügen schon hatte ihn der Nebel geschluckt. Nur seine Schritte hörte ich noch. Dann verklangen auch sie, und es blieb still. Ich sah mich um. Die Laube hatte den Grundriß einer Wabe und mochte irgendwann einmal ein Teehäuschen gewesen sein. An der Wand stand so etwas wie eine Bank, Laub war darauf geweht. Ich wischte es mit der Hand herunter. Auf dem letzten Wegstück hatte mir Staschek die Joppe umgehängt. Jetzt kroch ich tief in sie hinein, schlug den Kragen hoch und legte mich auf die Bank. Ich fühlte mich müde. Den Beutel schob ich mir unter den Kopf. Zum erstenmal seit Monaten war ich allein.

Der Nebel schien kein Geräusch durchzulassen, nur das Aufschlagen der Tropfen war zu hören. Wie das Ticken einer Uhr klang das. Früher Morgen war, ich hatte Durst. Jetzt einen Tee, dachte ich. Oder Malzkaffee mit Milch und Zucker. Den hatte es auf der Himmelsstiege jeden Morgen gegeben, in hohen Tassen, heiß zum Verbrennen. Großmutter hatte am Tisch gestanden und Brote geschmiert.

Die alte Frau war nicht mehr da. Der Puppenkönig aber, so hoffte ich, würde am Morgen wie immer aus der Werkstatt gehumpelt kommen, sich in der Küche über den Ausguß beugen und das klebrige Zeug von den Fingern spülen. Eine Nacht noch, dachte ich, höchstens zwei, und ich würde bei ihm sein. Doch ich konnte mich nicht auf das Wiedersehen freuen. Meine Erwartung war von einer seltsamen Traurigkeit. Die Männer in den Baracken setzten mir zu. Die konnten nicht auf den Bahnhof gehen und nach Hause fahren. Denen war nichts geblieben als Erinnerung, als Hoffnung. So sehr ich mich auch anstrengte, die Bilder, die ich gesehen hatte, wegzuwischen, es gelang mir nicht. Ihr Anblick hatte sich tief in mich hineingegraben.

Und obwohl ich doch machen konnte, was ich wollte, frei wie ein Vogel, blieb ich bedrückt. Ich erlebte den Unterschied zwischen mir und den Männern nicht als Glück, sondern als das Resultat eines Zufalls. In Wirklichkeit, so sagte eine Stimme in mir, gehörte ich zu ihnen, hinter den Stacheldraht. Das Glück, das ich hatte, erschien mir als erschwindeltes Glück.

Da hörte ich Schritte, Laub raschelte, im Eingang stand ein Junge. Er hatte kurze Hosen an, die ihm bis an die Knie reichten. Das Gesicht war voller Sommersprossen, die Haare hingen ihm über die Ohren. Er sah mich groß an.

Ich hatte mich aufgerichtet, lächelte.

Wer bist du? fragte der Junge.

Jerzy, sagte ich. Unsere Worte hallten wie in einem leeren Zimmer.

Jerzy? Der Junge lachte. Jerzy bin ich. Du bist ein schwarzer Vogel.

Eine Dohle, ergänzte Staschek. Eine schwarze deutsche Dohle. Er stand plötzlich hinter dem Jungen.

Staschek, rief ich.

Er hörte mich nicht.

Nicht du bist sein Bruder, erklärte der Junge, sondern ich.

Du kannst sprechen?

Der Junge lachte.

Komm, sagte Staschek.

Ich erhob mich. Wohin?

Das weißt du. Seit gestern weißt du das.

Da sah ich das Lager wieder, die Wachtürme, den Stacheldraht. Hinterm Zaun stand der Alte aus Breslau. Der Berliner trat heran, ein Kruzifix in der Hand, ganz in der Nähe bellte ein Hund. Nur einer von uns kann Jerzy sein, sagte der Junge. Du oder ich.

Der Hund, ein schmutziges, zottliges Etwas, wollte auf mich losgehen, Speichel troff ihm aus dem Maul, da riß ihn Jerzy zurück. Gehen wir, sagte Staschek.

Wir traten hinaus in den Nebel. Jetzt konnte ich die Umrisse hoher Bäume erkennen. Wie Finger ragten sie in den Himmel, Pappeln. Mich schauderte. Ich sah, wie

Staschek mit einem Blick die Höhe vom Erdboden bis zur Spitze maß. Die Spitze war von milchigem Licht umflossen. Der Hund zerrte an der Leine.

Staschek, schrie ich. Das kannst du doch nicht machen!

Er grinste. Was glaubst du wohl, warum ich mit dir, einem Deutschen, durch halb Polen gelatscht bin? Sein Gesicht veränderte sich, die Augen brannten. Auf diesen Augenblick, so sagte er, habe ich gewartet. Diesem Moment habe ich entgegengefiebert. Czarna Madonna, er bekreuzigte sich.

Staschek, wollte ich sagen, doch ich kriegte kein Wort mehr heraus.

Los! befahl er.

Da ließ ich den Beutel fallen und sprang in die untersten Äste. Ich wunderte mich, wie schnell das ging und wie leicht ich war. Hastig floh ich von Ast zu Ast. Das milchige Licht versprach Rettung. Manchmal mußte ich mehrmals zugreifen, die Zweige waren von dünnem Eis überzogen, ich rutschte ab. Doch ich blickte nicht hinter mich. Ich wollte Staschek und seinen Bruder nicht da unten stehen sehen. Die Helligkeit über mir war von magischer Kraft. Etwas Leuchtendes zog mich an. Ich war ihm ganz nahe. Ich brauchte nur noch nach ihm zu greifen. Da verlor ich den Halt, der Himmel kippte zur Seite, mir war, als hätte ich das alles schon einmal erlebt, die Äste brachen, ich stürzte, der Sturz schien kein Ende zu nehmen. Schließlich spürte ich den Aufprall, seltsam weich, wie ich fand, doch ich kam nicht dazu, mich darüber zu wundern, für den Bruchteil einer Sekunde sah ich den Deichselbaum vor mir aufragen, steil in die milchige Höhe, dann senkte sich etwas Dunkles auf mich herab, eine Gestalt. Ich zog die Knie an, trat gegen das Dunkle und erkannte Staschek. Seine Faust fuhr mir zwischen die Augen.

Langsam lösten sich Umrisse aus dem Dunst. Durchbrochene Lattenwände. Der Fleck Helligkeit über mir. Die umgekippte Bank. Und an ihrem Ende, auf dem Fußboden: Staschek. Er betupfte sich die Lippen. Blut rann ihm übers Kinn. Wie er merkte, daß ich zu mir gekommen war, hielt er in seiner Bewegung inne. Für den Bruchteil einer Sekunde zögerte er, dann kam er erneut auf mich zu. Ich hatte keine Kraft mehr, mich zu wehren. Ich spürte seine Fäuste im Gesicht, am Hals, im Nacken und warf mich herum. Laub schmeckte ich, Rauhreif und Blut. Und auf einmal sah ich Äpfel vor mir, runde, reife Äpfel. Sie stammten aus dem Beutel, den uns Pani Urszula gegeben hatte, dicht vor meinen Augen lagen sie. Da hob ich den Kopf.

Blut tropfte auf die Joppe. Es kam aus meiner Nase. Vor mir hockte Staschek, den Unterarm auf die umgekippte Bank gestützt. Wo ist dein Bruder, keuchte ich.

Mein Bruder? Er starrte mich an.

Dein Bruder war doch hier. Durch die Bewegung, die ich beim Sprechen machte, löste sich Blut aus der Verkrustung. Ich versuchte, es wieder in mich hineinzuziehen, riß den Kopf zurück. Erst jetzt sah ich die Ursache für die Helligkeit über mir. Die Spitze des Daches war eingebrochen. Ein leuchtender Nebel strich über die Öffnung. Und? fragte ich.

Was – und?

Deine Leute. Was ist mit ihnen? Ich versuchte, mich aufzurichten. Da schoß mir erneut Blut aus der Nase, ich sank zurück.

Staschek rührte sich nicht vom Fleck. Ich wußte nicht, ob ich noch träumte oder ob ich in die Wirklichkeit zurückgekehrt war. Über mir schimmerte der helle Fleck, und neben mir, auf der anderen Seite der Bank, sah ich Staschek hocken. Vater und Bruder sind tot, hörte ich ihn sagen. Im Lager gestorben. Die Mutter ist in eine Anstalt gekommen, Jerzy in ein Heim zu katholischen Schwestern. Das hatte ihm der Schuster aus der Nachbarschaft erzählt. Keiner wußte, wo das Heim lag. Staschek holte tief Luft. Boze pomoz mi, flüsterte er. Gott helfe mir.

Das Blut lief ihm übers Kinn. Staschek, murmelte ich.

Da kam er zu mir gekrochen, drückte mir die Stirn nach hinten, so daß ich erneut den hellen Fleck sah, und sagte: Bis hundert mußt du zählen. Dann ließ er mich los. Ich zählte bis hundert. Doch das half nicht. Auch bei hundertfünfzig lief das Blut noch.

Ganz langsam mußt du zählen. Er machte es vor. Dwa, trzy, cztery. Ich sah, daß er sich bekreuzigte.

Dann sah ich ein zweites Gesicht. Das war rot und unrasiert und gehörte einem Mann mit Glatze. Dem Schuster, dachte ich. Staschek hatte mir etwas von einem glatzköpfigen Schuster erzählt, der die Stiefel seiner Kunden nur dann besohlte, wenn ihm das Geld ausgegangen war. Und noch etwas dachte ich. Der Fremde sieht aus wie ein Nußknacker. Der breite grinsende Mund, die rundliche Glatze. Während die Gesichtszüge jung wirkten, erinnerte der kahle Kopf an einen alten Mann.

Von ihm hatte Staschek erfahren, was aus den Eltern und den Brüdern geworden war. Jetzt hörte ich die beiden von der Frau des Bruders reden. Noch vor dem Einmarsch der Russen, so berichtete der Nußknacker, hätte sich die Bagage auf und davon gemacht. Ins Reich, wie er sich ausdrückte. Tatsächlich, er sagte: Ins Reich.

Nun sah er mich an. Er verschränkte die Arme unter der Schürze und meinte: Eh du mit dem in die Berge gehst, wärmt ihr euch bei mir auf. Danach packten sie mich bei den Schultern und zerrten mich durchs Laub. Wie ein Scheuertuch klatschte der Nebel auf mein Gesicht. Ich machte die Augen auf, und sie ließen mich fallen. Na also, sagte der Nußknacker.

Ich wankte in die Höhe, schüttelte mich.

Siehst aus wie ein Schwein, brummte Staschek.

Ich blickte an mir hinunter. Joppe und Hemd waren von Blut verkrustet. Das Blut war schwarz.

Da zog der Nußknacker eine Flasche unter der Schürze hervor und hielt sie mir hin.

Ich nahm einen Schluck, sagte: Dziękuje.

Er spricht Polnisch? Der Mann wunderte sich. Doch nicht mich sah er an, sondern Staschek.

Ein paar Wörter, sagte Staschek.

Da lachte der Mann. Mit mir darfste ruhig deutsch reden, rief er und wandte sich mir zu. Kannste laufen?

Ja, sagte ich. Meine Stimme kam mir fremd vor. Das macht das Blut in deiner Nase, sagte ich mir. Es war geronnen, ich mußte durch den Mund atmen.

Dann stiefelten wir los. Im Nebel konnte ich die Umrisse von Hochspannungsmasten erkennen; ich mußte daran denken, daß wir als Kinder die Ohren an die Masten gepreßt und das Summen in ihnen als das Echo von Telegrammen gedeutet hatten, liebe Gesine, ich grüße dich, ich komme. Und plötzlich war mir, als schmeckte die Luft nach Schnee.

Schon seit Tagen lebte ich mit der Vorstellung, Gesine würde im Haus des Puppenkönigs auf mich warten. Breslau war zerstört. Wo, wenn nicht auf der Himmelsstiege, ihrem Urlaubsort, sollten sie und ihre Mutter Zuflucht gesucht haben. In den Bergen würde am ehesten erhalten geblieben sein, was andernorts kaputtging. Grüssau war kein Gegenbeispiel. Grüssau beherbergte ein Kloster. Und die Polen waren ein frommes Volk. Natürlich zog es sie zuerst an die Stätten des Glaubens. Auf der Himmelsstiege war so etwas nicht zu finden. Auch sonst, so sagte ich mir, gab es dort nichts zu holen. Und was für Gründe sonst sollte es geben, sein Glück in der Fremde zu suchen?

In der Werkstatt des Nußknackers roch es nach Pech und Leder und Wodka. Berge von Schuhen türmten sich. Zuerst baden, sagte der Mann.

Staschek half ihm, einen Zuber durch die Tür zu schieben. Auf dem Kanonenofen brodelte Wasser. Als erster mußte ich in die Wanne. Und während ich mich wusch und der Dampf bis unter die Decke wallte, sah ich durch das winzige Fenster, wie die beiden über den Hof gingen, auf ein rotes Backsteinhaus zu. Verwundert wischte ich die Nässe von den Scheiben und beobachtete, wie Staschek und der Mann Bretter, mit denen die Tür versperrt war, aus der Befestigung rissen und wie sie danach ins Innere des Hauses drangen. Wahrscheinlich hatte dort die Frau des Bruders gewohnt. Im Nebel erkannte ich einen stallähnlichen Anbau. Tropfen rannen über die Scheiben.

Vor mir, auf dem Fensterbrett, stand die Flasche, der Nußknacker hatte sie zurückgelassen. Ich wurde nicht klug aus ihm. Nicht nur, daß es mir unmöglich war, sein Alter zu bestimmen, auch sein Verhalten, bis in die kleinste Geste hinein, schien darauf angelegt, sein Inneres zu verbergen. Die Flasche, das spürte ich, hatte er absichtlich zurückgelassen.

Ich nahm sie zögernd und trank. Nur einen Schluck, dachte ich. Der Topf auf dem Ofen tanzte, gab einen feinen Ton von sich. Am liebsten hätte ich jetzt die Augen zugemacht und geschlafen. Mitten in dieser düsteren Kammer, umgeben von Schuhgebirgen, empfand ich so etwas wie Geborgenheit. Erneut langte ich nach der Flasche. Auf einmal bekam ich eine Ahnung von dem, was die Männer des Dorfes zum Chinesen gezogen hatte. Eine Wärme, die von außen und von innen kam. Dagegen hatte die Pracht der Pfennigbaude etwas Kaltes. In diesem Moment wußte ich, daß ich, wieder zu Hause, zum Chinesen gehen würde, in die Wirtschaft, die mit ihren winzigen Fenstern, ihrem spärlichen Licht der Höhle des Nußknackers glich. Ich spürte, wie die Hitze in mir bis in die Fingerspitzen sickerte. Puppenkönig, alter Mann, laß für eine Stunde die biemschen Manneln stehn, ich muß mit dir reden; bei einem Glas Korn will ich dir sagen, daß ich dir auf die Schliche gekommen bin. Du hast mir nur die halbe Welt gezeigt, vor die andere Hälfte hast du die Hand gehalten. Diese andere Hälfte aber gibt es, und die ist beschissen. Da rammen sie dir das Messer in den Bauch, da stoßen sie dich von hohen Pappeln, da wird scharf geschossen. Spindler ist tot. Der hat nie in seinem schönen Schlitten fahren können. Nie von der einen Hälfte in die andere.

Plötzlich kriegte ich mit, daß das Gesicht, in das ich sah, gar nicht dem Puppenkönig gehörte, sondern dem Mann mit der Glatze. Der schien erhöht zu stehen, auf einem Podest, denn er blickte auf mich herab. Besoffen, brummte er. Was will er denn mit einem Schlitten?

Damit schaukelt er in den Himmel, erklärte Staschek. Er stand neben ihm, nackt, und sein Körper dampfte.

Da wußte ich wieder, daß ich gebadet hatte. Ich lag auf dem Fußboden in einer Decke. Verträgt wohl nichts, hörte ich den Mann sagen. Wie alt ist er denn?

Sechzehn.

Siebzehn, sagte ich.

Da erschraken sie. Verträgst wull nischt? wiederholte der Nußknacker und hielt die Flasche gegen das Licht. Ich hatte nicht viel getrunken, vier oder fünf Schlucke, mehr nicht.

Staschek ließ sich auf keine Erklärungen ein, er warf mir ein paar Sachen zu, Hemd, Hose und Pullover. Sie hatten den Kram in der ehemaligen Wohnung des Bruders gefunden. Dort hatte es ausgesehen wie in Sodom und Gomorrha. Die Räume, so erfuhr ich, waren verwüstet, Schränke und Schubladen lagen umgekippt auf dem Fußboden, und jemand hatte Hakenkreuze an die Wand geschmiert. Der Pullover, den ich anzog, war ein Frauenpullover und hatte einen weißen Kragen.

Auch Staschek kroch in frische Sachen. Das Zeug roch nach einem Kraut, das ich von zu Hause kannte. Großmutter hatte es zum Schutz vor Motten in den Schrank gelegt.

Schuhe nehmt euch von dort, sagte der Nußknacker. Er zeigte in eine Ecke. Dort lagen Stiefel, Halbschuhe und alle möglichen Galoschen auf einem Haufen. Von deinen Landsleuten, erklärte er und sah mich an dabei. Und nach einer Weile murmelte er: Die kommen nie wieder kommen die.

Da fragte ich ihn, was aus den Deutschen in Schlesien geworden war. Schließlich lag Rawicz nur ein paar Kilometer von der Grenze entfernt, und das Deutsch, das er sprach, klang wie das Deutsch der Schlesier.

Die meisten sein naus, sagte er.

Auch die aus den Bergen?

Er sah mich groß an und zuckte mit den Schultern. Wieder wirkte er verändert. Er hockte sich auf seinen Schemel, als wäre er plötzlich müde geworden. Der arbeitet nur, wenn er Geld braucht, hatte Staschek gesagt. Die übrige Zeit liegt er auf der faulen Haut und läßt den lieben Gott einen guten Mann sein. Ausn Bergen, wiederholte er. Bestimmt ooch die ausn Bergen.

Ich schwieg.

Staschek stopfte die alten Sachen in den Kanonenofen, die Platte glühte und färbte unsere Gesichter rot.

Als Kind hab ich in Leszno gewohnt, begann der Mann nach einer Weile. Es war, als holte er die Worte von weither. Das is a kleenes Städtchen an der Grenze is das, nur a paar Kilometer weg von hier, die Deutschen haben es Lissa genannt. Von durte, bei schienem Wetter oder kurz vorm Regen, kunnte man am Horizont eenen Turm erkennen. Der Turm von Fraustadt war das, schmal wie ne Schusternadel. Schun am Murgen, wenn ich die Oogen uffmachte, sah ich ihn. Doch zwischen mir und ihm war Wald, und durch den Wald ging was, von dem ich mir damals keene Vorstellung nich machen kunnte, was Fremdes: eene Grenze. Die zu den Deutschen. Der Turm, für eenen wie mich, eenen pullschen Knirps, damals nich zu erreichen, zog mich an wie a Magnet. Manchmal sah ich ihn nachts noch, wenn ich träumte. In meiner Phantasie war er vuller Geheimnisse, wie a Turm ausm Märchen.

Er lächelte, nahm einen Schluck und reichte uns die Flasche. Und wie das mit sulchen Erinnerungen is, sie bleiben in eenem drinne und gehn mit uns durchs halbe Leben. Ich bin nachm erschten Kriege fortgemacht, nach Rawicz. Doch ooch hier hab ich den Turm gesehn. Es hat passieren können, daß ich uff meinem Schemel uff eemol den Wunsch verspierte, ihn aus der Nähe zu sehn, die Stufen nuffzusteigen und dabei zu denken: Da is mei Turm. Er machte eine Pause. Und was denkt ihr, was ich nachm Kriege gemacht hab? Ich bin nach Leszno nieber und quer durchn Wald aufn Turm zu, immer aufn Turm zu. Sogar uff ihn nuffgestiegen bin ich.

Er blickte in die Ferne. Nu weeß ich: Es is a Turm wie hundert andre. Putz fällt runter, die Haube is grün wie Schimmel. Seit Jahren war kee Aas die Stufen nuffgeklettert. Gerimpel lag rum, Taubendreck bis an die Knöchel. Gar nischt Besonderes war an dem Turm. Nich amol das Uhrwerk ging. Er nahm den Blick aus der Ferne und sah uns an. Da gehn mir nu uff eenen Turm zu, sagte er. Immer gehn mir uff irgendeenen Turm zu, und wenn mir vor ihm stehn, da erscht merken wir, daß es der Turm gar nich is, den mir meenen.

XIII

Ich hatte auf einmal das Gefühl, die Gegend zu kennen, die Wiesen, die kahlen Bäume an der Chaussee. Das alles hatte ich schon einmal gesehen. Und ich wußte auch, wann ich es schon einmal gesehen hatte: im Frühjahr, als ich mit dem Jungen aus Breslau auf einer Strohschütte aus dem Wald geschaukelt war. Auf der Chaussee hatte sich die Karawane der bunten Kutschen und Fuhrwerke auf die Berge zu bewegt. Ganz deutlich sah ich jetzt die Soldaten mit den Zylindern und der Ziehharmonika, und obwohl seit dem Morgen ein dichter Nieselregen herabsickerte, glaubte ich, hinter dem Vorhang aus Nässe die Berge auszumachen. Gleich, das wußte ich, würde die Einmündung kommen, der Weg, der zur Krokermühle führte und weiter hinauf zum Guckei.

In diesem Moment rissen die Wolken auf, und ich sah, was ich seit dem Frühjahr nur noch im Traum gesehen hatte: die Hohe Eule, ein Stück von ihr, den Gipfel, aufragend in einen Himmel, der fast grün war. Mir zog es das Herz zusammen. Staschek, sagte ich.

Was ist?

Die Berge.

Er folgte meinem Blick. Doch die Wolken hatten das Loch schon wieder zugemacht. Ich hoffte, der Wind würde sie auseinanderreißen, einmal wenigstens noch, damit Staschek sah, was ich meinte. Doch der Regen wurde dichter, und wir setzten den Weg fort.

Seit wir, halb in der Nacht noch, aus dem Zug gekrochen waren, steif vor Kälte, hatten wir kaum miteinander gesprochen. Auch die Fahrt war still verlaufen. Auf dem ersten Stück, gleich hinter Rawicz, hatten wir die Stirnen an die Scheiben gedrückt. Lichtfelder waren aus der Dunkelheit auf uns zugeglitten: Friedhöfe. Anfang November war, Allerseelen. Da hatten die Familien ihre Toten besucht. Wind strich über die ungezählten kleinen Flammen. Ein Anblick, der mich im Innersten anrührte. Dann aber, von einem Dorf zum anderen, waren die Lichter ausgeblieben. Nur manchmal noch sahen wir einzelne Kerzen flackern. Das hieß: Kaum jemand war gekommen. Die Lebenden hatten die Toten allein lassen müssen. Ich brachte kein Wort heraus. Wir waren in Schlesien.

Auch Staschek schwieg. Ihm ging es ähnlich wie mir. Er mußte fertig werden mit dem, was er erfahren hatte. Wie eine Stunde Null war das. Kindheit und Lehre, die Zeit in Rawicz, die Jahre als Partisan, das alles war auf einmal etwas geworden, das hinter ihm lag wie ein anderes Leben. Es gab kein Zurück mehr in dieses andere Leben. Die letzte Verbindung zur eigenen Vergangenheit, die Hoffnung auf ein Wiedersehen mit den Eltern, den Brüdern, war zerrissen.

So stiefelten wir nebeneinander her in den Regen, in die Ungewißheit. Ein kalter Wind griff uns ins Gesicht. Nicht mehr lange, und wir würden das Guckei erreichen. Schon glaubte ich, den Geruch geschälter Fichten wahrzunehmen. Anfang November war auf der Himmelsstiege oft schon der erste Schnee gefallen.

Als ich wenig später die Krokermühle sah, konnte ich eine Weile gar nichts sagen. Das Dach überm Saal war eingebrochen, durch die zertrümmerten Fenster wehten die Reste der Gardinen. Wir wateten durch knöcheltiefes modriges Laub. Da stand noch die Hütte, in der ich den Einmarsch der Soldaten erlebt hatte. Die Tür, halboffen, hing schief im Rahmen. Und dort, unter der mächtigen Linde, kahl jetzt, fast schwärzlich, war die Stelle, an der ich Spindler David die Augen zugedrückt hatte. Ich sah ihn noch im Laub liegen, unter der Pferdedecke. Das eingefallene, unrasierte Gesicht. A bissel Glicke. Er hatte es nicht gefunden.

Neben den Steinstufen, die in die Wirtschaft führten, lagen umgekippte Milchkannen, verrostet. Über der Tür, an der Wand, baumelte das alte Hirschgeweih; jemand hatte versucht, es aus der Befestigung zu lösen. Wir betraten das Haus.

Zerbrochene Bilderrahmen, Scherben, Flocken von Seegras. Tisch und Stühle waren aus der Schankstube verschwunden. Nur die Theke stand noch an ihrem Ort. Und an der Wand, zwischen den zerschlagenen Fenstern, hing der Regulator. Staschek stand wie ein Kind davor und brachte den Perpendikel zum Schwingen. Tatsächlich: Hinterm Zifferblatt begann es zu ticken. Wie ein Wunder war das. Zegar, murmelte Staschek voller Staunen.

Seger? frage ich.

Er blickte mich an. Uhr, erklärte er. Zegar ist Uhr.

Ich nickte verwirrt. Auch der Puppenkönig hatte vom Seger gesprochen, wenn er die Uhr meinte. Und darin hatte er sich von keinem im Dorf unterschieden. Alle hatten Seger gesagt. Nur in der Schule war uns beigebracht worden, daß Seger Uhr hieß. Und nun kam Staschek und nannte die Uhr Zegar?

War am Ende die Grenze zwischen Polen und Deutschland so scharf gar nicht gezogen? Hatte die Tochter des reichen Bauern aus der Sage vom Guckei einen jungen Polen geliebt? Johanna und Fryderyk. Friedrich und Janina. Sulche wie mir se sein.

Auf einmal hatte ich keine Lust mehr, Ruschkes Notizbuch zu suchen. Irgend etwas in mir wehrte sich dagegen. Wer weiß, so dachte ich, was in ihm zu finden ist. Der Krieg macht uns alle zu Tieren, hatte Ruschke gesagt. Und er hatte den Kampf der Friedrichs gegen die Fryderyks und der Fryderyks gegen die Friedrichs gemeint. Sollte das so weitergehen? War mir nicht etwas anderes inzwischen nähergerückt, die Geschichte, die Staschek und ich erlebt hatten, der neue Anfang, den wir wagten? Und wie das mit sulchen Geschichten is, die bleiben in uns drinne, die gehn mit uns durchs halbe Leben.

Staschek hob ein Foto aus den Scherben und zeigte es mir. Eine Feuerwehrkapelle vorm Eingang der Krokermühle. Über den Pickelhauben das Hirschgeweih. Und daraufgespießt ein Filzhut. Ich mußte lächeln. Ob es derselbe war, den mir einer der Soldaten auf den Kopf gestülpt hatte? Staschek ahmte die Haltung des Trompeters nach, machte Tatütata. Den Hut kenne ich, sagte ich.

Staschek sah mich verwundert an.

Den hab ich sogar schon aufgehabt, sagte ich. Und ich berichtete von meinem Erlebnis mit den Soldaten.

Am meisten beeindruckte Staschek die Geschichte von Spindler und seiner Alma. Er ist auf einer Kuh geritten? fragte er immer wieder. Auf einer Kuh?

Ich nickte. Dort hat er gelegen. Wir traten zum Fenster, ich zeigte ihm den Platz unter der Linde. Dort hatte ich Spindler die Augen zugedrückt.

Krähen hockten in den Zweigen. Plötzlich erhoben sie sich, eine schwarze, schreiende Wolke.

Als wir die Wirtschaft verließen, begann es zu schneien. Snieg, murmelte Staschek und bekreuzigte sich. Ich wußte nicht, ob er das tat, weil der erste Schnee fiel oder weil wir an der Linde vorübergingen. Wie ein Schleier senkte sich das nasse Weiß herab. Es blieb nicht liegen, es zerrann. Erst als wir ein Stück höher stiegen, auf den Sattel oberhalb der Krokermühle, sahen wir, daß sich eine dünne Schneedecke bildete. Unsere Schritte hinterließen Spuren. Auf einer Kuh, wiederholte Staschek und schüttelte den Kopf. Auf einer Kuh, Mensch Meier.

Plötzlich blieben wir stehen. Durch die Nässe drangen seltsame Geräusche. Es war, als bewegte sich etwas auf uns zu: Knarren und Schlurfen und ein dumpfes Murmeln. Am Hang, unter uns, zog sich die Straße hin, im weiten Bogen um das Guckei, hinauf ins Obere Weißbachtal und von dort zur Pfennigbaude. Doch wir konnten die Straße kaum erkennen. Nebel und Schnee vermischten sich zu einem dichten Weiß.

Da sprengte ein Pferd durch den Schleier. Der Reiter, das war deutlich zu sehen, trug ein Gewehr auf dem Rücken. Wie ein Schemen, so war er aufgetaucht und wieder verschwunden. Das Knarren und Schlurfen, das Murmeln kam aber näher. Schließlich lösten sich Schatten aus dem Dunst, Gestalten, vermummt, vornübergebeugt, Männer, Frauen und Kinder, bepackt mit Koffern, Körben, Säcken, ein ganzer Zug. Manche zerrten Leiterwagen hinter sich her, andere hatten sich vor eine hochrädrige Karre gespannt, auf der, in Decken gehüllt, ein Kranker lag. Frauen schoben Kinderwagen, und alle, Kinder wie Erwachsene, trugen weiße Binden um den Arm.

Deutsche.

Der Zug war nicht lang. Vierzig oder fünfzig Leute mochten in ihm gehen. Die Bewohner von Weißbach, dachte ich. Das war ein abgelegenes Dorf, in das der Puppenkönig und ich ein paarmal beim Pilzesuchen gekommen waren. Holzfäller und Köhler wohnten dort, Bergbauern. Jetzt zogen sie mit ihren Familien talwärts. Durch den Schnee liefen sie. Manchmal drehte sich einer um, doch hinter ihm war nichts zu sehen. Die Kämme blieben verhüllt. Mein Gott, sagte ich.

Staschek schwieg.

Männer mit Gewehren folgten. Die Männer trugen keine Armbinden. Polen.

So tauchte die Karawane in den Flockenwirbel, der Vorhang aus Schnee und Nässe schloß sich wieder. Nur das Scharren, Klappern und Murmeln war noch eine Weile zu hören, dann verstummte der letzte Laut, und es herrschte eine furchtbare Stille. Es war auf einmal, als gäbe es zwischen Himmel und Erde nichts als Staschek und mich und den Schnee.

Dir können sie nichts tun, brummte Staschek. Du bist Pole. Das hast du schwarz auf weiß.

Ich schüttelte den Kopf. Ich wollte kein anderer sein. Niemand, das spürte ich in diesem Augenblick, kann vor sich selber fliehen. Die Erinnerung läßt sich nicht streichen. Jeder kommt irgendwoher. Daran muß er festhalten. Sonst kriegt er keine Luft.

Komm, sagte ich. Wir waren durchnäßt, durften nicht länger stehenbleiben. Ein eisiger Wind fuhr über den Hang, es schneite stärker.

Auf der baumlosen Höhe des Guckeis versanken wir bis an die Knöchel. Wie wehende Tücher schlugen Schneefahnen über uns zusammen. Unter uns wußte ich das Dorf. Linkerhand, aufs Tschechische zu, lag die Pfennigbaude, und uns gegenüber, fast auf gleicher Höhe, wuchs die Himmelsstiege in die Wolken. Bei diesem Gedanken durchlief es mich heiß. Die Himmelsstiege. Ich hoffte, Lichter zu entdecken, Lebenszeichen. Der Schnee nahm uns jede Sicht.

Mann, stöhnte Staschek. Du stampfst wie ein Pferd. Der Stall ist nahe, da holst du kaum Luft.

Mich trieb die Angst. Seit ich den Auszug der Weißbacher gesehen hatte, den armseligen, verzweifelten Zug, war mir kaum Hoffnung geblieben. Was sollte werden, wenn ich zu spät kam, wenn auf der Himmelsstiege solche wohnten wie die Männer mit den Gewehren? Wo sollte ich dann hin?

In diesem Moment zeigte Staschek ins Tal. Lichter schienen dort zu flackern, jedenfalls waren für kurze Zeit glitzernde Punkte zu sehen. Mir zersprang fast das Herz. Die Punkte erloschen, blitzten auf, erloschen.

Nun gab es kein Halten mehr. Das letzte Stück rannte ich. Es ging bergan, durch Schneewehen, die Himmelsstiege hinauf. Wir keuchten. Staschek konnte kaum folgen. Vor uns wuchsen die Umrisse der Hütten aus dem Schnee. Ein gelbes Fenster leuchtete. Das war bei Spindlers. Das Haus des Puppenkönigs, daneben, lag im Dunkeln. Die Zweige des Kirschbaums sah ich. Ganz weiß waren die. Zu Hause! Endlich zu Hause! Ich flog über den Schnee. Ich schrie. Doch plötzlich konnte ich nicht weiter. Vor mir, im treibenden Schnee, schwebte ein Mensch, den Kopf zur Seite gelegt, ein Schatten. Eis im Barthaar und auf den Schultern. Der Puppenkönig. Mir gefror das Blut. Nun war alles vorbei.

Noz! rief Staschek. Er stürzte an mir vorbei, ich hörte die Haustür, Licht flammte auf. Jetzt sah ich den Puppenkönig ganz deutlich. An einem Strick hing er. Schneeschauer stoben durch die Helligkeit, trafen sein Gesicht, seine Augen. Es war, als bewegte er sich. Staschek kam zurück, sprang auf die Bank, ein Küchenmesser in der Hand.

Da riß ich mich aus der Erstarrung, machte einen Schritt auf den Puppenkönig zu, doch als der nach unten sank, konnte ich ihn nicht halten, er riß mich mit sich in den Schnee. Für eine Sekunde hatte ich die Vorstellung, ich könnte ihn durch meine Nähe zurückholen, ich spürte den gefrorenen Bart, die rauhe kratzende Haut, ein Geruch von Leim und Farbe ging von ihm aus, doch so nah ich mich auch an ihn drängte, seine Augen blieben starr und eisig.

Endlich erhob ich mich. Die Beine konnten mich kaum tragen. Ich hörte Staschek etwas sagen, doch ich verstand kein Wort. Ich wunderte mich, daß ich nicht weinen konnte. Die Augen brannten mir, doch es kam keine Träne. Der Schmerz zerriß mich, daß ich hätte schreien mögen, doch ich brachte keinen Ton hervor.

Später hörte ich Stimmen. Jemand nannte meinen Namen. Ich hatte das Gefühl, neben mir zu stehen. Mich selber sah ich, und ich sah Spindlers Helene. Das heißt, ich erkannte sie an ihrer Stimme, denn äußerlich war sie nicht mehr dieselbe. Sie war grau geworden und dürr, und sie bewegte sich wie ein Schatten. Lenchen, stieß ich hervor, und sie nickte.

Dann schleppten wir den Puppenkönig über die Schwelle. Die Tür zur Werkstatt war geöffnet. Wir betteten ihn auf den Arbeitstisch. Dort stand noch die Schüssel mit dem erkalteten Brei aus Leim und Wasser und Papier. Daneben lagen biemsche Manneln, roh und unfertig: die Heiligen Drei Könige, Jesus und Maria und das kleine Menschenkind. Und erst in dieser Sekunde, als ich das alles sah, den Puppenkönig und seine Figuren, das winzige Fenster mit der Schneewehe, schossen mir Tränen in die Augen.

Lenchen hatte das Licht aufflammen sehen und war erstaunt vor die Tür gelaufen. Sie hatte den Alten längst unterwegs geglaubt. Am Morgen war er noch einmal gekommen und hatte sich verabschiedet. Der Transport, so hieß es, sollte am Vormittag gehen. Treffpunkt war die Holzmühle. Die meisten hausten ohnehin seit Wochen zwischen den Bretterstapeln in der großen Halle. Ihre Häuser hatten polnische Familien in Besitz genommen, zugewanderte. Nur auf der Himmelsstiege war lange Zeit alles beim alten geblieben, die Hütten lagen wohl zu hoch, der Weg war zu beschwerlich.

Lenchen wischte sich die Tränen aus den Augen. Ich hab mich glei gewundert, brachte sie heraus. Er stund vor mir und meente: Machs gutt, Lenchen. Es klang wie: Ich kumm glei wieder. Das Bild hat er mir noch dagelassen. Gebs dem Jungen, hat er gesagt. Und gar nich bekimmert war er. Fast frehlich hat er mer zugenickt. Dann is er furt, durchn Regen is er furtgehumpelt.

Sie gab mir das Bild. Es war der Scherenschnitt mit dem Schlitten. Auf die Rückseite hatte Gesine mit einem Stift ein paar Zeilen geschrieben, dazu eine Eisenacher Adresse. Dort wirst Du mich finden, las ich. Ich warte auf Dich. Die Buchstaben schienen nach hinten wegzukippen. Und wieder hatte ich das Gefühl, gar nicht anwesend zu sein.

Ausgesehn hat se wie Braunbier und Spucke, hörte ich Lenchen sagen. Su a dirres Ding. Weeß Gott, was die hat durchmachen missen. A gutts Madel.

Wir saßen in der engen Küche zusammen. Es gab heiße Ziegenmilch und Kartoffeln mit Blutwurst und Sauerkraut. Da berichtete ich von David und seinen letzten Stunden.

Sie nickte. Der Wirt der Krokermühle hatte ihr alles erzählt.

Auf einer Kuh ist er geritten, sagte Staschek. Auf einer Kuh.

Sie schlug ein Kreuz.

Danach blieb es eine Weile still. Wir hörten, wie der Wind den Schnee an die Fenster trieb. Schließlich nahm Lene den Blick aus der Ferne. Ich bleib nich, sagte sie. Ich mach nieber zu meinen Leuten. Sie hieß wieder Helena, über der Tür hing die tschechische Fahne. Und du, Futschikokel? Sie blickte über den Tisch. Was willst du anfangen?

Ich hob das Bild.

Er kann bleiben, meinte Staschek. Zeig deinen Ausweis. Da steht, daß du mein Bruder bist.

Lenchen schüttelte den Kopf. Die Bürgermeestern kennt ihn, sagte sie.

Die Bürgermeisterin?

Hanka. Die Blonde aus der Holzmühle. Die, was bei den Kühnels gearbeitet hat. Mit sulchen Stiefeln leeft se rum. Und den Kühneljungen hat se mit der Pferdepeitsche nackt durchn Regen getrieben. Ausm Dorfe naus. Kee Mensch weeß, was ausm geworden is. Da kannste nich hingehn und sagen, du bist a Pole. Und wenn gar rauskummt, daß du bist abgehaun aus Gefangenschaft, dann werds nich lange dauern und se hulln dich wieder.

Ich war zu Hause, und ich war nicht zu Hause. Der Schnee fiel die halbe Nacht.

Am nächsten Morgen schien die Sonne von einem strahlend blauen Himmel. Die Augen taten mir weh, so weiß war alles. In den Tälern schwammen Nebel. Aus ihnen ragte der Buckel des Guckeis wie eine Insel. Dahinter, mit scharfen Konturen, gleißend, erhob sich die Hohe Eule. Man konnte deutlich die Schneise erkennen, die sich zum Gipfel hin öffnete. Jak w bajce, flüsterte Staschek. Bajka. Er machte große Augen. Ich wußte nicht, was Bajka bedeutet. Er hat es mir später gesagt. Bajka heißt Märchen.

Wir zogen den Schlitten aus Spindlers Schuppen. Lenchen wischte Staub von den Sitzen, ich putzte die Beschläge. Doch ich tat es mechanisch, fast ohne Bewußtsein. Es war mir wieder, als schaute ich mir selber zu, als wäre ich nicht ich, sondern ein Fremder.

Lenchen hatte in aller Herrgottsfrühe Reiser aus dem Wald geholt, einen ganzen Berg. Die schichteten wir zwischen die Sitze und betteten den Puppenkönig darauf. Wir hatten keinen Sarg und hüllten den Toten in eine Decke. Das Gesicht ließen wir frei. Auf seinem letzten Weg sollte er die Berge sehen.

Lenchen verstaute Spitzhacke und Spaten, wir spannten uns vor den Schlitten, Lenchen lief hinterher, schwarz gekleidet, mit einem grünen Kranz.

Ach, Gesine. Unser schöner Schlitten. Die Fahrt ging durch unberührtes Weiß. Ich nahm nur wenig davon wahr. Da gehn wir nun auf einen Turm zu. Immer gehn wir auf irgendeinen Turm zu. Und wenn wir vor ihm stehen, merken wir, daß es der, den wir suchen, gar nicht ist.

Auch die Himmelsstiege ist nicht das gewesen, was der Alte in ihr gesehen hat. Sein Königreich ist zerbrochen. Solche wie Christoph und der Zauberer haben alles kaputtgemacht. Da hat er nicht mehr leben wollen. Und wieder sah ich den Zug der Weißbacher, die Kolonnen, die schon vor ihm aufgebrochen waren, Stahlhelme und Zylinder, Zamek und den Zauberer, mich selber sah ich in diesem Zug, und am Wegrand, rechts und links im Schnee, lagen die zusammengekrümmten Körper der Polenkinder. Da ahnte ich, wie weit der Weg noch sein würde in ein wirkliches Königreich. Benommen stapfte ich durch den Schnee.

Wir kamen an der verlassenen Wiesewirtschaft vorbei; es gelang mir nicht, das Bild des Mannes in mein Gedächtnis zu holen, der in der Tür gestanden und Gesine die Milch verweigert hatte. Das Bild, das ich sah, blieb unscharf. Auch der Schlitten verlor seine Konturen. Wir tauchten in den Nebel, den Dunst. Hier war der Schnee noch naß und schwer. Unter den Kufen knirschte das Erdreich.

Als wir die Straße überquerten, kamen Leute auf uns zu, Fremde. Sie starrten uns an, ungläubig und erschrocken, und manche bekreuzigten sich, doch es fiel kein Wort.

Der Friedhof lag ein Stück außerhalb des Dorfs an einem Hang. Lenchen zeigte uns das Grab der Großmutter, wir machten uns an die Arbeit. Der Tote sollte neben seiner Frau liegen. Ich nahm die Spitzhacke, Staschek den Spaten. Wie eine Wunde, feucht und dampfend, so öffnete sich die Erde.

Als wir den Puppenkönig hineinsenkten, murmelte Lenchen ein Gebet, wir standen am Fußende, Staschek bekreuzigte sich, und ich zog eine Handvoll biemscher Manneln aus der Tasche, Könige und Hirten, und streute sie dem Toten hinterher. Dann deckten wir ihn mit Erde und Reisern zu. Erst jetzt, da alles vorüber war, schien es mir, als kehrte ich in mich selber zurück. Der Schlitten erhielt seine Konturen wieder, ich hörte Krähen schreien und sah, wie der Nebel sich auf den Erdhaufen senkte.

Da lagen sie nun nebeneinander, der Puppenkönig und seine Frau, nur durch eine Handbreit Erde getrennt. Wenn einer den Arm ausstreckt, so dachte ich, kann er den anderen berühren. Und ich sah, wie der alte Mann der Frau über das Haar strich. Ach, Gesine.

Ich ging zu den Ebereschen, brach ein paar Zweige mit roten Beeren ab und steckte sie den beiden aufs Grab.

Gegen Mittag begann es zu tauen. Donnernd rutschte der Schnee vom Dach. Ich zeigte Staschek das Haus, die Küche, die Kammern. In der Stube zu ebener Erde hing noch das Bild, das ich als Kind bewundert hatte: der Puppenkönig, hoch zu Roß, mit gezogenem Säbel.

Das Papier war vergilbt. Es sah aus, als käme der Reiter aus dem Dunst, dem Ungewissen, wie die Geschichten, die der Puppenkönig erfunden hatte, wie die Sage vom Guckei oder Guckai und die Lieder der weißen Rosa.

Die Alte, so erfuhr ich, war mit ihren Leuten fortgezogen, der Zitherspieler hatte sie in einen Handwagen setzen wollen, doch sie war gelaufen, einen Stock in der Hand und einen Hut auf dem Kopf. Eingetaucht war sie in den Nebel, aus dem sie irgendwann einmal gekommen war.

Woher, wohin. Was wußten wir schon. Die Erde drehte sich. Die einfachen Leute hatten zu allen Zeiten ihren Buckel hinhalten müssen. Sulche wie mir se sein. Lenchen und Staschek und ich.

Staschek schaufelte den nassen Schnee, Lenchen fütterte die Tauben, dieselben wie vor einem Jahr, und in der Ferne gleißte die Hohe Eule. Ich schnürte mein Bündel. Die Sachen aus dem Schrank paßten mir noch, die Hosen, die Hemden, die Jacke.

Da rief Lenchen zum Essen.

Sie hatte seit dem Tod meiner Großmutter den Puppenkönig versorgt. Nun, nach seiner Beerdigung, lud sie zum Totenessen. Staschek staunte, als er die Tafel sah. Baranina, raunte er. Lenchen lächelte. Hammelbraten, übersetzte sie. Schöpsenfleisch hatte Spindler gesagt. Schöpsenfleisch mit Kließeln und Sauerkraut. Wir aßen von schneeweißen Tellern mit Rändern aus Gold. Das Geschirr hatte die Frau des Zitherspielers kurz vor dem Abmarsch gebracht. Unter Lenchens tschechischer Fahne erschien es ihr sicher.

Wir tranken Schlehenwein, und Lenchen begann zu singen, Lieder in ihrer fremden Sprache, traurige Lieder, die wie das Moja wierzba des Fischers klangen.

Als wir in unser Haus gingen, fuhr uns der Frost ins Gesicht. Doch wir froren nicht. Fast unwirklich schimmerte der Schnee, vom Dach hingen Eiszapfen. Staschek, der den ganzen Tag nicht viel gesagt hatte, redete von seinem Dorf. Ich kannte das Haus, das niedrige Strohdach, ich wußte, wo der Ofen stand, und blickte über die Wiesen bis zum Horizont. Hörst du nicht? fragte Staschek.

Was?

Da singt jemand.

Ich lauschte. Über uns fuhr der Große Wagen. Vom Schnee ging ein seltsames Licht aus, ein Leuchten, das sich in unseren Gesichtern spiegelte. Jetzt glaubte auch ich, das Singen zu hören. Aus der Ferne kam ein hoher, feiner Ton. Das ist der Wind, dachte ich. Man hört, wie die Erde sich dreht. In den Nächten, manchmal, kann man hören, wie die Erde sich dreht.

Doch Staschek schüttelte den Kopf. Eine Frau ist das, sagte er. Biala Roza. Die weiße Rosa.

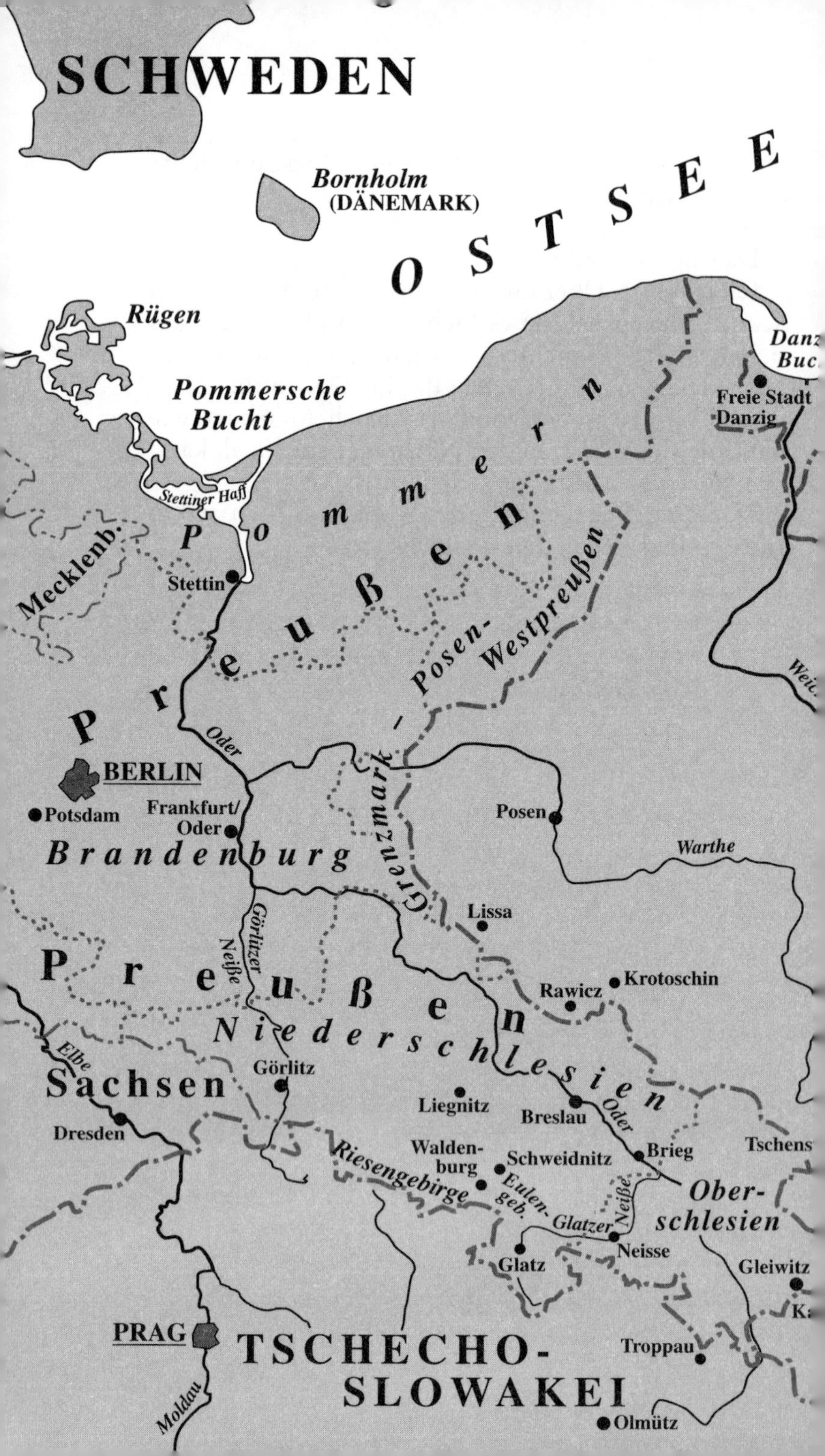
SCHWEDEN
Bornholm
(DÄNEMARK)
OSTSEE
Rügen
Pommersche
Bucht
Stettiner Haff
Danz
Buc
Freie Stadt
Danzig
Pommern
Mecklenb.
Stettin
Preußen
Posen-
Westpreußen
Grenzmark
Oder
BERLIN
Potsdam
Frankfurt/
Oder
Brandenburg
Posen
Warthe
Lissa
Görlitzer
Neiße
Preußen
Krotoschin
Rawicz
Niederschlesien
Elbe
Sachsen
Görlitz
Liegnitz
Breslau
Oder
Dresden
Walden-
burg
Schweidnitz
Brieg
Tschens
Riesengebirge
Eulen-
geb.
Ober-
schlesien
Glatzer
Neiße
Neisse
Glatz
Gleiwitz
K
PRAG
TSCHECHO-
SLOWAKEI
Troppau
Moldau
Olmütz
Weic

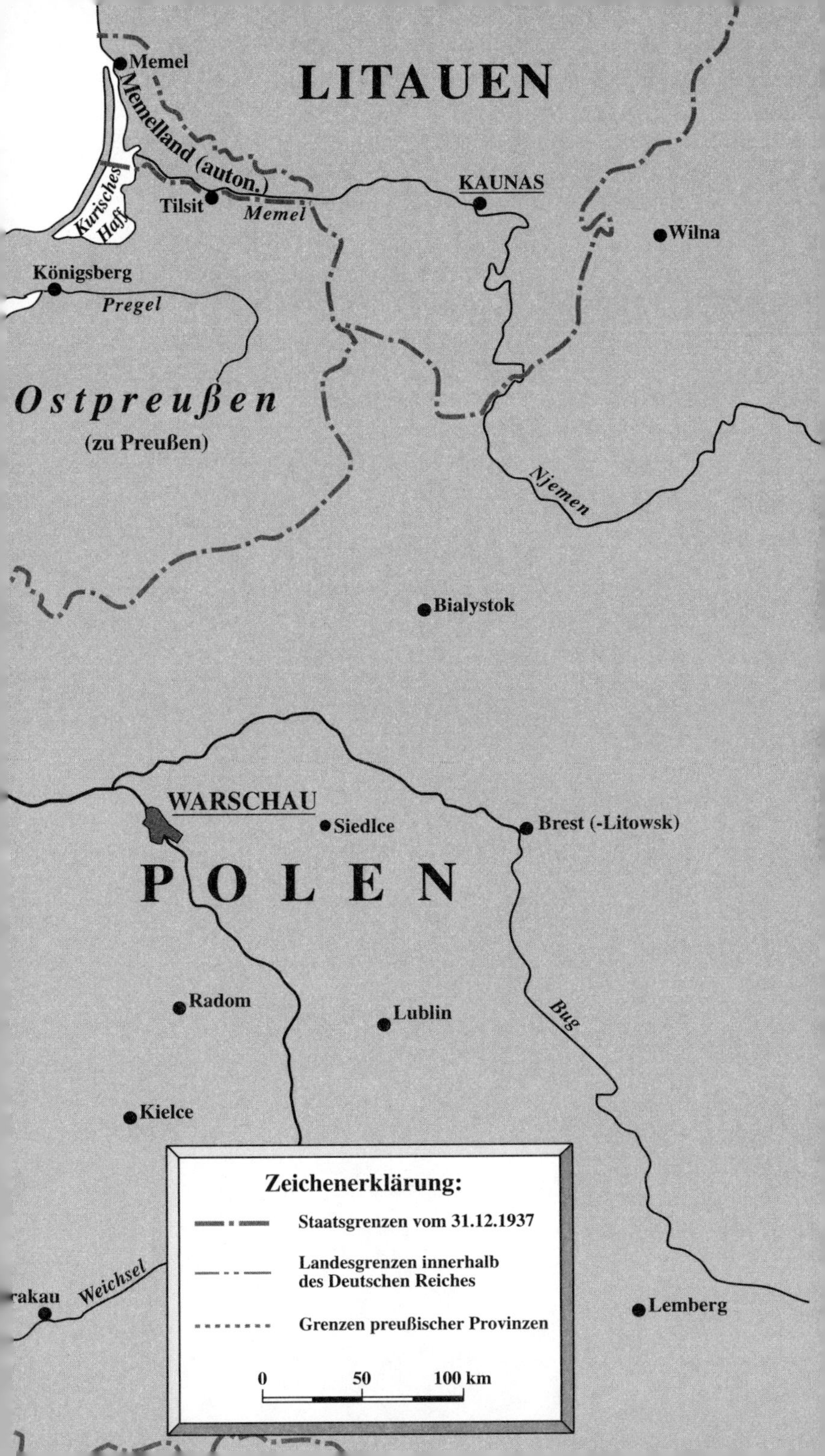

LITAUEN
Memel
Memelland (auton.)
Kurisches Haff
Tilsit
Memel
KAUNAS
Wilna
Königsberg
Pregel
Ostpreußen
(zu Preußen)
Njemen
Bialystok
WARSCHAU
Siedlce
Brest (-Litowsk)
POLEN
Radom
Lublin
Bug
Kielce
Weichsel
rakau
Lemberg
Zeichenerklärung:
Staatsgrenzen vom 31.12.1937
Landesgrenzen innerhalb des Deutschen Reiches
Grenzen preußischer Provinzen
0
50
100 km

Heinz Piontek

Zeit meines Lebens

Autobiobraphischer Roman; Erster Band

436 Seiten · 13 x 21 cm ·Leinen

Heinz Piontek

Stunde der Überlebenden

Autobiographischer Roman; Zweiter Band

606 Seiten · 13 x 21 cm · Leinen

Ilse Langner

Flucht ohne Ziel

Tagebuch-Roman Frühjahr 1945

385 Seiten · 12 x 18 cm · Leinen

Dagmar von Mutius

Wetterleuchten

Chronik aus einer schlesischen Provinz 1945/46

3. Auflage · 210 Seiten · 12 x 18 cm · Leinen

Dagmar von Mutius

Besuche am Rande der Tage

Einladung in ein altes Haus

248 Seiten · 13 x 21 cm · Leinen

Lutz Besch

Abschied vom Paradies

150 Seiten · 12 x 18 cm · Leinen

Hugo Hartung

Der Himmel war unten *Roman*

Der Deserteur oder Die große belmontische Musik *Novelle*

453 Seiten · 13 x 21 cm · Leinen